ACADÉMIE DES BIBLIOPHILES.

DÉCLARATION.

« Chaque ouvrage appartient à son auteur-éditeur. La Compagnie entend dégager sa responsabilité personnelle des publications de ses membres. »

(Extrait de l'article IV des Statuts.)

JUSTIFICATION DU TIRAGE :

Vélin.	2	exemplaires.
Parchemin.	4	—
Papier de Chine.	15	—
Papier Whatman.	15	—
Papier vergé.	489	—
	525	exemplaires.

Nº

Tony Johannot del.   Lecomte sc.

LE BARBIER DE SÉVILLE

BARTHOLO.

Pardon : j'ai bientôt senti tous mes torts ;

Acte II, Scène 15.

Publié par Furne et Cie

NOTICE

SUR

LE BARBIER DE SÉVILLE

I

LE BARBIER. — LA PIÈCE ET LES PERSONNAGES.

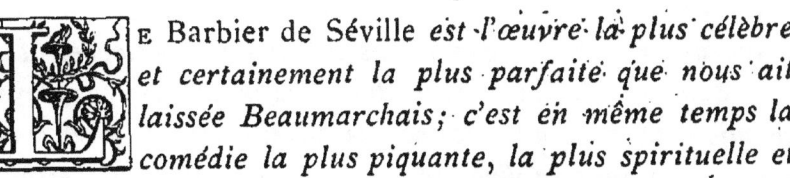E Barbier de Séville est l'œuvre la plus célèbre et certainement la plus parfaite que nous ait laissée Beaumarchais; c'est en même temps la comédie la plus piquante, la plus spirituelle et la plus originale qu'ait produite le théâtre français au XVIIIe siècle. On peut dire qu'elle a fait époque et même aussi révolution; elle inaugure une ère nouvelle et elle est le point de départ d'un genre nouveau : la comédie d'intrigue.

Jusqu'alors, le théâtre dit de second ordre vivait en quelque sorte dans la routine et le monotone respect des traditions; les œuvres nouvelles étaient toutes faites dans le même moule et ne se distinguaient de leurs aînées que par des qualités différentes de style et d'esprit; mais au fond l'intrigue de la pièce et surtout ses personnages ne variaient jamais : c'était Géronte, c'était aussi Crispin, c'était encore Léandre, c'était sans cesse Dorine et toujours Isabelle. Beaumarchais vint et se traîna d'abord, lui aussi, dans ses deux premières pièces, à la suite de ses confrères : Eugénie et les Deux Amis sont des drames assez médiocres, le second surtout, de la déclamatoire et ennuyeuse école de Diderot; leur auteur ne s'y montre ni meilleur ni plus original que ses devanciers. Mais, à sa troisième œuvre, son esprit fait feu de toutes pièces, son génie se fait jour et éclate tout à coup; il crée, dès sa première excursion dans un genre jusqu'alors inexploré, le modèle le plus parfait de la comédie d'intrigue, et, chance doublement heureuse, il donne en même temps la vie à un personnage nouveau, à un type unique et immortel, à Figaro.

Certes, et sans y regarder de bien près, l'intrigue même du Barbier de Séville n'est pas bien merveilleuse; elle n'est pas non plus bien nouvelle : un tuteur dupé, une pupille que son amoureux lui enlève chez lui, à son nez et à sa barbe, à l'aide de deux ou trois déguisements et de supercheries de plus ou moins bon aloi, tout cela, au premier abord, ne constitue qu'un canevas non moins banal que médiocre. Mais c'est dans les développements dont Beaumarchais va relever ce sujet usé, c'est dans les scènes charmantes qu'il va imaginer, c'est dans la vivacité, dans la rapidité, dans l'étincelant esprit du dialogue de sa pièce que va éclater son originalité même.

Ce tuteur trompé, Bartholo, aura précisément un tout autre caractère que ceux qu'on avait jusque-là mis en scène et trompés. Avant lui les Géronte étaient tous, ou à peu près tous, d'imbéciles ganaches dont on obtenait tout ce qu'on voulait, soit par la crainte, soit par l'argent, soit par la ruse toujours la plus grossière. Bartholo est au contraire

THÉATRE COMPLET

DE

BEAUMARCHAIS

RÉIMPRESSION DES ÉDITIONS PRINCEPS

AVEC LES VARIANTES DES MANUSCRITS ORIGINAUX
PUBLIÉES POUR LA PREMIÈRE FOIS

PAR

G. D'HEYLLI ET F. DE MARESCOT

TOME DEUXIÈME

(Le Barbier de Séville. — L'Ami de la Maison)

IMPRESSION PAR D. JOUAUST

PARIS

ACADÉMIE DES BIBLIOPHILES

—

M DCCC LXIX

THEATRE COMPLET

DE

BEAUMARCHAIS

fin et adroit ; il prend, pour garder le trésor qu'il veut se réserver à lui seul, les précautions les plus ingénieuses et les plus inattendues. Ce n'est pas un homme d'esprit, puisque toutes ses précautions mêmes vont se tourner contre lui et qu'il va succomber sous le coup des attaques de l'homme le plus spirituel et le plus malin qu'on ait mis jusqu'alors au théâtre ; mais c'est un vieillard d'un sens pratique et juste, d'un jugement exact, selon ses vues personnelles, et qui, ne s'exagérant pas ses propres mérites, connaît d'autant mieux les difficultés de sa situation.

Mais Rosine ? N'est-ce point déjà là un personnage neuf, ravissant et touchant ? N'est-ce point là un type agréablement et habilement mélangé de douceur, de finesse, de naïveté et d'esprit, et qui par-dessus tout intéresse par sa position même, par son abandon, par son isolement et en même temps par son amour pour l'inconnu qu'elle croit pauvre et malheureux comme elle ?

Basile est un personnage plus neuf encore et qu'on ne trouve dans aucune pièce avant Beaumarchais. Il l'a rapporté d'Espagne, le pays des moines avides et débauchés, intrigants et voleurs, sans conscience ni scrupule, et qui, comme Basile dans ce merveilleux Barbier, *devaient volontiers recevoir des mains de deux adversaires, et pour les mieux tromper tous les deux, le salaire de leur duplicité. Il ne fait que traverser la pièce, ce Bazile, dans la scène la plus alerte et la plus originale de l'ouvrage ; mais comme il marque son passage ! comme il remplit le théâtre ! comme il est utile, nécessaire, indispensable à la marche de l'action ! Lui aussi est un madré compère, plus rusé, plus habile encore que Bartholo, parce qu'il a sur lui la supériorité du peu d'instruction et d'éducation qu'il a reçues, un vernis de science peut-être vulgaire, mais suffisante cependant pour imposer à son vieux complice une sorte de déférence et de confiance, bien mal placées, il faut toutefois le reconnaître !*

Et le comte Almaviva, ce galant déguisé, ce type du grand seigneur coureur d'aventures, n'est-il point nouveau, lui aussi, ou du moins rajeuni et transformé ? Son rôle est spirituel, vif et amusant ; mais ce n'est point surtout à lui qu'en reviennent tout l'esprit et l'attrait ; il est dominé, instruit, guidé, conduit par la main, en quelque sorte, par ce personnage unique qui tient dans sa petite et remuante personne tous les fils de cette habile comédie, et qui en fait mouvoir tous les acteurs à sa guise et selon les différents intérêts qu'il poursuit et qu'il défend.

Figaro n'est qu'un personnage de convention, mais il est nouveau au théâtre, absolument nouveau ; le génie de Beaumarchais lui a imprimé un caractère d'originalité tel, qu'il est devenu en un seul moment et à lui seul le type ineffaçable de tous les valets de comédie de l'avenir qui devaient se distinguer par leur effronterie, leur audace, leur conscience facile et accommodante, mais aussi et surtout par leur esprit. Ce Figaro est bien le dernier des valets de comédie ; jusqu'à lui le théâtre en avait produit plusieurs sortes, mais qui tenaient tous de la même famille et descendaient en droite ligne de ceux qu'a également immortalisés Molière. Figaro est le dernier type du genre, et l'on peut dire qu'il clôt la liste des valets de théâtre, parce qu'il les résume et les complète à peu près tous.

Dans le Barbier, Figaro est déjà un peu « révolutionnaire ; » c'est là un côté bien saillant de son caractère : non pas « révolutionnaire » comme il le sera dans la Folle Journée, où il foulera aux pieds et flétrira de sa verve railleuse tous les anciens préjugés, tous les vieux priviléges et toute la société vermoulue que va faire écrouler 89, mais « révolutionnaire » en un point seulement, déjà considérable, surtout en 1775, par la supériorité de son esprit inventif et fécond sur ce comte Almaviva, le riche et puissant seigneur ; en un mot, — hardiesse bien grande pour l'époque !

— *par la supériorité du valet sur le maître. En effet, que serait Almaviva sans Figaro? Que deviendrait-il, s'il ne trouvait sur son chemin, pour l'aider dans sa difficile entreprise, ce maître fripon que rien n'arrête et qui lui suggère successivement les expédients qui doivent, enfin de compte, le faire sortir d'embarras? Figaro est tout dans cette comédie incomparable; il est partout, il est à lui seul la pièce tout entière. C'est lui qui aide l'intrigue à se dérouler, à se développer, à se dénouer; il sert à la fois d'intermédiaire et de secours au comte, à Rosine et au docteur, trompant l'un au profit de l'autre, se moquant du premier aux dépens du second, d'un côté jouant Baʒile, de l'autre tendant à Rosine une main amie pour mieux servir à la confusion de son vieil amant.*

On conçoit que ce personnage à la verve hardie et gouailleuse dut plaire surtout au peuple, non pas à cette foule dorée de la première représentation qui siffla l'œuvre nouvelle, mais au public des soirées suivantes. Quelle joie ce dut être pour lui de voir l'un des siens, un enfant sorti directement par son caractère de ses flancs et de ses entrailles, de son milieu, de ses faubourgs, tenant cette fois à lui seul, et pour la première fois, le haut du pavé dans cette œuvre charmante, en étant le héros principal et l'amuseur absolu! Quelle jouissance surtout dut éprouver cette foule si peu considérée et si dédaignée par les grands en voyant ce valet insolent se moquer de tout et rire de tout, surpasser son maître, se montrer plus ingénieux, plus habile, plus spirituel que lui, lui être supérieur en toutes choses, l'aidant à triompher par son seul secours là où, certes, il eût succombé sans lui!

Pour créer et façonner un tel personnage et lui donner la vie, Beaumarchais n'eut pas besoin de chercher bien loin son modèle. Il l'avait directement sous la main, il vivait de la vie la plus personnelle et la plus intime avec lui, son mo-

dèle, c'était lui-même ! Et c'est lui, en effet, qu'on retrouve tout entier dans ce personnage de Figaro, qui n'est encore qu'ébauché en quelque sorte dans le Barbier, *et que nous verrons dans* la Folle Journée *agrandi et encore perfectionné. Oui, c'est Beaumarchais lui-même qui s'est peint à ravir dans ce rôle multiple où éclatent les qualités d'esprit, d'invention, et surtout d'intrigue, qui distinguent à un si haut degré le père de Figaro. Personne n'a eu l'existence plus turbulente ni plus agitée, plus occupée de mille choses différentes l'une de l'autre par leur essence même, par leurs natures diverses, par leurs moyens de développements aussi bien que par leurs résultats. Sa vie aventureuse se dépensa en traits d'esprit et d'invention sur les scènes les plus variées et parfois aussi les plus équivoques, soit avant qu'il eût abordé le théâtre, soit à des époques plus rapprochées de nous, et où, tout en travaillant pour la scène, il était en même temps absorbé par des entreprises qui lui étaient tout à fait étrangères. Il s'est peint lui-même dans ce rôle léger, frondeur, audacieux et même libertin; tout son siècle le reconnut et le nomma bien haut, et le nôtre les confond presque toujours tous deux; pour nous, Figaro c'est toujours Beaumarchais : il est son père légal, admis, avoué et indiscutable.*

Mais, dans le Barbier, *c'est encore le Beaumarchais insouciant et heureux que nous avons sous les yeux; le rôle était déjà écrit quand survinrent ses procès, ses mémoires, le blâme du parlement et le commencement des mille traverses et ennuis qui vont désormais remplir sa vie, au milieu cependant d'entreprises scabreuses mélangées d'échecs mérités et de triomphes compromettants. Le Beaumarchais du Barbier, c'est le Beaumarchais jeune, l'ami des belles, le favori de la Cour, l'homme entreprenant et courtisé à qui tout jusqu'alors a fait fête, à qui tout a réussi. C'est le Beaumarchais du bon temps, avant les soucis des affaires d'Amé-*

rique et de Hollande, avant les tracas que ses entreprises multipliées et moins favorisées de la chance vont bientôt lui donner. Et nous verrons bien que c'est lui qui s'est peint réellement, malgré lui-même sans doute et sans y penser, dans ce personnage à nous présenté sous trois faces différentes. En effet, dans la Folle Journée, ce Figaro sera encore transformé, brillant toujours, mais plus mûr, plus audacieux encore, plus à la portée des temps nouveaux et monté à la mesure des actualités. Puis, quand viendra la Mère Coupable, c'est un Beaumarchais vieilli, fatigué, désillusionné, qui cette fois s'offrira à nous, mais toujours avec un vieux reste de cet esprit gaulois des jours heureux et des jeunes années. Donc, dans les trois pièces, en suivant le rôle, nous suivrons l'auteur lui-même dans la progression de sa fortune, de ses espérances et de son esprit, comme aussi dans la décroissance de son bonheur et dans l'accablement de ses revers.

II

COMMENT FUT COMPOSÉ LE BARBIER.
DIFFICULTÉS ÉPROUVÉES PAR BEAUMARCHAIS POUR FAIRE REPRÉSENTER SA PIÈCE.
SON AFFAIRE AVEC LE DUC DE CHAULNES.

C'est en 1772 que Beaumarchais composa le Barbier de Séville. C'était d'abord une sorte d'opéra-comique dont il avait en même temps écrit les couplets et arrangé la musique, et qu'il destinait à la Comédie-Italienne.

Beaumarchais, dit Gudin, composa un opéra-comique fort gai, orné de couplets, sur des airs espagnols et sur des airs italiens, qu'il voulait naturaliser en France. Il lut cette pièce aux comédiens dits Italiens, qui étaient alors en possession de ces sortes d'ouvrages ; elle fut refusée. Le soir, en soupant chez une femme de beaucoup d'esprit, avec Marmontel, Sedaine, Rulhières, Chamfort et quelques autres amateurs de théâtre, Beaumarchais nous apprit que sa pièce avait été refusée le matin au théâtre des chansons. Chacun l'en félicita. Nous connaissions son ouvrage, nous l'assurâmes que les comédiens français seraient plus sensés, qu'il n'y aurait de perdu que les couplets, et que *le Barbier de Séville* aurait plus de succès au théâtre de Molière qu'à celui d'Arlequin [1].

Ailleurs, dans ses Mémoires inédits, qui ont été communiqués à M. de Loménie par la famille de Beaumarchais, Gudin attribue le refus des comédiens italiens à deux causes : d'abord à la ressemblance qu'ils crurent trouver entre le Barbier *et l'opéra de Sedaine et de Monsigny,* On ne s'avise jamais de tout, *qu'ils avaient joué en* 1761, *et qui était également une pièce à travestissements*[2] ; *ensuite et surtout à la répugnance que montra l'acteur Clairval, le meilleur chanteur de la troupe et peut-être de son temps, pour le rôle du barbier Figaro. Il paraît que Clairval avait été dans sa jeunesse apprenti barbier, qu'on l'avait souvent plaisanté à ce sujet, et qu'il ne voulut, à aucun prix, se montrer sur la scène dans le costume et dans le rôle d'un barbier quelconque, même espagnol*[3].

1. *Œuvres complètes de Beaumarchais*, éditées par Gudin de la Brenellerie en 1809, tome VII.
2. *Beaumarchais et son temps*, tome Ier, pages 452 et suiv.
3. Guignard (Jean-Baptiste), dit *Clairval*, né en 1737, mort en 1795. On s'est beaucoup trop moqué de Clairval, qui était un chanteur de talent, mais qui, peut-être, le savait trop. Le poëte Guichard (Jean-François), qui a laissé un recueil de contes et poésies (Paris, 1802), a fait courir contre lui une fort méchante et injuste épigramme, d'après laquelle trop de biographes ont, sans autre examen, déclaré que le talent de Clairval avait été surfait :

> Cet acteur minaudier et ce chanteur sans voix
> Écorche les auteurs qu'il rasait autrefois.

Clairval a eu des aventures galantes assez curieuses, et des bonnes fortunes auxquelles on croirait difficilement aujourd'hui. On trouvera des détails sur

M. de Loménie juge assez sévèrement le Barbier *sous cette première forme :*

Je n'en ai retrouvé dans les papiers de Beaumarchais, dit-il, que quelques lambeaux qui me portent à penser que ce n'est pas une grande perte, le talent poétique de l'auteur étant très-inégal, produisant rarement deux bons couplets de suite, et son talent de musicien ne s'élevant pas non plus au-dessus d'un talent d'amateur.

J'ai, de mon côté, découvert dans les papiers de Beaumarchais conservés aux archives de la Comédie-Française, une petite note manuscrite également relative au Barbier, *opéra-comique. C'est une critique rapide, qui ne touche que légèrement et seulement à quelques parties de la pièce, mais qui a cependant son intérêt de curiosité inédite. Je la reproduis ci-après textuellement :*

OBSERVATIONS.

ACTE I.

Scène première. *Je la voudrois tournée à peu près de cette manière :*

Le Comte. Mais parbleu, si tu jases...
Figaro. Moi, jaser?
Le Comte. Si ton indiscrétion alloit me perdre?
Figaro. Je n'emploierai pas pour vous rassurer les... etc....
Va bien.

MÊME SCÈNE.

Figaro. Une bamboche.
Le Comte, rêvant. Tant mieux.

cet habile artiste dans les mémoires du temps, et surtout dans ceux de Grétry, relativement à son double talent de chanteur et de comédien.

Figaro. Oui, il en sera meilleur à tromper, n'est-ce pas?
Le Comte. Son âge?
Figaro. Soixante ans.
Le Comte, toujours rêvant. Tant mieux.
Figaro. Sans doute; moins l'argus a de jeunesse, plus celle de l'amant devient piquante.
Le Comte. Ses moyens de plaire?
Figaro. Nuls.
Le Comte. Tant mieux encore.
Figaro. Apparemment à cause qu'une place menacée de famine est toute prête à se rendre, etc...

Acte premier tout bon, si l'on peut serrer le dialogue davantage et mettre plus de chant.

ACTE II.

Depuis la scène II jusqu'à la VII, pas un trait de musique. Je crois qu'aux Italiens il faut une grande gaîté ou un grand pathétique pour s'en passer.

Scènes V et VI. *Elles tiennent un peu de la parade. N'est-ce pas un petit moyen de gaîté que La Jeunesse soit vieux et l'Éveillé imbécile?*

Scène VII. *Charmante! à la place du doigt :* Votre main tachée d'encre..., etc...

Scène VIII. *Dialogue :* Je n'ai pas encore cet usage du monde qui assure le maintien des femmes en toute occasion...

Je l'aime assez, mais les femmes peuvent s'en plaindre.

ACTE III.

Scène I. Quelle humeur! quelle humeur! Faites tout au monde pour plaire aux femmes, si vous omettez un seul petit point, je dis un seul...

Très-bien! Je crains pourtant de l'avoir vu quelque part.

Scène II. *Trop longue et sans intérêt quoiqu'utile.*

Scène IV. *Longue aussi. A l'instant qu'elle veut étudier, trop de réplique des deux parts.*

Scène VI. *Le caractère de Rosine a deux nuances; dans l'ariette :*

>Qu'un cœur est à plaindre...

C'est une femme emportée par la contrainte ou la passion :

>Tendre amant qu'il offense
>Commence ta vengeance...

ACTE IV.

Scène III. *C'est une petite personne timide qui dit :* Si le don de ma main n'avoit pas dû suivre à l'instant celui de mon cœur, vous ne seriez pas ici. Que la nécessité justifie à vos yeux ce que cette entrevue a d'irrégulier... *Cette scène est bien faite ; on peut encore la travailler, la fleurir davantage ; les répliques moins longues.*

Après le duo, la scène paroît lâche : Un déluge de pluie, une mer de fange que les ravins amènent... *Pas bon.*

Rosine. Ah! pauvre enfant..., etc... *Mauvais.*

Excepté les couplets, tout ce qui suit jusqu'à l'arrivée du jaloux me paroît à refaire ; sans vraie gaîté, sans agrément[1].

Après le refus du Théâtre-Italien, et sur le conseil de ses amis, Beaumarchais transforma sa pièce en une comédie en quatre actes; il la présenta à la Comédie-Française, où elle fut reçue avec acclamation[2] *le 3 janvier 1773.*

---

1. Cette curieuse pièce ne porte ni date ni signature. C'est le seul document relatif au *Barbier*, opéra-comique, possédé par la Comédie-Française.
2. La pièce, dit Gudin, fut reçue avec transport par les comédiens, comme nous l'avions supposé. (*Œuvres de Beaumarchais*, édit. de 1809, t. VII.)

J'ai trouvé aux archives du Théâtre-Français un registre qui m'a permis de constater la date précise de cette réception, ainsi que le titre exact que portait alors la pièce. Ce registre est relié en parchemin, et sur la couverture on lit, écrite à la main, l'inscription suivante :

REGISTRE DES PIÈCES NOUVELLES

SAVOIR :

RANGS DE LECTURES ET DATES DES RÉCEPTIONS DES PIÈCES NOUVELLES.

A la date du 3 janvier 1773, la réception du Barbier est ainsi constatée sur ce registre :

LA PRÉCAUTION INUTILE,

OU

LE BARBIER DE SÉVILLE,

Comédie en 4 actes, en prose.

Donc, dans l'origine, le titre principal était La Précaution inutile ; ce n'est que plus tard que le sous-titre a pris la première place.

Le Barbier fut mis immédiatement en répétition et appris et su si vite, que la première représentation put en être annoncée déjà pour le mois suivant, à l'occasion et pour l'époque des jours gras. C'est alors qu'éclata entre Beaumarchais et le duc de Chaulnes une querelle assez scandaleuse que nous allons raconter en quelques lignes, et qui ajourna une première fois la représentation du Barbier de Séville.

Il y avait alors à Paris une demoiselle Ménard ou Mesnard, ancienne actrice de la Comédie-Italienne[1], et qui avait renoncé de bonne heure au théâtre pour devenir femme plus ou moins galante, recevant chez elle les grands seigneurs et les gens de lettres, vivant à l'aide des largesses des uns, et, comme en somme c'était une fille d'esprit, se distrayant et occupant ses loisirs dans la société des autres. Elle avait à cette époque pour principal amant le jeune duc de Chaulnes, homme d'un caractère assez bizarre, violent et vaniteux et surtout jaloux, et qui était très-connu dans le monde parisien pour ses extravagances et ses folles fantaisies. Il avait, je ne sais comment, fait la connaissance de Beaumarchais, et, s'étant pris pour lui d'une amitié qui devint bientôt de l'engouement, il le conduisit chez sa maîtresse et le fit même admettre dans sa particulière intimité. Mais Mlle Ménard s'aperçut bien vite que l'ami de son amant avait plus d'esprit que son amant lui-même; elle traita fort bien Beaumarchais, le reçut très-souvent, et comme le duc de Chaulnes semblait disposé à la négliger et même à l'abandonner, elle prit les devants, rompit ouvertement avec lui, et en peu de temps l'auteur d'Eugénie remplaça tout à fait le duc dans les hospitalières bonnes grâces de la comédienne.

D'abord indifférent, M. de Chaulnes devint ensuite furieux, certainement beaucoup plus par amour-propre que par regret et affection. Il lui déplut tout à coup de se voir supplanté dans le cœur de sa belle par un simple homme de lettres, fils d'un horloger, et, malgré sa particule empruntée

---

[1]. Grimm, dans sa *Correspondance littéraire*, nous a laissé d'elle un assez singulier portrait : « Mettez, à souper, Mlle Ménard, fraîche, jeune, piquante, à côté de Mlle Arnould, et celle-ci vous paraîtra un squelette auprès d'elle; mais au théâtre ce squelette sera plein de charme, de noblesse et de grâce, tandis que la fraîche et piquante Ménard aura l'air gaupe. Elle m'a paru avoir la tête un peu grosse, la carcasse supérieure de ses joues est un peu trop élevée... Ses bras sont très-blancs, mais ils sont trop courts, ils ont l'air de pattes de lion... On prétend que son premier métier a été celui de bouquetière sur les boulevards. »

et achetée, non moins roturier que ses ancêtres, qui l'avaient toujours été. La fureur du duc prit même des proportions si considérables, qu'il en vint un beau jour jusqu'à vouloir tuer Beaumarchais. C'est le jeudi 11 février 1773 qu'il résolut de mettre ce belliqueux projet à exécution.

Ce jour-là, en effet, agité par la plus violente colère, il se rend chez Beaumarchais et il se livre chez lui à des excès de toutes sortes que celui-ci a lui-même racontés dans un long et curieux mémoire adressé au lieutenant de police et au tribunal des maréchaux de France [1].

D'après ce mémoire, le duc de Chaulnes, tout furieux, criant, jurant, tempêtant, avait accompagné Beaumarchais jusque chez lui :

Nous montons, dit Beaumarchais dans le mémoire; mon laquais me suit, je lui demande mon épée. — Elle est chez le fourbisseur. — Allez la chercher, et, si elle n'est pas prête, apportez-m'en une autre. — Je te défends de sortir, dit M. de Chaulnes, ou je t'assomme ! — Vous avez donc changé de projet ? lui dis-je. Dieu soit loué ! car je ne pourrais pas me battre sans épée. Je fais un signe à mon valet qui sort. Je veux écrire, il m'arrache ma plume. Je lui représente que ma maison est un hospice [2] que je ne violerai pas, à moins qu'il ne m'y force par de semblables excès. Je veux entrer en pourparler sur la folie qu'il a de vouloir absolument me tuer ; il se jette sur mon épée de deuil qu'on avait posée sur mon bureau et me dit, avec toute la rage d'un forcené et en grinçant les dents, que je ne le porterai pas plus loin. Il tire ma propre épée, la sienne étant à son côté ; il va fondre sur moi. « Ah ! lâche ! » m'écriai-je ; et je le prends à bras le corps pour me mettre hors de la longueur de l'arme. Je veux le pousser à ma cheminée pour sonner ; de la

---

1. *Récit exact de ce qui s'est passé jeudi, 11 février 1773, entre M. le duc de Chaulnes et moi Beaumarchais.* Mémoire resté inédit jusqu'à la publication du travail de M. de Loménie, où il figure, mais seulement par fragments.

2 Terme un peu singulier pour dire : « Je n'oublierai pas que je suis votre hôte. »

main qu'il avait de libre il m'enfonce cinq griffes dans les yeux et me déchire le visage, qui à l'instant ruisselle de sang. Sans le lâcher, je parviens à sonner, mes gens accourent. « Désarmez ce furieux! leur criai-je, pendant que je le tiens. » Mon cuisinier, aussi brutal et aussi fort que le duc, veut prendre une bûche pour l'assommer. Je crie plus haut : « Désarmez-le, mais ne lui faites pas de mal; il dirait qu'on l'a assassiné dans ma maison. » On lui arrache mon épée. A l'instant il me saute aux cheveux et me dépouille entièrement le front. La douleur que je sens me fait quitter son corps que j'embrassais, et de toute la raideur de mon bras je lui assène à plein fouet un grand coup de poing sur le visage. « Misérable! me dit-il, tu frappes un duc et pair! » J'avoue que cette exclamation si extravagante pour le moment m'eût fait rire en tout autre temps; mais comme il est plus fort que moi et qu'il me prit à la gorge, il fallut bien m'occuper de ma défense. Mon habit, ma chemise sont déchirés, mon visage est de nouveau sanglant. Mon père, vieillard de soixante-quinze ans, veut se jeter à la traverse, il a sa part lui-même des fureurs crochetorales du duc et pair; mes domestiques se mettent à nous séparer. J'avais moi-même perdu la mesure, et les coups étaient rendus aussitôt que donnés. Nous nous trouvons au bord de l'escalier, où le taureau tombe, roule sur mes domestiques et m'entraîne avec lui.

Sa rage se ranime, il tire son épée, qui était restée à son côté, car il est à remarquer qu'aucun de mes gens n'avait osé la lui ôter, croyant, à ce qu'ils m'ont dit, que c'était un manque de respect qui aurait pu tirer à conséquence pour eux. Il fond sur moi pour me percer, huit personnes se jettent sur lui, on le désarme. Il blesse mon laquais à la tête, mon cocher a le nez coupé, mon cuisinier a la main percée. « L'indigne lâche! m'écriai-je, c'est pour la seconde fois qu'il vient sur moi, qui suis sans arme, avec une épée. » Il court dans la cuisine chercher un couteau : on le suit; on serre tout ce qui peut blesser à mort. Je remonte chez moi, je m'arme d'une tenaille de foyer. J'allais redescendre, j'apprends un trait qui me prouve à l'instant que cet homme est devenu absolument fou : c'est que, sitôt qu'il ne me voit plus, il entre dans la salle à manger, se met à table tout seul, mange une grande assiettée de soupe et des côtelettes et boit deux carafes d'eau. Il entend encore frapper à la porte de la rue, court ouvrir et voit M. le commissaire.

A la suite de cette affaire, qui fit grand bruit, Beaumarchais et le duc de Chaulnes sont poursuivis, jugés et condamnés tous deux à être incarcérés. Le duc va subir sa peine au château de Vincennes, où il entre le 19 février, et, de son côté, le 24 du même mois, Beaumarchais est enfermé au fort l'Évêque.

Cet emprisonnement venait doublement mal à propos pour Beaumarchais; en effet, le procès qu'il soutenait alors contre le comte de La Blache, au sujet du testament et de la succession de Paris-Duverney, était arrivé presque à son dénoûment et nécessitait tous ses soins et surtout sa présence[1]; *d'autre part, la Comédie-Française allait jouer son Barbier; l'esclandre de son aventure et son arrestation suspendent les répétitions et la pièce est renvoyée à une autre saison.*

Ce fut seulement le 8 mai 1773 que Beaumarchais fut rendu définitivement à la liberté. Les comédiens vinrent alors lui demander de reprendre les répétitions interrompues du Barbier, et la pièce allait sans doute être jouée peu de temps après lorsque survint la fameuse affaire Goëzmann. On en connaît les singulières péripéties; je n'ai point d'ailleurs à les raconter ici. Tout le monde a lu les merveilleux mémoires auxquels cette affaire a donné lieu, mémoires qui procurèrent en quelques mois à Beaumarchais une grande popularité et une réputation européenne.

Voilà donc Beaumarchais à la mode[2], *triomphant à*

---

1. Le 6 avril 1773 il perdit ce procès qui intéressait si fort son honneur et sa fortune. Et d'ailleurs cette conclusion, en apparence si désastreuse, fut pour lui la source de sa plus grande célébrité, puisqu'elle causa l'affaire Goëzmann.

2. « Beaumarchais, dit Grimm, était l'horreur de tout Paris il y a un an; chacun, sur la parole de son voisin, le croyait capable des plus grands crimes; tout le monde en raffole aujourd'hui, chacun prend sa défense d'après ses récits; depuis un an il occupe le public, et nommément depuis quatre mois,

l'avance par sa verve, par sa malignité, par son esprit, devant le public tout entier, bien qu'il dût subir prochainement les remontrances et le blâme du parlement; félicité par la société la plus brillante de Paris, qui vient le voir ou s'inscrire chez lui, et entouré de prévenances et d'égards par les juges eux-mêmes qui allaient être obligés de l'entendre et de le condamner [1].

Naturellement la Comédie-Française ne fut pas la dernière à porter au populaire coupable ses vœux et en même temps ses espérances; il fut une troisième fois très-sérieusement question du Barbier, et les répétitions en furent même reprises assez activement au commencement de l'année 1774. La police ayant autorisé sa représentation, le Barbier fut enfin annoncé pour le samedi 12 février. Il y eut alors, pendant la semaine qui précéda le jour si attendu, une sorte de fièvre d'impatience qui se manifesta de toutes les manières. Le bruit fut répandu que la pièce fourmillait d'allusions au procès Goëzmann, que le parlement alors si décrié de Maupeou y était traité avec mépris, que les plaisanteries les plus spirituelles et les plus mordantes, tout en restant habilement dissimulées, avaient été ajoutées contre lui à l'œuvre première, en un mot que cette comédie, qui n'était d'abord qu'un badinage plaisant et agréable, était devenue, depuis ces additions, un ouvrage perfide dirigé par Beaumarchais contre tous ses ennemis, petits et grands, et destiné à leur flétrissure ou à leur moquerie. On se pressa au bureau de location; en peu de jours la salle entière fut retenue pour les cinq premières; la spéculation s'en mêla; on vendit très-cher

par la publication de ses mémoires, qui a fait en sa faveur une révolution si subite et si complète... »

1. Il fut en effet condamné par arrêt du 26 février 1774 : « La Cour condamne Beaumarchais à être mandé à la Chambre pour, étant à genoux, y être blâmé; le condamne à trois livres d'amende envers le roi, ordonne que ses quatre mémoires, imprimés en 1773 et 1774, seront lacérés et brûlés comme contenant des expressions et imputations téméraires, scandaleuses et injurieuses à la magistrature, » etc...

et on revendit publiquement les places achetées aux bureaux du théâtre, où le guet eut toutes les peines du monde à maintenir le bon ordre[1].

Soudain, le vendredi 11, *veille de la première représentation si bruyamment annoncée, un ordre de la police suspend, une fois encore, indéfiniment la pièce. Le gouvernement avait-il eu peur des plaisanteries acerbes que Beaumarchais avait, dit-on, ajoutées à sa pièce depuis la première suspension? Le parlement s'était-il déclaré, à l'avance, blessé et compromis dans sa dignité par la représentation d'une comédie où l'on prétendait qu'il était tourné en dérision? C'est ce que l'ordonnance de police prescrivant la suppression du* Barbier *sur l'affiche ne se donna pas la peine de faire connaître*[2].

Beaumarchais ne se tint cependant pas pour battu; son dernier mémoire allait voir le jour; il le fit suivre d'une note relative à la suspension qui venait de frapper sa pièce, déclarant calomnieux les bruits qu'on avait fait courir et démentant formellement les allusions terribles qui faisaient,

---

[1]. Voyez plus loin, à ce sujet, la note extraite de Bachaumont.

[2]. « On n'a pas su plus tôt, dit encore Grimm, que *le Barbier* allait être joué, que les uns ont dit que sa pièce était l'histoire de son procès, que le principal personnage se nommait *Guzman;* il était clair que c'était le nom de son juge; d'autres disaient : C'est un homme qui fait des affaires pour de l'argent. Oh! cela sera divin. Comme ces propos, tout faux qu'ils étaient, ne laissaient pas de s'accréditer, la police nomma un censeur extraordinaire, attendu que le censeur ordinaire est le sieur Marin, qui avait bien approuvé la pièce il y a un an, mais qui, se trouvant partie de Beaumarchais, ne pouvait plus juger son ouvrage. La pièce a donc été censurée avec la plus grande rigueur, et l'on n'y a pas trouvé un mot applicable à sa situation présente. Elle devait être représentée le samedi, douzième; elle fut annoncée et affichée; toutes les loges étaient louées jusqu'à la cinquième représentation, et le vendredi, onzième, on annonça que, par des ordres supérieurs, il venait d'être défendu de la donner. Le public, aussi respectueux pour ses supérieurs que zélé pour ses égaux, gémit tout bas de cette rigueur, et son amour pour l'auteur en augmenta.

« Beaumarchais a déposé sa pièce au greffe, afin que tout le monde pût aller la lire. « Il faut, dit-il, qu'elle soit jouée et jugée. »

par avance et en même temps, la joie de ses amis et l'effroi de ses ennemis :

Je supplie la Cour, dit-il en terminant, de vouloir bien ordonner que le manuscrit de ma pièce, telle qu'elle a été consignée au dépôt de la police, il y a plus d'un an, et telle qu'on allait la jouer, lui soit représenté, me soumettant à toute la rigueur des ordonnances, si dans la contexture ou dans le style de l'ouvrage il se trouve rien qui ait le plus léger rapport au malheureux procès que M. Goëzmann m'a suscité et qui soit contraire au profond respect dont je fais profession pour le parlement.

La malheureuse issue de son procès, les ennuis qu'il lui causa et diverses autres affaires, entre autres le voyage en Angleterre et en Allemagne, où se produisit la fameuse histoire des brigands [1], *détournèrent momentanément Beaumarchais des soins et des démarches qu'il aurait pu tenter pour faire lever l'interdiction jetée sur sa comédie. C'est seulement à son retour de Vienne, au mois de décembre 1775,*

---

1. Histoire si mal connue et racontée, jusqu'en ces derniers temps, d'après les assertions et les papiers mêmes de Beaumarchais; histoire en réalité des plus mensongères et des plus grotesques, et sur laquelle le jour vrai vient seulement de se faire, grâce à la publication des pièces officielles éditées à Vienne même (sous ce titre : *Beaumarchais und sonnenfels*, 1868), par M. Alfred d'Arneth, le savant archiviste, et traduites par M. Paul Huot, conseiller à la Cour impériale de Colmar (*Beaumarchais en Allemagne*, in-18, Lacroix et Cⁱᵉ, Paris, 1869). Lisez ce dernier livre, où il est clairement démontré : 1° que le libelle contre Marie-Antoinette, dont Beaumarchais avait proposé l'achat à la Cour de France en 1774, avait été composé par lui ; 2° que l'auteur ou l'éditeur du libelle, le juif Angelucci, n'avait jamais existé que dans la trop féconde imagination du père de Figaro ; 3° que les brigands, par lesquels Beaumarchais avait été soi disant assailli avaient également été imaginés par lui ; 4° qu'enfin les blessures qui lui avaient été faites par eux, il se les était lui-même prodiguées, dans sa propre voiture, à l'aide et avec le secours de sa glace et de son rasoir ! Cette bonne supercherie à la Figaro a été l'objet, après la publication de M. Huot, de nombreux et curieux articles, et notamment au *Journal officiel*, au *Constitutionnel*, au *Temps*, et enfin au *Journal de Paris*, où nous avons nous-même raconté et développé ses fantastiques péripéties (Nᵒˢ des 18 et 20 juillet 1869.)

que, sur les sollicitations de ses amis et aussi des comédiens, il demanda de nouveau, et avec beaucoup d'insistance, l'autorisation de faire enfin représenter le Barbier de Séville. Après de nouvelles difficultés, cette autorisation lui fut définitivement accordée [1], et le Barbier put être joué le 23 février 1775.

III

LES DIVERS MANUSCRITS DU BARBIER.

Avant de parler de cette première représentation et de l'effet qu'elle produisit, examinons d'abord les divers textes connus du Barbier de Séville, qui, au nombre de trois, offrent des dissemblances curieuses à signaler et des différences assez sensibles avec la pièce imprimée et telle qu'on l'a jouée sur la scène française à partir de sa deuxième représentation.

Nous avons eu sous les yeux deux manuscrits du Barbier appartenant à la Comédie-Française; M. de Loménie en a eu un troisième qui fait partie des papiers de la succession de Beaumarchais et qui est le manuscrit même du Barbier, en cinq actes, et tel qu'il fut joué seulement le jour de sa première représentation.

Nous allons examiner successivement ces trois manuscrits.

PREMIER MANUSCRIT.

C'est celui qui est toujours resté à la Comédie. Il n'est

---

[1] « Les comédiens français, dit Bachaumont le 1ᵉʳ février 1775, ont la permission de représenter *le Barbier de Séville* du sieur Beaumarchais. Ils en ont commencé les répétitions. Cette comédie sera jouée vraisemblablement dans le carnaval; l'auteur l'a étendue de quatre actes en cinq. »

pas de la main de Beaumarchais, mais d'une belle et grosse écriture; et il était sans doute, dans le principe, destiné au souffleur. Nous l'avons d'abord consulté croyant, comme M. de Loménie l'a cru aussi, que c'était là « le texte primitif » du Barbier, composé en 1772 et reçu en 1773 à la Comédie-Française. Ce manuscrit n'est point conforme à la pièce imprimée et il est postérieur à celui dont nous parlons ci-après. Nous y avons relevé de nombreuses et notables différences qui se retrouvent d'ailleurs à peu près toutes au manuscrit suivant. Ce manuscrit a cependant sa valeur et son intérêt constatés suffisamment par deux notes de la main même de Beaumarchais sur son premier et sur son dernier feuillet.

Nous lisons en effet ce qui suit sur la première page :

Manuscript de l'auteur sur lequel seul la pièce sera jouée, si elle doit jamais l'être.

CARON DE BEAUMARCHAIS.

La dernière page contient la note suivante :

Je déclare que le présent manuscript est parfaitement conforme à celui qui a été censuré de nouveau par M. Artaud, après l'avoir été, il y a plus d'un an, par le sieur Marin, et parfaitement conforme à celui qui est entre les mains de M. de Sartines, et sur lequel les Comédiens français ont inutilement reçu déjà deux fois la permission de représenter la pièce. Je supplie monseigneur le prince de Conti de vouloir bien le conserver pour l'opposer à tout autre manuscript ou imprimé de cette pièce que l'on pourrait faire courir, en y ajoutant, pour me nuire, des choses qui n'ont jamais été ni dans ma tête ni dans ma pièce, protestant que je désavoue tout ce qui ne sera pas exactement conforme au présent manuscript.

A Paris, le 16 mars 1774.

CARON DE BEAUMARCHAIS.

Ce manuscrit, qui est bien le deuxième en date, est donc celui que Beaumarchais reconnaissait comme seul bon, au commencement de l'année 1774. Mais, malgré les assertions de son auteur lui-même, il n'est point absolument conforme au manuscrit primitif que nous appelons ici deuxième manuscrit, *parce que c'est celui que nous avons consulté en second lieu et qu'il doit nous fournir le texte de nos variantes.*

DEUXIÈME MANUSCRIT.

Le deuxième manuscrit du Barbier *que nous avons eu entre les mains fait partie des papiers de Beaumarchais[1] achetés à Londres pour le compte de la Comédie en 1863. Ce manuscrit est certainement le plus ancien, le manuscrit vraiment primitif, et auquel Beaumarchais fait allusion dans la note inscrite sur la dernière page de celui dont nous avons parlé ci-dessus.*

Sur le premier feuillet de ce manuscrit le titre est disposé de la manière suivante :

LE BARBIER DE SÉVILLE,

ou

LA PRÉCAUTION INUTILE,

Comédie en quatre actes.

1773.

Sur la dernière page nous lisons l'approbation du censeur Marin, suivie de l'autorisation de représenter la pièce :

---

[1]. Voyez aux appendices des détails sur ces précieux papiers.

J'ai lu, par ordre de monsieur le lieutenant-général de police, une pièce qui a pour titre : *Le Barbier de Séville ou la Précaution inutile*, et je crois qu'on peut en permettre la représentation.

MARIN.

Et plus bas :

Vu l'approbation. Permis de représenter. Ce 13 février 1773.

DE SARTINE.

Bien que Beaumarchais ait prétendu, dans la note que nous avons rapportée à propos du précédent manuscrit, que le deuxième était parfaitement conforme au premier, nous avons constaté d'importantes différences entre ces deux manuscrits, ce qui pourrait donner à supposer, ou que Beaumarchais a fait depuis des suppressions qu'il préférait ne pas avouer, ou que le manuscrit primitif a été annoté et augmenté après coup. Nous avons trouvé en effet sur ce présent manuscrit de nombreuses retouches, des corrections, des notes, des variantes, etc., dont il n'est pas possible d'assigner la date, et qui ne figurent pas sur l'autre. Mais la certitude — par l'autorisation inscrite à sa dernière page — que ce manuscrit offre bien, aux additions près qu'il a pu postérieurement recevoir, le texte du Barbier *tel qu'il a d'abord été accepté à la Comédie-Française, nous a fait préférer ce texte même au précédent. C'est donc celui qui nous a servi à relever les variantes que nous donnons à la suite de la réimpression de la pièce.*

TROISIÈME MANUSCRIT.

Ce manuscrit, qui au point de vue littéraire est non pas le plus précieux mais le plus curieux de tous, appartient à la famille de Beaumarchais. Il ne nous a pas été donné de pouvoir le consulter, mais M. de Loménie l'a eu longtemps entre les mains, et c'est à l'aide de son livre, Beaumarchais et son temps, *que nous allons en parler, en signalant d'après lui les suppressions et modifications que l'auteur du* Barbier *dut faire subir à sa pièce.*

Beaumarchais, ayant définitivement obtenu l'autorisation de faire représenter le Barbier, *crut devoir retoucher et augmenter sa comédie.*

Il voulut en même temps se venger, autant qu'il était possible, des ennuis qu'on lui avait infligés à cause d'elle; et comme on avait défendu le Barbier *pour de prétendues allusions, qui en réalité ne s'y trouvaient pas, il se donna la douce satisfaction d'y introduire, au dernier moment, beaucoup de plaisanteries et de critiques, de quolibets et de bons mots d'un goût plus ou moins équivoque, à l'adresse de ses principaux ennemis. Puis, outre ces additions qui avaient trop surchargé les quatre actes primitifs, il en ajouta un cinquième, qu'il rattacha tant bien que mal aux premiers, et ce fut enfin sous cette forme que* le Barbier *se produisit devant le public.*

Les récentes agitations de la vie de Beaumarchais, dit M. de Loménie [1], se reconnaissent dans les modifications qu'il fait subir à sa comédie. C'est ainsi, par exemple, que la fameuse tirade sur *la calomnie*, que Beaumarchais met dans la bouche de Bazile, et qui est un des morceaux les plus brillants et des plus significatifs du *Barbier*, ne se trouve pas dans le manuscrit primitif, dans celui du Théâtre-Français [2] ; elle a été ajoutée après coup, en 1775, sur le manuscrit [3] qui a servi à la première repré-

---

1. *Beaumarchais et son temps*, t. Ier, p. 459 et suiv.
2. Celui qui a été communiqué à M. de Loménie par M. Regnier, l'éminent sociétaire, et qui était alors le plus ancien conservé à la Comédie-Française.
3. Le manuscrit en cinq actes, communiqué par la famille, celui dont parle ici M. de Loménie et que le présent extrait de son livre va nous faire connaître en détail.

sentation, au moyen d'un feuillet collé écrit tout entier et d'un seul jet de la main de Beaumarchais.

Dans le manuscrit primitif, Bazile reprochant à Bartholo de ne pas lui avoir donné assez d'argent, se contentait de lui dire, en style de musicien : « Vous avez lésiné sur les frais, et dans l'harmonie du bon ordre un mariage inégal, un passe-droit évident, sont des dissonances qu'on doit toujours préparer et sauver par l'accord parfait de l'or. »

Dans le manuscrit retouché pour la première représentation, Beaumarchais entre ces mots : « Un mariage inégal, — un passe-droit évident, » ajoute de sa main ceux-ci : « Un jugement inique, » qui ont passé dans le texte imprimé.

La phrase d'Almaviva à Figaro : « Sais-tu qu'on n'a que vingt-quatre heures au palais pour maudire ses juges ? » et la réponse de Figaro : « On a vingt-quatre ans au théâtre, » ne se trouvent pas non plus dans le manuscrit de la Comédie-Française.

La biographie de Figaro, racontée par lui-même au début de la pièce, a également subi des changements de détails, entre autres ceux-ci : Dans le manuscrit du Théâtre-Français, Figaro disait : « Accueilli dans une ville, emprisonné dans l'autre et partout supérieur aux événements... » Dans le manuscrit de 1775, le blâmé du parlement Maupeou ajoute de sa main : « Loué par ceux-ci, *blâmé* par ceux-là... »

Quelquefois les modifications de 1775 portent sur le caractère de Figaro, auquel l'auteur ajoute des traits de sa propre physionomie, comme dans ce passage intercalé à la première représentation, supprimé après, et qui ne figure ni dans le manuscrit du Théâtre-Français, ni dans le texte imprimé. Bartholo, dans sa dispute avec Figaro, lui disait : « Vous vous mêlez de trop de choses, monsieur. » Figaro répondait : « Que vous en chaut si je m'en démêle, monsieur ? — Et tout ceci pourrait mal finir, monsieur, reprend Bartholo. — Oui, pour ceux qui menacent les autres, monsieur, » répond Figaro.

Dans le manuscrit du Théâtre-Français, Bartholo se querellant avec ses domestiques, l'un deux, La Jeunesse, lui disait : « Eh mais, monsieur, y a-t-il de la raison ? » Bartholo s'écriait : « C'est bon entre vous autres misérables, de la raison, je suis votre maître pour avoir toujours raison. » Dans le texte retouché, Beaumarchais remplace les deux premiers mots de *raison* par le mot *justice,* ce qui fait dire à Bartholo : « C'est bon entre vous, misérables, de la justice ! » Et il complète sa pensée par ce passage plus audacieux encore qui est resté dans la pièce imprimée, et qui n'est pas dans le manuscrit du Théâtre-Français : « *La Jeunesse.* Mais pardi, quand une chose est vraie !... — *Bartholo.* Si je ne veux pas qu'elle soit vraie !... etc... »

Dans le texte primitif du *Barbier,* Beaumarchais établit, au dénoûment, un dialogue entre Figaro et l'Alcade, où le premier berne le second avec une rare effronterie. Cette scène fut jugée trop forte et contribua à la chute du *Barbier* à la première représentation. Beaumarchais la supprima à la seconde, et elle ne figure pas dans le texte imprimé du *Barbier;* mais comme Beaumarchais n'aimait pas à perdre ce qu'il trouvait bon, il reproduisit ce passage, neuf ans plus tard, en l'adoucissant un peu, dans *le Mariage de Figaro.* C'est celui où Figaro, reconnu par Bridoison, lui demande insolemment des nouvelles de sa femme et de son fils : « Le cadet qui est, dit-il, un bien joli enfant, je m'en vante... » La scène était d'abord dans *le Barbier de Séville.* Après avoir été sifflée en 1775, elle passa très-bien en 1784.

La même observation s'applique à la tirade si connue du *Mariage de Figaro* sur *goddam,* « le fond de la langue anglaise. » Cette tirade était aussi primitivement dans *le Barbier de Séville.* Beaumarchais l'avait ajoutée dans la scène de reconnaissance entre Figaro et Almaviva. Elle se liait au reste de la scène de la manière suivante :

Figaro racontait qu'il avait voyagé en Angleterre, et il débitait ensuite sa tirade.

Almaviva. Avec une telle science tu pouvais courir l'Europe entière !

Figaro. Aussi, pour m'en revenir, ai-je traversé la France avec beaucoup d'agrément, car je sais aussi les mots principaux de ce pays-là.

Almaviva. Fais-moi grâce de l'érudition; achève ton histoire.

Figaro. De retour à Madrid je voulus essayer de nouveau mes talents littéraires; j'ai fait deux drames.

Almaviva. Miséricorde !

Figaro. Est-ce le genre ou l'auteur que Votre Excellence dédaigne?

Almaviva. J'entends dire trop de mal du genre pour qu'il n'y ait pas quelque bien à en penser.

Cette scène fut également repoussée par le public en 1775, comme trop forcée, trop voisine de la charge. Beaumarchais la retira, mais pour la reporter dans *le Mariage*, où elle eut beaucoup de succès.

Après avoir parlé des passages que Beaumarchais renforçait sur le manuscrit primitif et de ceux qu'il ajournait, il nous faut dire un mot de ceux qu'il fut obligé de retrancher absolument après la première représentation.

Au début de la pièce, Almaviva, en se promenant sous les fenêtres de Rosine, ajoutait à sa tirade : « Suivre une femme à Séville... » cette phrase métaphorique, alambiquée et inégale : « Tous nos vallons sont pleins de myrte, chacun peut en cueillir aisément ; un seul croit au loin sur le penchant du roc, me plaît, non qu'il soit beau, mais moins de gens l'atteignent. « Ce myrte et ce roc n'ayant sans doute pas eu de succès à la première représentation, Beaumarchais y renonça.

Dans la scène de reconnaissance entre Almaviva et Figaro, Almaviva disait à celui-ci : « Je ne te reconnaissais pas, te voilà si gros et si gras ! — Que voulez-vous, monseigneur, répond Figaro, c'est la misère. » Et il ajoutait : « Sans compter que j'ai perdu tous mes pères et mères ; de l'an passé je suis orphelin du dernier. » C'est ainsi qu'à une plaisanterie amusante succédait une charge grossière qui fut justement supprimée après la première représentation.

Plus loin Figaro disait : « J'ai passé la nuit gaîment avec trois ou quatre buveurs de mes *voisines.* »

Dans le texte imprimé du *Barbier*, le portrait du vieux tuteur, qui veut épouser Rosine, n'est qu'un fragment du portrait plus détaillé de Bartholo que contenait la pièce à la première représentation et qui était rédigé en ces termes :

« C'est un beau, gros, court, jeune vieillard, gris pommelé, rasé, rusé, blasé, frisqué et guerdonné comme amoureux en baptême, à la vérité ; mais ridé, chassieux, jaloux, sottin, goutteux, marmiteux, qui tousse, et crache, et gronde, et geint tour à tour. Gravelle aux reins, perclus d'un bras et déferré des jambes ; le pauvre écuyer ! S'il verdoie encore par le chef, vous sentez que c'est comme la mousse ou le gui sur un arbre mort. Quel attisement pour un tel feu!... »

Le portrait de Rosine était dans ce même ton rabelaisien, qui ne se retrouvait plus guère que sur les tréteaux des boulevards. Il y avait aussi des scènes où la liberté du langage était extrême, notamment une scène où Basile, consulté par Bartholo sur son mariage avec Rosine, lui récitait, avec des variantes effrontées, le fameux quatrain de Pibrac sur les vieillards qui épousent de jeunes femmes.

Toutes ces additions ayant considérablement allongé le manuscrit primitif, déjà trop long, Beaumarchais avait été conduit à y ajouter un acte, en coupant le troisième en deux. Mais la coupure était des plus malheureuses.

Le quatrième acte commençait au milieu du troisième, au moment où Rosine vient de chanter l'ariette qu'on ne chante plus aujourd'hui.

Almaviva, déguisé en maître de musique, après avoir dit à Rosine, comme dans la pièce imprimée : « Filons le temps, » poursuivait le dialogue sous cette forme :

Almaviva. Et le beau récitatif obligé qui suit le morceau, le dites-vous aussi, madame ?

Rosine. Oui, mais c'est au clavecin qu'il faut l'accompagner, à cause des fréquentes ritournelles.

Bartholo. Ah ! passons au clavecin ; car il n'y a rien dans le monde d'aussi important que les ritournelles.

Or le clavecin se trouvait dans un cabinet voisin. Les deux amants, après avoir essayé, mais en vain, d'obtenir de Bartholo qu'il les écoutât au salon, passaient avec lui dans le cabinet ; la toile tombait sur ce maigre incident.

Au quatrième acte, Bartholo, Rosine et le Comte rentraient comme ils étaient sortis :

Bartholo. Je n'en ai pas perdu une syllabe (du récitatif) ; il est bien beau ; mais elle a raison, on étouffe dans le cabinet ; Demain je fais remettre son clavecin dans le salon.

Ce quatrième acte, composé d'une partie du troisième, se trouvant trop court, Beaumarchais l'avait farci de quolibets débités par Figaro, qui, non content de chanter son air inédit, faisait chanter à Almaviva d'autres couplets qui ne valent pas la peine d'être signalés et se livrait à une foule de plaisanteries d'un gout équivoque sur les médecins, sur les femmes et sur la mythologie [1].

IV

PREMIÈRE REPRÉSENTATION DU BARBIER. — LES ACTEURS DE L'ÉPOQUE ET CEUX QUI LEUR ONT SUCCÉDÉ.

La première représentation du Barbier *eut lieu le 23 février 1775 sur le théâtre des Tuileries, où jouaient alors les acteurs de la Comédie-Française*[2]. *Il y eut une affluence*

---

[1]. Nous avons extrait ces curieux passages du précieux ouvrage de M. de Loménie, *Beaumarchais et son temps*, publié chez Michel Lévy en 2 vol. in-8º, et paru d'abord dans la *Revue des Deux Mondes*. C'est le livre le meilleur et le plus complet qui ait été écrit sur Beaumarchais, et cela avec le secours des nombreux papiers communiqués à M. de Loménie par la famille même de l'auteur du *Barbier*. Cette participation de la famille rend parfois, d'ailleurs, un peu suspecte de partialité certaines des histoires et assertions que contient ce remarquable travail, notamment la bruyante aventure des brigands en Allemagne, en 1774, expliquée tout à fait différemment depuis, ainsi que nous l'avons dit ci-dessus. Nous devons profiter de cette citation pour dire que nous sommes redevable au livre de M. de Loménie, sans l'aide duquel il sera longtemps impossible de rien écrire sur Beaumarchais, de nos meilleurs renseignements, et qu'il nous a aussi fourni souvent l'indication des sources de ceux qu'il n'avait pas jugé à propos de donner.

[2]. Notons rapidement les divers déplacements de la Comédie-Française :
En 1669 l'hôtel des comédiens du roi prend le nom de Comédie-Française, mais sa constitution date, en réalité, de 1680. Cette année-là, en effet, une ordonnance du roi décide la réunion de la troupe de l'hôtel de Bourgogne avec celle de la rue Mazarine, et la Comédie-Française commence vraiment d'exister. Ses représentations se donnaient alors rue Guénégaud, et elle recevait, à titre de « pension royale », une subvention de 12,000 livres.
En 1687, les comédiens se transportent rue des Fossés-Saint-Germain, qui

énorme, une foule considérable[1], *composée des éléments les plus divers : amis, ennemis, indifférents, ou simplement curieux, tous mêlés et mélangés, et attirés avant tout par la réputation nouvelle que le scandale de ses procès avait si rapidement faite à Beaumarchais. La pièce tomba complétement*[2], *et elle méritait sa chute. Il faut dire cependant qu'il y eut cabale évidente, puisque les mémoires du temps racontent qu'on sifflait déjà dans certaines parties de la salle, même avant le commencement de la pièce, et que dans le cours de la soirée il y eut encore redoublement de cris et de sifflets, même aux scènes les plus amusantes et les mieux réussies.*

Mais ces cabaleurs implacables, dont la haine et l'envie poursuivaient ce soir-là Beaumarchais, virent manquer complétement le but qu'ils avaient pu se proposer : bafouer et annuler l'auteur des Mémoires contre Marin, Goezmann et autres! C'est précisément le contraire qui advint,

devint ainsi plus tard la rue de l'Ancienne-Comédie, nom qu'elle porte encore aujourd'hui.

Sous Louis XV, sa subvention est doublée. En 1770, nouveau déménagement; la Comédie est autorisée à donner provisoirement ses représentations dans la salle édifiée, en 1671, au palais des Tuileries ; elle y resta jusqu'en 1782. A cette époque elle s'installa dans la nouvelle salle élevée sur l'emplacement de l'ancien hôtel de Condé, et où est aujourd'hui l'Odéon.

Pendant la révolution, la troupe du Théâtre-Français est plusieurs fois dispersée; elle se reconstitue en 1802, et elle reçoit alors une subvention de 100,000 francs qui est ensuite doublée, puis portée à 300,000 fr. en 1848, et enfin réduite, en 1856, au chiffre de 240,000 fr.

En 1803 elle inaugure la salle actuelle de la rue de Richelieu.

1. « Jamais, dit Grimm, première représentation n'attira plus de monde. »
2. « Cette comédie, qui nous avait enchantés à la lecture, nous parut longue au théâtre; une surabondance d'esprit amenait la satiété et fatiguait l'auditeur. » (Gudin.)

« La pièce a paru un peu farce, les longueurs ont ennuyé, les mauvaises plaisanteries ont dégoûté, les mauvaises mœurs ont révolté. » (*Correspondance littéraire* de Laharpe, t. Ier.)

La pièce tomba à plat le jour de sa première apparition devant le public.. L'effet produit sur le nombreux auditoire fut un effet de déception très-marquée; on s'attendait à un chef-d'œuvre; l'échec fut complet. » (L. de Loménie.)

« La pièce parut longue : faut-il le dire ? le premier jour elle ennuya! » (Sainte-Beuve, *Causeries du Lundi.*)

grâce aux sifflets, les uns mérités et les autres injustes, qui accueillirent le Barbier *en cinq actes. En effet, Beaumarchais se tint sagement pour battu, et le lendemain même de sa chute il chercha à remettre sa comédie sur pied, en faisant lui-même le sacrifice et l'amputation des passages qui paraissaient avoir particulièrement déplu. Il supprima les grosses et vulgaires plaisanteries, les longueurs, plusieurs tirades inutiles, deux scènes capitales et tout le cinquième acte, en rattachant aux précédents ce qu'il crut devoir en conserver. La pièce ainsi émondée et intelligemment allégée devint la comédie charmante que nous connaissons. Jouée une deuxième fois le dimanche 26 février* 1775, *elle obtint un succès considérable*[1] *devant un public en partie renouvelé, qui aimait en Beaumarchais son esprit, sa hardiesse et sa gaieté, qui n'entendait rien ou ne voulait rien entendre aux querelles de partis, et devant lequel on avait toujours raison pourvu qu'on le fît pleurer et rire en l'intéressant et l'amusant.*

Le Barbier *fut créé par les meilleurs comédiens*[2] *de l'époque* : Préville[3] *jouait Figaro;*

---

1. « Beaumarchais émonda son arbre trop touffu, supprima un acte, transporta une scène du premier au second, et donna ainsi à sa pièce une marche égale et vive qui, soutenant l'attention, laissait goûter le charme des détails. (Gudin.)

« Il n'est pas commun de voir un auteur dramatique ramasser une pièce justement tombée, et, en vingt-quatre heures, du jour au lendemain, lui faire subir une véritable métamorphose, et transformer ainsi, presqu'à la minute, un ouvrage médiocre en une production charmante, pleine de mouvement et de verve, et où l'intérêt va toujours croissant. » (L. de Loménie.)

2. Voyez, sur quelques-uns des artistes-créateurs du *Barbier*, la note relative à *Eugénie*, p. 15 du t. I de cette édition.

3. Préville ne joua pas toujours ce rôle à la satisfaction de Beaumarchais. Nous trouvons dans la *Revue Rétrospective* (tome VII, 2ᵉ série) une curieuse lettre de l'auteur du *Barbier* à ce sujet, lettre communiquée à cette revue, avec quelques autres de Beaumarchais, par M. Regnier, sociétaire de la Comédie-Française.

Il s'agit d'une reprise du *Barbier*, à la fin de l'année 1781. Beaumarchais se plaint, dans cette épître assez vive adressée « à Messieurs les Comédiens français » du sans-gêne avec lequel on joue sa pièce : « Il y a dix jours, dit-il, le

Bellecourt *créa le rôle d'Almaviva et* Desessarts *celui de Bartholo;*

Auger *remplit le personnage de Basile ;*

La charmante Mlle Doligny *jouait Rosine;*

C'est Belmont *qui créa le petit rôle épisodique de L'É-veillé;*

Dugazon, *qui venait seulement de débuter à la Comédie-Française, remplissait le rôle de La Jeunesse* [1];

Bouret, *qui avait débuté en* 1764, *dans les rôles de* « *grandes utilités* », *jouait le court personnage du notaire.*

Depuis, le rôle de Figaro dans le Barbier *a été repris à toutes les époques par les principaux artistes du théâtre.*

A Préville succéda Dugazon, *celui-là même qui avait créé en* 1775 *le petit rôle de La Jeunesse. Il se nommait de son vrai nom* Gourgaud (*Jean-Baptiste-Henri*); *né en* 1743,

---

31 décembre 1781, le pièce fut jouée avec tant de négligence et un manque de soin si marqué, que huit personnes de ma connaissance quittèrent le spectacle en disant tout haut que c'est se moquer du public et de l'auteur que de les traiter ainsi. »

Et il continue un peu plus loin : « Forcé de parler à la scène, si l'acteur qui oublie son rôle, non-seulement ne dit pas ce qui est écrit, mais dit encore ce qui ne l'est pas, est-ce là jouer des pièces du Théâtre-Français ? et n'est-ce pas plustôt se jouer, en proverbe, d'un canevas quelconque? Tel est le malheur dans lequel je vois tomber *le Barbier de Séville* avec chagrin. »

Et enfin en *Post-Scriptum* : « Je prie mon ami Préville de soutenir un peu son organe en jouant, si cela lui est possible; on perd beaucoup du rôle de Figaro. »

1. Beaumarchais, qui ne marchandait pas les reproches aux interprètes de ses comédies, ainsi que nous venons de le prouver au sujet de Préville, eut aussi l'occasion de « gourmander » Dugazon à propos du rôle de La Jeunesse :

A M. de La Porte, secrétaire de la Comédie.

« M. de Beaumarchais a l'honneur de mander à son ancien ami M. de La Porte qu'il a prié et qu'il prie la Comédie de ne point donner *le Barbier* ou de retrancher la scène de l'éternuement, ou d'engager M. Dugazon de ne pas abandonner ce petit rôle, qui est gai ou dégoûtant, selon qu'il est bien ou mal rendu. Et M. Dugazon est prié d'arranger les sublimes saillies de ce rôle, qui sont les éternuements, de façon qu'on puisse entendre ce que dit le docteur dans cette scène, parce que ce n'est pas les pires choses qu'on lui a mises dans la bouche. » (*Revue Rétrospective*, volume déjà cité.)

il avait débuté en 1771. Il mourut fou en 1809, étant alors professeur au Conservatoire. Il a fait représenter quelques pièces plus que médiocres[1].

La prise de possession de ce rôle par Dugazon donna lieu à la correspondance suivante échangée entre le sieur De La Porte, secrétaire du théâtre, et Beaumarchais[2] :

A M. de Beaumarchais.

18 avril 1785.

Monsieur,

Lorsqu'il fut question d'engager M. Dugazon à jouer le rôle de Brid'oison, il ne voulut l'accepter qu'avec la sureté du double de Figaro dans *le Barbier de Séville*. M. Fleury, député vers vous, lui reporta que vous lui aviez assuré que vous n'aviez rien décidé à cet égard et que vous ignoriez les droits qu'il pouvait avoir à ce rôle. On parle aujourd'hui de remettre la pièce. M. Dugazon, malgré les soixante-huit représentations de *Figaro*, le zèle qu'il nous a montré à *la Cinquantaine*, et ce que M. Fleury lui a dit d'obligeant sur cet objet, désirerait savoir de vous-même, avant mercredi, s'il doit compter sur ce que sa bonne volonté croit pouvoir attendre de vous.

J'ai l'honneur, etc.

De la Porte.

A M. De la Porte.

Paris, 19 avril 1785.

Je n'ai pas bien compris, mon cher La Porte, le sens de votre lettre. Le *Barbier de Séville* est annoncé pour demain, ce qui prouve d'ailleurs que la Comédie a fait son arrangement pour cette représentation sans avoir besoin de mon avis. Si M. Préville ne doit pas jouer le rôle, et si M. Dazincourt, qui l'a déjà joué, ne

---

1. Le général Gourgaud, qui accompagna Napoléon à Sainte-Hélène, était neveu de ce célèbre comédien.
2. *Revue Rétrospective*, volume déjà cité.

s'afflige pas trop de ce qu'on remet la pièce sans lui, je n'ai point d'objection contre l'arrangement qui fait jouer le rôle par M. Dugazon. Je ne veux jamais rien qui puisse nuire à l'intérêt de la Comédie; mais il me semble que ces sortes d'arrangements devraient se faire d'acteur à acteur, puisque le seul mal qui puisse en résulter est d'affliger l'un ou l'autre des sujets que cet emploi regarde. Vous connaissez assez mon esprit conciliateur pour vous assurer que je suis sincère en cela.

Je vous salue et vous aime.

BEAUMARCHAIS.

Dazincourt *joua le rôle après Dugazon; de son vrai nom Albouis (Jean-Baptiste-Joseph), né en 1747, mort aussi en 1809, également professeur au Conservatoire, et de plus directeur des spectacles de la cour sous Napoléon.*

Après Dazincourt vint Thénard; *acteur de mérite, peut-être méconnu, il eut le malheur de succéder, trop jeune encore, à Dugazon, à Dazincourt, et même aussi à Larochelle, comédien des plus distingués, et alors qu'il n'était pas encore fermement assis dans l'opinion publique, il eut surtout la mauvaise chance de voir débuter, dans les personnages mêmes de son emploi, un acteur brillant, de moins de naturel et de plus de verve que lui, Monrose père, qui reprit et garda longtemps le rôle après lui*[1].

Barrizain (*Louis-Séraphin*), *qui s'est illustré sous le nom de* Monrose, *était né en 1783; il mourut en 1843; il était sociétaire depuis 1817.*

Puis vint Samson (*Joseph-Isidore*), *né en 1793, dans la boutique d'un limonadier de Saint-Denis. Il entra aux Français en 1817; sa représentation de retraite fut donnée le 16 avril 1863, et il fut décoré de la Légion d'honneur le 4 août 1864. Il est professeur au Conservatoire depuis 1836.*

---

1. Thénard, au dire des amateurs qui ont pu l'apprécier, jouait Figaro « avec l'esprit et la gaîté » prescrits par Beaumarchais.

Un des plus remarquables comédiens du théâtre, M. Régnier, *se distingua éminemment après lui dans ce rôle brillant. Né en 1807, Régnier (François-Joseph) débuta à la Comédie-Française le 6 novembre 1831, dans le rôle de Figaro du Mariage. Pour son second début, il joua aussitôt le Figaro du Barbier, et, en raison des longues années qu'il passa à la Comédie-Française, il est peut-être celui des acteurs célèbres ayant repris le rôle qui l'ait joué le plus fréquemment. Sociétaire en 1834, M. Régnier est depuis 1854 professeur au Conservatoire*[1].

Deux acteurs, également aimés du public, MM. Got[2] *et Coquelin*[3], *sont aujourd'hui en possession du rôle de Figaro à la Comédie-Française.*

Les deux autres principaux rôles de la pièce, Almaviva et Rosine, ont eu également pour interprètes les plus célèbres comédiens du Théâtre-Français :

On a vu successivement dans le personnage d'Almaviva, Molé, Fleury, Armand, Michelot, Menjaud, etc..., et enfin de nos jours et encore actuellement, M. Bressant.

*Le personnage de Rosine a servi de rôle de début à bon nombre de comédiennes, dont la plupart sont déjà oubliées ; mais les actrices les plus renommées, et même les plus illustres du Théâtre-Français ont aussi tenu à honneur de le jouer, et parmi elles, au premier rang, M*mes *Mézeray, Mars et Anaïs*[4].

---

1. On sait aussi que M. Régnier est un écrivain dramatique distingué, et l'un des hommes de notre temps les plus érudits et les plus compétents en matières théâtrales.

2. Got (François-Jules-Edmond), né en 1822 ; il débuta au Théâtre-Français en 1844 et fut reçu sociétaire en 1850.

3. Coquelin (Benoît-Constant), né en 1841. Ses débuts datent du 7 décembre 1860. Trois ans après, le 1er janvier 1864, il était reçu sociétaire.

4. Pour cette partie de notre travail, nous avons eu communication, aux archives du Théâtre-Français, du curieux registre des distributions de rôles aux acteurs. C'est un registre des plus précieux pour l'histoire du théâtre, et qui fournit pour toutes les pièces jouées à la Comédie-Française la liste complète des artistes qui en ont créé ou repris les divers rôles.

V

LES CRITIQUES. — EMPRUNTS ET IMITATIONS REPROCHÉS A BEAUMARCHAIS A PROPOS DU BARBIER DE SÉVILLE.

Le Barbier a donné lieu, soit immédiatement après sa première représentation, soit dans la suite et même encore de nos jours, aux études critiques les plus variées, enthousiastes ou sévères, injustes et partiales, mais qui ont toutes leur intérêt. Je citerai rapidement les parties les plus saillantes de ces critiques, signalant seulement au lecteur les passages où se trouve fixé ou résumé le jugement de chaque écrivain, de manière à rendre cette nomenclature courte et précise et à ne pas surcharger la présente notice de citations ou de redites inutiles.
Ouvrons d'abord les Mémoires de Bachaumont.

23 février.

Le Barbier de Séville tant annoncé n'a pas répondu à l'attente du public, dont la foule a pensé produire des événements sinistres par le peu d'ordre qui règne aujourd'hui soit pour la distribution des billets, soit pour l'entrée du spectacle. Cette pièce que l'auteur prolixe a allongée en cinq actes, au lieu de la réduire en trois, n'est, quant à l'intrigue, qu'un tissu mal ourdi de tours usés au théâtre pour attraper les maris ou les tuteurs jaloux. Les caractères, sans aucune énergie, point assez prononcés, sont quelquefois contradictoires. Les actes, extrêmement longs, sont chargés de scènes oisives que l'auteur a imaginées pour produire de la gaieté, et qui n'y jettent que de l'ennui. Le comique de situation est ainsi totalement manqué, et celui du dialogue n'est qu'un remplissage de trivialités, de turlupinades, de calembourgs, de jeux de mots bas et même obscènes; en un mot c'est une parade fatigante, une pièce insipide, indigne du théâtre français. Le premier acte seul, assez bien disposé, a reçu de vrais applaudissements et les méritait; dans tous les autres le dégoût n'a fait que croître et parvenir à son comble. L'auteur a soutenu cette chute avec son impudence ordinaire.

1er mars.

Le Barbier de Séville, au moyen de la ressource usitée des auteurs, a été aux nues les dimanche et mardi gras. *Les Battoirs*, comme les appelle le sieur Caron lui-même dans sa pièce, l'ont parfaitement bien servi. Il y désigne sous cette qualification burlesque cette valetaille des spectacles qui gagne ainsi ses billets de parterre par des applaudissements mendiés et des battements de mains perpétuels. Il a réduit sa pièce en quatre actes, ce qui la rend moins longue, moins ennuyeuse, et ce qui a fait dire qu'il se mettait en quatre pour plaire au public. On a dit encore mieux qu'il aurait dû plustôt mettre ses quatre actes en pièce, jeu de mots qui, en indiquant le respect qu'il aurait dû avoir pour la décision du public, désigne le principal défaut de son ouvrage, où il n'y a ni suite ni cohérence entre les différents actes.

On lit dans le Mercure de France (*n^{os} de mars et d'avril* 1775) :

Cette comédie est un imbroglio comique où il y a beaucoup de facéties, d'allusions plaisantes, de jeux de mots, de lazzis, de satires grotesques, de situations singulières et vraiment théâtrales, de caractères originaux, et surtout de gaîtée vive et ingénieuse. Les retranchements que l'auteur a faits à la seconde représentation assurent le succès de cette comédie.

Le Barbier de Séville attire toujours par sa gaîté beaucoup de monde à la Comédie-Française. Les ris des spectateurs sont les meilleurs applaudissements qui puissent être donnés à cette comédie, dont le principal but est rempli puisqu'elle amuse.

L'Almanach des Spectacles pour 1775 *se borne à insérer, sans autre commentaire, le compte rendu du* Mercure de France, *auquel nous avons emprunté les deux passages précédents.*

Avant de citer les diverses opinions des critiques de profession, donnons d'abord l'avis d'une dame de l'époque, d'une grande dame, des plus spirituelles, du meilleur ton comme du meilleur monde, d'une dame « en hautes et grandes relations, » de Mme *du Deffant. Écrivant, le lundi 27 février* 1775, *à Horace Walpole, elle lui dit :*

L'ambassadeur vint hier chez moi, il ne me trouva pas; j'étais à la comédie de Beaumarchais, qu'on représentait pour la seconde fois. A la première elle fut sifflée; pour hier elle eut un succès extravagant, elle fut portée aux nues, elle fut applaudie à tout rompre, et rien ne peut être plus ridicule. Cette pièce est détestable. Vos parents regrettaient beaucoup de n'avoir pu l'entendre, ils peuvent s'en consoler. Le goût est ici entièrement perdu. Ce Beaumarchais, dont les mémoires sont si jolis, est déplorable dans sa pièce du *Barbier de Séville*[1].

Citons maintenant les principaux jugements émis à différentes époques par les critiques les plus connus et dont l'opinion a fait et fait encore autorité.

FIÉVÉE.

Il est aisé de se faire une idée des hardiesses et des inconvenances de la pièce par celles qui s'y trouvent encore. Toutes les fois qu'on sort du naturel, qu'on a la prétention de se faire un style particulier, il faut être piquant sous peine d'être plat; et

---

[1]. Lettre 557, dans l'édition de la *Correspondance de M*^{me} *du Deffant*, publiée par M. de Lescure chez H. Plon (2 vol. in-8°, 1865). M. de Loménie donne à tort à cette lettre la date du 26; la deuxième représentation ayant eu lieu ce jour-là, il serait peu vraisemblable qu'elle en eût parlé le soir même; d'ailleurs la lettre dit *hier*, ce qui indique positivement sa vraie date. Ajoutons que Mme du Deffant n'y fait pas preuve d'un goût bien judicieux; ce *Barbier* qu'elle trouva « détestable » est celui-là même qu'on nous joue encore aujourd'hui et qui restera toujours le chef-d'œuvre du genre.

les plaisanteries de Beaumarchais ont quelque chose de si extraordinaire, qu'elles choquent quand elles ne font pas sourire. Cette pièce, réduite en quatre actes, est restée au théâtre, où elle produit un effet agréable quand elle est jouée avec ensemble.

GRIMM.

Cette pièce est non-seulement pleine de gaîté et de verve, mais le rôle de la petite fille est d'une candeur et d'un intérêt charmants. Il y a des nuances de délicatesse et d'honnêteté, dans le rôle du Comte et dans celui de Rosine, qui sont vraiment précieuses, et que notre parterre est bien loin de pouvoir sentir et apprécier.

LA HARPE.

Le Barbier de Séville est depuis longtemps jugé par les connaisseurs : c'est le mieux conçu et le mieux fait des ouvrages dramatiques de Beaumarchais. Les caractères en sont assez marqués et assez soutenus pour le genre de l'*imbroglio;* celui du tuteur amoureux et jaloux a un mérite particulier : il est dupe sans être maladroit. Les moyens de l'intrigue sont du vieux théâtre, et le fond en était usé; mais il est rajeuni par les incidents et le dialogue. Il n'y a point d'acte qui n'offre une situation ingénieusement combinée, piquante et gaie dans les détails. La pièce se noue plus fortement d'acte en acte, et se dénoue fort heureusement au dernier. La scène de Bazile au troisième acte est neuve, et le singulier ne va pas jusqu'à l'invraisemblance; ce qui suppose beaucoup d'adresse dans l'auteur.

PETITOT.

Le Barbier de Séville a un avantage incontestable sur presque toutes les comédies d'intrigue. Le tuteur n'est pas aisé à tromper, et il lutte quelquefois avec avantage contre les deux amants. Il y a de l'invraisemblance, mais de la nouveauté dans les moyens; et ce dernier avantage suffit ordinairement pour le succès.

L'agrément de cette pièce tient surtout à un dialogue vif et pressé, qui, sans être naturel, est souvent piquant. L'esprit de l'auteur s'y développe beaucoup plus que les caractères des personnages ; mais comme cet esprit est original et mordant, il plaît et il amuse, positivement parce qu'il a une physionomie à laquelle on n'est pas habitué au théâtre.

GEOFFROY.

Figaro est l'Arlequin des comédies de Beaumarchais ; c'est un personnage plus brillant qu'original. Ce Barbier rassemble toutes les qualités des valets de comédie : la seule chose qui le distingue des Frontin, des Crispin, des Pasquin, des La Fleur, c'est qu'il est bel esprit, auteur, moraliste, charlatan et grand hâbleur ; faisant, comme dit un proverbe trivial, plus de bruit que de besogne ; ce qui a donné lieu de soupçonner que le créateur, sans le savoir, avait fait ce rôle-là à son image.

Toute la philosophie, toute la morale du *Barbier de Séville* est dans l'entretien de Figaro avec le comte Almaviva au premier acte. On a prétendu y montrer la supériorité réelle que l'esprit et le talent peuvent donner au plus ignoble aventurier sur le plus grand seigneur : c'est aussi là la fin et la principale intention de *la Folle Journée*. Figaro représente le tiers-état, le comte Almaviva, la noblesse. Telle est la clef de toutes les balivernes qu'on a si ridiculement exaltées, et qu'on eût renvoyées aux tréteaux de la foire, si elles n'eussent caché un sens mystique cher aux penseurs de ce temps-là.

LEMERCIER.

Le Barbier de Séville est notable par la gaîté de ses répliques ; on n'y peut reprocher qu'une profusion de traits parmi lesquels échappent quelques pointes et quelques épigrammes forcées qui se mêlent aux bons mots et dérangent le naturel ; l'emploi de l'esprit dégénère chez lui en abus.

SAINT-MARC GIRARDIN.

Figaro fait à lui seul tout le théâtre de Beaumarchais ; c'est lui qui figure partout sur la scène, c'est lui qui conduit tout. Rosine ne trompe son tuteur que pour fournir à Figaro l'occasion de montrer son talent à nouer et à dénouer les intrigues. Le personnage de Figaro donne au théâtre de Beaumarchais un genre d'unité que n'a aucun autre théâtre.

SAINTE-BEUVE.

Tout l'ensemble du *Barbier* est gai de situation, de contraste, de pose, de motifs et de jeux de scène, de ces choses que la musique traduira aussi bien que la parole. La parole de Beaumarchais qui court là-dessus est vive, légère, brillante, capricieuse et rieuse...... Beaumarchais était naturellement et abondamment gai, il osa l'être dans *le Barbier* ; c'était une originalité au XVIIIe siècle.

L. DE LOMÉNIE.

Le Barbier est mieux composé que *Le Mariage de Figaro*... Le dialogue n'est pas plus animé, mais il nous semble plus tempéré et plus concluant que celui du *Mariage*... *Le Barbier*, tombé à la première représentation, relevé et rajusté par l'auteur, eut un plein succès à la seconde. On y reconnut une restauration originale de l'ancienne comédie d'intrigue, rajeunie, agrandie, renouvelée, et les sifflets de la veille se changeaient en applaudissements.

HENRI MARTIN.

Beaumarchais, qui n'est pour les uns qu'un dangereux intrigant soupçonné de prétendus forfaits, qui est pour les autres, pour le grand nombre, l'héritier présomptif de Voltaire, et l'heureux vainqueur du parlement Maupeou, venait d'accroître sa popularité par son *Barbier de Séville*, œuvre d'un goût équivoque et qu'eût hésité d'avouer la belle époque de la comédie, mais présentant des types originaux, et remplie de verve et de traits piquants où l'on reconnaissait l'adversaire de Goëzmann.

f

Il convient aussi de parler, puisque nous nous occupons des critiques auxquelles a donné lieu le Barbier de Séville, *des quelques pièces dont on a prétendu que Beaumarchais s'était inspiré pour l'écrire.*

On a cité l'Étourdi, *puis aussi* le Sicilien, ou l'Amour peintre, *de Molière. Cette dernière pièce, a-t-on dit* [1], *aurait fourni à Beaumarchais tous les caractères de sa comédie; d'autre part, la scène du* Malade imaginaire, *scène dans laquelle Cléante donne une leçon de chant à Angélique devant son père et soupire des paroles très-tendres, en tenant à la main un papier sur lequel il n'y a que de la musique écrite, aurait également donné à Beaumarchais l'idée d'une des plus jolies scènes du* Barbier, *celle de la leçon de chant* [2]. *Citons aussi les* Folies amoureuses *de Regnard, dont quelques parties offrent, mais de bien loin, une analogie quelconque avec certains passages de la comédie de Beaumarchais. Enfin on a surtout nommé l'opéra-comique de Sedaine :* On ne s'avise jamais de tout, *où les divers personnages de la pièce ressemblent assez par leur caractère ou leur situation à quelques-uns des personnages du* Barbier. *Le docteur Tue de Sedaine est évidemment proche parent du Bartholo de Beaumarchais; il a une pupille, Lise, comme Bartholo en a une, Rosine; Dorval, l'amant de Lise, a bien quelque vague rapport avec Almaviva, le soupirant de Rosine. Ils emploient tous deux le même genre de ruse pour tromper le tuteur de leur belle; tous deux chantent en jouant de la guitare, et tous deux épousent à la fin de la pièce, avec l'aide du commissaire et à la barbe du tuteur bafoué, la femme qu'ils adorent.* « *Mais, comme le dit si spirituellement et si justement M. de Loménie, des tuteurs amoureux et jaloux, des pupilles rebelles, des amants inventifs, des déguisements, des commissaires ou des alcades,*

---

[1]. H. Lucas, *Histoire du Théâtre-Français*, t. II.
[2]. *Ibid., ibid.*

cela se trouve partout, est à la portée de tout le monde, et tout dépend de la manière de s'en servir! »

Cela est si vrai que la pièce de Sedaine, qui n'a d'ailleurs jamais eu une vogue bien considérable, est aujourd'hui tout à fait oubliée. On ne la réimprime même plus dans les nouvelles éditions des œuvres de son auteur. J'ai sous les yeux la dernière édition d'un Théâtre choisi *de Sedaine, publié par Hachette en 1860, et où l'on n'a pas jugé à propos de faire figurer ce déjà antique opéra-comique.*

Dans l'ancien théâtre, nous avons encore trouvé une comédie dont le titre a dû appeler notre attention au sujet des ressemblances que nous cherchions à établir entre le Barbier *et quelques-unes des pièces qui l'ont précédé à la scène; nous voulons parler de* LA PRÉCAUTION INUTILE, *comédie en trois actes, par M. D....*[1]*, représentée pour la première fois à l'Hôtel de Bourgogne par les comédiens italiens du roi, le 5 mars 1692. On y voit comme personnages principaux* Colombine, *un docteur, son futur;* Marinette, *servante;* Pasquariel *et* Pierrot, *valets;* Léandre, *amant de Colombine,* Isabelle, Gaufichon, Arlequin, *etc...*

Il faut dire tout d'abord que l'intrigue de cette comédie, aujourd'hui oubliée, ne ressemble en rien à celle du Barbier. *Le titre seul de la pièce nous avait fait croire à quelque imitation de la part de Beaumarchais, et en somme l'imitation, — si vraiment imitation il y a, — se bornerait à bien peu de chose! Voici l'unique passage dont Beaumarchais, si même il a jamais connu cette pièce, a pu quelque peu s'inspirer pour certains traits du caractère de Bartholo:*

GAUFICHON.

Ouais! De la manière que tout le monde en parle, c'est donc

---

[1]. Dans le *Théâtre italien* de Gherardi, t. I, à Paris, chez Cusson et Witte, en l'année 1700.

quelque chose de bien terrible que de garder une femme? Oh! je prétends moi apprendre aujourd'hui à tout le monde qu'il n'est rien de plus facile, et que la faiblesse des hommes rend les femmes orgueilleuses et insupportables. C'est pour ne pas en avoir le démenti que j'ai envoyé chercher un maçon et un serrurier pour faire boucher tous les endroits par où on peut m'insulter; en ces rencontres-là, la défiance est la mère de sûreté !....

ARLEQUIN.

Par où diable sa maison pourra-t-elle respirer s'il en fait boucher tous les trous?

Cette Précaution inutile *est d'ailleurs une assez mauvaise farce mélangée de coups de bâton, de lazzis absurdes, de chant, de musique, de couplets et même de danses en guise de cérémonie finale. C'est au milieu de pas divers, plus ou moins en situation, que la pièce se termine par ce couplet, qui pourrait aussi bien servir de compliment de clôture au* Barbier de Séville *de Beaumarchais :*

> Penses-tu, jaloux, être sage
> De resserrer une beauté?
> Plus on la tient en esclavage,
>   Plus on l'engage
> A trahir sa fidélité !...
> Un oiseau que l'on tient en cage
> N'aspire qu'à sa liberté !...

Nous avons cité ces différentes pièces, non pour accuser Beaumarchais, tant s'en faut! mais pour joindre au dossier d'informations que nous établissons ici, relativement au Barbier, *tous les documents et renseignements qu'il doit contenir. Le* Barbier, *d'ailleurs, nous le répétons encore, n'est point, quant à l'intrigue et au fond même du sujet, une pièce bien nouvelle. Ce sujet est au contraire vieux comme le théâtre lui-même. Mais ce qui établit précisé-*

ment la grande valeur du Barbier comme comédie, ce n'est donc pas le canevas même de la pièce, qui par le fait est aussi usé que possible ; ce sont, comme nous l'avons déjà dit, les développements ingénieux à l'aide desquels Beaumarchais a su le métamorphoser et le rajeunir. Qu'il ait pris çà et là quelques traits, quelques scènes, quelques fragments d'intrigue appartenant à des œuvres jouées antérieurement à la sienne, qu'importe? Ceux qu'il aurait ainsi mis à contribution ne se sont pas gênés eux-mêmes pour faire de considérables emprunts à leurs prédécesseurs, et Molière, qu'on reproche parfois à Beaumarchais d'avoir imité et même pillé par endroits, n'a-t-il pas donné, bien avant lui, l'éclatant exemple de ces emprunts, et par-dessus tout ne s'en est-il pas très-sagement vanté? L'homme de génie « prend son bien là où il le trouve », et c'est lui, en somme, qui donne aux choses qu'il veut bien toucher de sa main puissante leur marque définitive en leur laissant à jamais son immortelle et ineffaçable empreinte.

VI

REPRÉSENTATIONS ET RECETTES DU BARBIER A DIVERSES ÉPOQUES.

Le Barbier *fut joué trente-deux fois de suite. De nos jours, une pièce n'est réputée* « à succès » *que si elle parvient au moins au chiffre de cent représentations; et l'on sait combien de pièces contemporaines, et parfois des plus ineptes, ont souvent dépassé ce chiffre! Mais ce n'est pas en trente-deux jours, ni même en trente-deux semaines, que* le Barbier *put obtenir ces trente-deux représentations; il ne fallut pas moins de deux ans pour arriver à ce beau résultat!*

Nous donnerons d'abord les dates de ces trente-deux représentations, avec le chiffre des recettes de chacune d'elles :

1re repon^t	jeudi	23 février	1775	. . . . .	3,367 [1]
2e —	dimanche	26 —	—	. . . . .	2,787
3e —	mardi	28 —	—	. . . . .	2,894
4e —	samedi	4 mars	—	. . . . .	2,859
5e —	mercredi	8 —	—	. . . . .	2,610
6e —	samedi	11 —	—	. . . . .	2,803
7e —	lundi	13 —	—	. . . . .	2,532
8e —	samedi	18 —	—	. . . . .	2,528
9e —	lundi	20 —	—	. . . . .	2,432
10^e —	mercredi	22 —	—	. . . . .	2,234
11^e —	vendredi	24 —	—	. . . . .	1,688
12e —	lundi	27 —	—	. . . . .	1,908
13e —	mercredi	29 —	—	. . . . .	2,544
14e —	lundi	22 mai	—	. . . . .	2,026
15e —	mercredi	24 —	—	. . . . .	2,142
16e —	samedi	27 —	—	. . . . .	2,372

[1]. Voici la copie exacte de la feuille du registre des recettes pour cette représentation :

DU JEUDY 23 FÉVRIER 1775,

249e représentation.

La 1re représentation du *Barbier de Séville*, Comédie nouvelle en 5 actes de M. de Beaumarchais,

et *les Vendanges de Suresnes*.

		TALON.	RESTE.	PRIX.	SOMMES.	
279	Théâtres......	0	279	6	1,674	⎫
100	Secondes......	97	3	3	9	⎬ 3,367
200	Troisièmes...	31	169	2	338	⎪
452	Parterres.....	0	452	1	894	⎭
	Louées.........	...	....	..	....	

Les places louées à l'année ne figurent pas sur ce tableau.

17ᵉ	repᵒⁿ	mercredi	16	août[1]	1775....	1,974 l.
18ᵉ	—	samedi	19	—	—....	1,698
19ᵉ	—	lundi	28	—	—....	1,801
20ᵉ	—	jeudi	31	—	—....	1,337
21ᵉ	—	samedi	2	septembre	—....	1,368
22ᵉ	—	lundi	4	—	—....	1,351
23ᵉ	—	mercredi	6	—	—....	1,380
24ᵉ	—	samedi	9	—	—....	1,560
25ᵉ	—	samedi	23	décembre	—....	2,306
26ᵉ	—	jeudi	28[2]	—	—....	2,026
27ᵉ	—	samedi	30	—	—....	1,477
28ᵉ	—	samedi	20	janvier	1776...	2,330
29ᵉ	—	dimanche	28	—	—....	1,553
30ᵉ	—	lundi	30	septembre[3]	—....	2,571
31ᵉ	—	vendredi	27	décembre	—....	2,570
32ᵉ	—	lundi	30	—	—....	1,528

La trente-troisième représentation n'eut lieu qu'au mois de février 1777.

Nous citerons encore, comme curiosité, quelques dates de représentations postérieures avec le chiffre de leurs recettes :

A une reprise du Barbier, *le 23 février* 1785, *dix ans jour pour jour après sa première représentation, la pièce de Beaumarchais fait une recette de* 3,535 *livres.*

On la joue peu vers la fin du règne de Louis XVI et sous

---

1. Pour la réouverture, avec *l'Avocat Pathelin*.
2. Détail du prix des places à cette époque :

1 seconde loge, à......	18 l.		
6 — à......	15		
8 petites loges, à......	10		
170 premières places, à	6	}	2,026 l.
95 deuxièmes places, à	3		
84 troisièmes places, à	2		
365 parterres, à.............	1		

3. Avec *les Vendanges de Suresnes*. « La Reine, dit le registre, et Mgr. le Comte d'Artois ont assisté au spectacle. »

la première république. Nous n'avons pas trouvé trace, sur les registres de la Comédie-Française, d'une seule représentation du Barbier durant les années 1791, 1792 et 1793[1]. Puis la troupe du théâtre est dispersée, et pendant quelques années les registres n'existent plus.

Sous l'Empire les représentations sont plus fréquentes. Prenons au hasard quelques dates et quelques chiffres dans les années de l'apogée impériale :

Le 2 juillet 1811 la recette s'élève à	2,497 fr.[2]
Le 28 août — — —	692 fr.
Le 13 octobre — — —	2,560 fr.
Le 17 novembre[3] — —	3,624 fr.
Le 12 mai 1812 — —	3,807 fr.
Le 19 juillet — — —	641 fr.

Constatons aussi, par quelques nouvelles citations, et à propos du Barbier, l'influence des événements politiques sur les plaisirs publics à diverses époques de bouleversements et de révolutions :

En avril 1814, l'Empire est tombé, les alliés affluent à Paris, nos spectacles sont remplis de Russes, de Cosaques

---

1. En feuilletant ces curieux registres, nous avons relevé les recettes faites à la Comédie-Française au moment de l'exécution du roi Louis XVI :

Le dimanche 20 janvier 1793, veille de l'exécution, *Brutus* et *l'Apothéose de Beaurepaire*, pièce d'à-propos, donnent 1,178 l. de recette.

Le lundi 21 janvier, jour de l'exécution du roi, on joue *l'Enfant prodigue* et *l'Esprit de contradiction*; la recette descend à 197 livres.

On fait relâche le mardi 22; le mercredi 23, surlendemain de l'exécution, *l'Avare* et *le Médecin malgré lui* produisent une recette de 145 livres.

Voilà des chiffres qui se passent facilement de commentaires !

2. Voici quel était à cette époque le prix des places principales :

Premières loges.	6 fr.	60 c.
Galeries et secondes	4	40
Troisièmes loges.	3	30
Deuxièmes galeries.	1	80
Parterre assis.	2	20

3. C'était un dimanche.

et de Prussiens; les recettes montent, montent... *Le 26 avril 1814, quelques jours seulement après la capitulation de Paris et la chute du trône impérial, le Théâtre-Français encaisse une recette de 3,680 francs avec* le Barbier de Séville, *grâce à la présence de divers princes allemands et de généraux célèbres de l'armée de Blücher*[1].

Moins d'un an après, en mars 1815, Paris est partagé entre la crainte et l'espérance, — selon les opinions diverses de ses habitants, — du retour de « l'homme formidable » qui, après avoir quitté l'île d'Elbe en secret, s'est emparé du midi de la France sans coup férir, et dont la petite armée, grossie tous les jours par l'adjonction des troupes mêmes envoyées pour la combattre, s'approche à pas de géant de la capitale. Ne croyez pas que pour cela Paris cesse de rire et de vivre de sa vie de fêtes et de plaisirs. Les cafés sont remplis d'une foule avide de nouvelles, cela est vrai, mais d'une foule insouciante qui plaisante, qui fume et qui chante, pendant que d'autres courent les bals publics, les salons de jeu du Palais-Royal ou les théâtres de tous genres. Le 15 mars 1815, cinq jours avant la fuite de Louis XVIII et la rentrée de Napoléon, le Barbier, *joué aux Français avec* les Horaces, *donnait une recette de 1,504 francs, somme minime, si l'on veut, mais qui cependant est encore bien élevée, eu égard aux circonstances.*

Quinze ans plus tard, la restauration va disparaître; le dimanche 25 juillet 1830, le Moniteur *publie les fameuses ordonnances; le lendemain lundi 26, la révolution est déjà dans la rue; le soir même on jouait* le Barbier[2] *à la Comédie-Française, et, soit à cause de la chaleur, soit par suite des préoccupations bien naturelles qui devaient agiter le public, la recette monte seulement à 281 fr. 91 c. Sur le*

---

1. Voyez les journaux de l'époque.
2. Avec *le Protecteur et le Mari.*

verso de la feuille du registre, où je prends ce chiffre, on lit la note manuscrite suivante :

Les représentations ont été suspendues depuis le 27 juillet 1830 jusques et y compris le 9 août.

Le 10 août, le théâtre reprend ses représentations, mais, hélas ! dans le vide, à ce point que le 18, le Barbier *et les* Horaces, *joués* « au bénéfice des veuves dont les maris ont été tués pendant les journées de juillet », *produisent une recette dérisoire de 403 francs, bien insuffisante même pour couvrir les frais de la représentation !*

Sous le gouvernement de juillet le Barbier *est très-fréquemment représenté. Voici quelques dates et quelques chiffres relevés sur le registre de l'année 1839 :*

Le 7 avril[1] la recette avec le *Barbier* est de	698 fr. 68 c.
Le 14 mai — —	843 fr.
Le 28 mai[2] — —	4,557 fr.
Le 16 juin — —	384 fr.
Le 4 août — —	463 fr.
Le 28 décembre — —	565 fr.

De nos jours le Barbier *est constamment au répertoire ; il ne fait point spectacle à lui seul, mais il complète une intéressante soirée, d'autant mieux qu'il est toujours joué avec beaucoup d'ensemble et que les premiers sujets du théâtre ne dédaignent pas de s'y montrer.*

---

1. Le chiffre des places était à cette époque ainsi fixé :

Balcons, rez-de-chaussée et loges de galerie. .	6 fr.	60 c.
Orchestre	5	»
Troisièmes loges.	2	75
Parterre.	2	20

Le droit des hospices était du onzième. La recette du 7 avril 1839 ayant été de 768 fr. 55 c., ce onzième défalqué, il restait net 698 fr. 68 c.

2. Ce jour-là une demoiselle Charton débutait dans Rosine ; mais le grand attrait de la représentation était avant tout l'éclatant début de Mlle Rachel dans *Iphigénie en Aulide* accompagnant *le Barbier*.

VII

HISTOIRE DE LA QUERELLE SURVENUE ENTRE BEAUMARCHAIS
ET LES COMÉDIENS
RELATIVEMENT A SES DROITS D'AUTEUR.

Mais il nous faut revenir sur nos pas pour raconter au lecteur les incidents qui suivirent la trente-deuxième représentation du Barbier, *et qui ont donné lieu, entre Beaumarchais et les comédiens du Théâtre-Français, à une querelle demeurée célèbre, à cause des résultats salutaires qu'elle produisit relativement à la question des droits pécuniaires que les auteurs devaient retirer de leurs pièces.*

Ces droits avaient été jusqu'alors assez arbitrairement établis et, de la part des comédiens, généralement peu respectés. La règle était, à l'époque qui nous occupe et en vertu d'un arrêté royal remontant à 1697, que les auteurs devaient recevoir le neuvième de la recette pour les pièces en cinq actes, et le douzième pour les pièces en trois actes, déduction faite des frais journaliers du théâtre, comptés à 500 livres l'hiver, et à 300 livres l'été. Mais les comédiens avaient depuis trouvé moyen, par un règlement additionnel et spécial, de porter une assez violente atteinte aux termes de l'arrêté, en stipulant que les pièces dont la recette serait tombée au-dessous d'une somme qui fut fixée à 1,200 livres pour l'hiver et à 800 pour l'été cesseraient d'appartenir à leurs auteurs pour devenir la propriété absolue du théâtre. On conçoit alors quel intérêt avaient les acteurs de la Comédie-Française à voir descendre les recettes des pièces qu'ils jouaient au-dessous du chiffre fixé. Quand la pièce leur appartenait ainsi, par le fait même de cet insuccès dû, pour certains ouvrages, au soin qu'ils mettaient à le préparer, soit en jouant la pièce dans les mauvais jours, soit en lui donnant une interprétation moins bonne, ils s'arrangeaient toujours de façon qu'à sa reprise, à une saison suivante et meilleure, l'œuvre tombée, si elle avait quelque valeur, retrouvât un succès nouveau, dont ils empochaient alors seuls les bénéfices.

Or, en novembre 1776, c'est-à-dire entre la trentième et la trente et unième représentation du Barbier, Beaumarchais trouva bon de demander aux comédiens le compte exact et le règlement de ses droits d'auteur, ce qu'il n'avait point fait pour ses deux premières pièces, Eugénie *et les* Deux Amis, *dont il avait fait présent à la Comédie.*

Les comédiens lui firent attendre longtemps leur réponse, si longtemps même, qu'au bout de trois mois ils n'avaient pas encore répondu.

Je leur en parlais souvent, dit Beaumarchais dans son fameux *Compte rendu de l'affaire des auteurs dramatiques et des comédiens.* Un jour à leur assemblée l'un d'eux me demanda si mon intention était de donner ma pièce à la Comédie, ou d'en exiger les droits d'auteur. Je répondis en riant, comme Sganarelle : « Je la donnerai si je veux la donner, et je ne la donnerai pas si je ne veux pas la donner ; ce qui n'empêche point qu'on ne m'en remette le décompte. Un présent n'a de mérite que lorsque celui qui le fait en connaît bien la valeur. »

Un des premiers acteurs insiste et me dit : « Si vous ne la donnez pas, Monsieur, au moins dites-nous combien de fois vous désirez qu'on la joue encore à votre profit, après quoi elle nous appartiendra. — Quelle nécessité, Messieurs, qu'elle vous appartienne ? — Beaucoup de Messieurs les auteurs font cet arrangement avec nous. — Ce sont des auteurs inestimables. — Ils s'en trouvent très-bien, Monsieur, car s'ils ne partagent plus dans le produit de leur ouvrage, au moins ont-ils le plaisir de le voir représenter plus souvent : la Comédie répond toujours aux procédés qu'on a pour elle. Voulez-vous qu'on la joue à votre profit encore six fois, huit fois, même dix ? Parlez. »

Je trouvai la proposition si gaie que je répondis sur le même ton : « Puisque vous le permettez, je demanderai qu'on la joue à mon profit mille et une fois. — Monsieur, vous êtes bien modeste. — Modeste, Messieurs, comme vous êtes justes !..... Quelle manie avez-vous donc d'hériter des gens qui ne sont pas morts? Ma pièce ne pouvant être à vous qu'en tombant à une modique recette, vous devriez désirer, au contraire, qu'elle ne vous appartînt jamais. Les huit neuvièmes de cent louis ne valent-ils pas mieux que les neuf neuvièmes de cinquante? Je vois, Messieurs, que vous aimez beaucoup plus vos intérêts que vous ne les entendez. » Je saluai en riant l'assemblée, qui souriait aussi de son côté, parce que son orateur avait un peu rougi.

Enfin, le 3 janvier 1777, la Comédie se décide à députer à Beaumarchais l'un de ses principaux artistes, le comédien Desessarts, chargé de lui remettre, comme compte définitif de ses droits d'auteur, la somme de 4,506 livres pour les trente-deux représentations déjà données.

Aucun compte, dit encore Beaumarchais, n'étant joint à ces offres, je n'acceptai point l'argent, quoique le sieur Desessarts m'en pressât le plus poliment du monde (car on le lui avait fort recommandé).

« Il y a beaucoup d'objets, me dit-il, sur lesquels nous ne pouvons offrir à Messieurs les auteurs qu'*une cote mal taillée.* — Ce que je demande à la Comédie, beaucoup plus que de l'argent, lui répondis-je, c'est *une cote bien taillée*, un compte exact qui puisse servir de type ou de modèle à tous les décomptes futurs, et ramener la paix entre les acteurs et les auteurs. — Je vois bien, me dit-il en secouant la tête, que vous voulez ouvrir une querelle avec la Comédie. — Au contraire, Monsieur, et plaise au Dieu des vers que je puisse les terminer toutes à l'avantage égal des parties! »

Il remporta son argent.

Après cette visite de Desessarts, et le 6 janvier suivant,

Beaumarchais écrivit encore aux comédiens la lettre suivante :

Messieurs,

M. Desessarts est venu m'offrir obligeamment de votre part une somme de 4,000 et tant de livres qui, dit-il, me sont dues pour ma part d'auteur du *Barbier de Séville*. Grand merci, Messieurs, de cette offre, mais avant de l'accepter je désire savoir exactement comment s'opère, à la Comédie-Française, le compte de cette rétribution, fixée par un ancien usage au neuvième de chaque recette, et qui a souvent excité des murmures et de sourdes réclamations parmi les gens de lettres.

Je vous prie donc, Messieurs, de vouloir bien m'envoyer le relevé des articles ci-dessous, sur lesquels je vérifierai à tête reposée la justesse ou l'erreur de la somme qu'on me propose. Je vous enverrai mon calcul et son résultat à vous seuls et sans bruit, pour que vous y opposiez à votre tour vos observations, auxquelles j'aurai les mêmes égards que je vous demande pour les miennes, comme cela doit être entre honnêtes gens qui terminent un compte exact et de bonne foi.

Envoyez-moi donc :

1º Le nombre des représentations qu'a eues *Le Barbier de Séville* ;

2º La recette casuelle de chaque représentation ;

3º Le prix de l'affermage annuel des petites loges ;

4º Le prix des abonnements annuels et personnels ;

5º Le prix de l'arrangement annuel et fixe de l'impôt en faveur des pauvres ;

6º La fixation des frais journaliers par le dernier arrêt du Conseil ;

7º L'état exact des augmentations journalières que vous croyez juste de faire entrer dans les frais supportés par la société.

Si quelque objet exige conférence ou compulsation des registres, je conférerai volontiers avec les gens chargés de votre confiance, et je compulserai les registres avec eux.

J'ai l'honneur d'être, etc.

CARON DE BEAUMARCHAIS.

Cette lettre cependant si claire et si positive resta sans réponse, probablement parce qu'elle en exigeait une non moins positive et non moins claire. Les comédiens préférèrent donc se taire, espérant lasser Beaumarchais par leur silence persistant, et lui faire accepter, en fin de compte, leur offre primitive. Mais Beaumarchais n'était pas homme à quitter ainsi la partie. Il avait remué, récemment, ciel et terre pour une somme de quinze louis qu'on ne voulait point lui rendre ; il ne devait pas moins faire dans une question d'une importance bien autrement capitale et qui touchait à tant d'intérêts beaucoup plus sérieux, alors compromis ou méconnus.

Il adressa donc une nouvelle lettre aux comédiens, où il les pressait d'établir enfin son compte, par une note écrite, aussi détaillée que possible.

Cette seconde lettre, reprend Beaumarchais, eut à peu près l'effet que j'en attendais, c'est-à-dire que la société m'envoya un simple bordereau que je ne demandais pas, et garda pour elle les éclaircissements que je lui demandais.

Voici ce bordereau :

Recettes journalières pour 32 repons.	68,566 l.	
Abonn^{ts} des petites loges, à 300 l. par jour.	9,600 l.	78,166 l.

Sur quoi à déduire :

Quart des hôpitaux.	19,541 l. 10 s.	
Frais ord^{res} et journaliers à 300 l. par jour.	9,600 l.	29,397 l. 10 s.
128 soldats assistants à 20 s. .	128	
Frais extrord^{res} (par jour) . .	128	
Reste net de la somme. . . . . ·		48,768 l. 10 s.
Dont le neuvième p^r le droit d'auteur est de		5,418 l. 14 s.

Beaumarchais renvoie aussitôt à la Comédie son bordereau,

qui n'était pas même signé, et demande un état général plus explicite. L'affaire traîne en longueur; la Comédie parle d'assembler son conseil, de réunir ses avocats, et diverses lettres plus ou moins aimables sont échangées entre les deux parties. Des mois entiers se passent sans amener un résultat satisfaisant.

Quatre mois, continue Beaumarchais, s'écoulèrent dans un profond sommeil, où nous serions restés si je n'eusse été réveillé (le 1ᵉʳ juin 1777) par une visite au sujet du *Barbier de Séville*, qu'on avait en vain demandé plusieurs fois à la Comédie sans pouvoir l'obtenir. J'avais en effet remarqué que depuis neuf mois, c'est-à-dire depuis l'époque où mes demandes d'un compte exact avaient frappé l'oreille des comédiens, on n'avait plus donné ma pièce. Reprenant donc la plume avec un peu de chaleur, je dépêchai le 2 juin la lettre suivante à la Comédie :

Messieurs,

Si la patience est une vertu, il ne tient qu'à vous de me trouver le plus vertueux des hommes. Mais si vous en prenez droit d'oublier que vous me devez depuis deux ou trois ans un compte *certifié véritable;* que je vous l'ai demandé bien des fois, verbalement et par écrit; qu'après beaucoup d'échappatoires vous avez dû me l'envoyer le 20 janvier dernier; que, sur de nouvelles représentations de ma part, vous vous êtes excusés, le 14 février suivant, sur les fatigues et les plaisirs du carnaval, de ne vous être pas mis en règle à cet égard; que le carême, le temps des Pâques, celui de la Pentecôte, se sont écoulés sans que j'aie eu nouvelle de cet imprésentable compte; et que nous ne sommes pas plus avancés en juin 1777 qu'en janvier 1776, vous conviendrez, Messieurs, que c'est me traiter un peu légèrement, et qu'il ne tiendrait qu'à moi d'en être offensé, car il y a des bornes même à la patience la plus absurde.

D'autre part, je sais que toutes les fois qu'on propose à vos assemblées de jouer quelqu'un de mes ouvrages, la réponse de vos sages est qu'on ne peut en jouer aucun parce que vous êtes en dispute avec l'auteur. — En dispute, Messieurs ! Est-ce vous disputer quelque chose que d'user les mois et les années à vous prier de faire justice? Et votre compagnie a-t-elle, entre autres beaux priviléges, celui de refuser constamment d'ouvrir un compte avec ses bénins associés? Je l'ai vainement cherché dans nos règlements.

Hier encore, M. le président de F.., qui permet qu'on le cite, est venu me dire que beaucoup de dames étrangères l'avaient prié de demander *Le Barbier de Séville* à la Comédie, en payant les loges prescrites par les règlements, mais qu'on l'avait constamment refusé sous plusieurs prétextes, et que la dernière réponse des comédiens avait été que cela ne dépendait pas d'eux, mais de l'auteur uniquement.

Vous savez, Messieurs, que je ne me suis jamais opposé qu'on donnât ce léger ouvrage, qu'on a même usé de mon consentement acquis dans des occasions très-dangereuses pour la pièce, et que j'ai reçu plus d'une fois de la Comédie les remerciements de mon excessive complaisance à ce sujet.

J'ai donc promis à M. le président de F... que j'aurais l'honneur de vous en écrire, et je le fais.... le plus poliment que je le puis, car je trouve assez étrange la maxime adoptée de cesser de jouer un ouvrage aussitôt que l'auteur parle de compter.

Recevez.....

Caron de Beaumarchais.

Mais les comédiens français font de nouvelles difficultés[1],

---

1. Ils étaient d'ailleurs encouragés dans leur résistance par leurs propres conseils. Nous trouvons, aux archives de la Comédie-Française, une lettre des plus curieuses adressée, au sujet même de la querelle, par l'un des avocats du théâtre, M. Jabineau de la Voute, au comédien Desessarts. Elle montre à quel point le succès de bruit et de scandale obtenu par les mémoires de Beaumarchais avait effrayé, par avance, ceux qui pouvaient désormais avoir affaire à lui. Voici les principaux passages de cette amusante épître :

A M. Desessarts.

Ce jeudi 4 septembre (1779).

« Comme M. Desessarts connaît les sentiments d'estime et de confiance que j'ai pour lui, il ne se fâchera pas de l'observation que je vais lui faire :

« Dans la malheureuse position où se trouve aujourd'hui la Comédie-Fran-

des lettres sont encore échangées entre eux et Beaumarchais sans amener un résultat meilleur. Enfin la Comédie se décide à porter le différend devant le maréchal de Duras, l'un des quatre premiers gentilhommes de la chambre du roi, chargés de l'administration des théâtres[1]. *Beaumarchais accepte, et, le 17 juin 1777, il a avec le maréchal une assez longue conférence où il aborde et débat avec ce personnage, alors si important en ce qui regardait les choses de théâtre, toutes les questions relatives à l'affaire pendante. C'est dans cette conférence que Beaumarchais et le maréchal conçurent les premiers le plan de l'association des auteurs pour la réglementation de leurs droits, association qui, bien que transformée, modifiée et perfectionnée depuis, régit encore, d'après les mêmes bases alors posées, la grande société des*

çaise, au milieu des troubles qui l'agitent et des différents partis qui la composent, je suis bien aise de ne me mêler d'aucune affaire relative à ses intérêts qu'autant que j'en serai chargé par la société entière; et s'il s'agit de travailler avec quelqu'un des membres, je ne le ferai que quand ils seront au moins deux ou trois......... Au reste, il me paraît qu'il s'agit de l'affaire du sieur Beaumarchais, et je tiens fermement et très opiniâtrément à deux choses sur ce point. La première, c'est qu'il ne faut entrer avec cet homme dans aucun détail; ne lui donner ni papier, ni mémoire, ni calcul; car il n'attend que cela pour s'égayer et amuser le public par des Mémoires. Cette affaire-là doit être traitée d'autorité..... La deuxième chose à laquelle je suis encore plus décidé, c'est que, s'il est besoin d'écrire pour la Comédie dans cette affaire, je la prie instamment de ne pas m'en charger. Je lui offre avec plaisir mon zèle et mes faibles talents, mais je ne veux pas m'exposer aux plaisanteries de M. Beaumarchais, qui dans toutes ses affaires laisse le fond de la chose et se jette dans des détails toujours bons pour lui, et qui donnent matière à faire rire. Il y a trois ans qu'il nous menace de faire un mémoire, et soyez sûr (car il l'annonce partout) qu'il fera sauter au bout de sa plume comme des pantins tous les comédiens, les Menus et même les gentilshommes de la Chambre. Tous ces messieurs sont bien les maîtres de s'y exposer, ou bien ne craignent pas que cela puisse arriver; mais moi, comme j'en suis sûr, je ne veux pas m'y exposer.

« JABINEAU DE LA VOUTE,

« *Avocat au Conseil.* »

---

1. Les trois autres étaient alors le duc de Richelieu, le duc d'Aumont et le duc de Fleury. Il y avait en outre des intendants des menus plaisirs et affaires de la chambre du roi qui, sous ces quatre premiers gentilshommes, dirigeaient les détails des spectacles de la Cour.

gens de lettres, et qui a servi de modèle à toutes les autres associations établies en vertu des mêmes principes.

Beaumarchais rend compte en ces termes de cette conférence, si féconde en précieux résultats :

Je me rendis, le 17 juin 1777, chez M. le maréchal de Duras; j'eus l'honneur de lui communiquer tout ce qu'on vient de lire; il parut un peu surpris de ma conduite modérée et des termes où j'en étais avec la Comédie, bien différents de ceux qu'on lui avait présentés.

Persuadé qu'une plus longue obscurité sur les données des comptes présentés par la Comédie aux auteurs pouvait éterniser les querelles, mais jugeant à la conduite des comédiens combien ils redoutaient d'entrer en éclaircissement à cet égard, M. le maréchal voulut bien me proposer d'échanger la discussion de nos droits contre un plan qu'il avait dans la tête. Il ajouta qu'il croyait un nouveau code ou règlement très-nécessaire au théâtre, et que si je voulais entrer dans ses vues, et réunir quelques-uns des auteurs les plus sages pour former ensemble un projet qui pût tirer les gens de lettres des chagrins d'un débat perpétuel avec les comédiens, et de mille autres entraves qui offusquent le génie, il se livrerait entièrement à cette réforme utile.

L'indiscipline ou l'indocilité des comédiens ne paraissait pas l'arrêter; M. le Maréchal était même d'avis que le plus bel usage de l'autorité était de venir au secours de la raison et de la justice, et il se promettait de déployer celle qu'il tenait du roi sur la Comédie, si elle tentait de s'opposer à la réforme.

M. le Maréchal y portait une chaleur si obligeante pour la littérature dramatique, que j'en fus vivement touché.

J'abandonnai donc mes idées pour me livrer entièrement aux siennes; je me permis seulement de lui représenter que les auteurs étant indépendants les uns des autres, il était plus décent de prendre l'avis de tous que de prétendre en soumettre une partie à l'opinion de l'autre. Il m'engagea de les assembler, de m'occuper sérieusement de ce travail avec eux et de le lui communiquer promptement.

Voilà donc l'affaire absolument dénaturée; il ne s'agit plus d'un compte que je demandais aux comédiens et que je n'ai pu obtenir après un an de soins et de patience; aujourd'hui c'est un code ou règlement nouveau proposé, par lequel les auteurs, dégagés du soin de compter, c'est-à-dire de disputer sans cesse et sans fruit avec les comédiens, doivent avoir un sort décent, équitable, enfin indépendant [1].

A la suite de ces discussions, et après mille tracas divers, dépit et mécontentement des comédiens, refus par eux d'entrer en composition, querelles nouvelles et débat, sans solution; après trois ans, enfin, employés en démêlés illusoires et en vaines négociations, Beaumarchais obtient qu'une sorte de coup d'État nécessaire sera exécuté au détriment de la Comédie, et qu'elle sera tenue de communiquer immédiatement ses livres de recettes et de dépenses pendant une période de trois années. Cette fois, les registres en main, il

---

[1]. Le *compte rendu* de Beaumarchais ne contient pas toutes les lettres échangées, entre lui et la Comédie-Française, au sujet de cette curieuse et importante discussion. Les archives du théâtre possèdent plusieurs autres lettres relatives à cette affaire et à sa longue suite, et qui n'ont pas un moins vif intérêt. Quelques-unes font partie de la série communiquée par M. Regnier à la *Revue rétrospective* (tome VII, déjà cité). Nous nous bornerons à renvoyer à ce volume ceux de nos lecteurs qui désireront avoir sous les yeux toutes les pièces de ce grave procès. On y trouvera:

1º Lettre « à Messieurs les Semainiers » (19 janvier 1780) au sujet d'une conférence entre le conseil de la Comédie et les commissaires des auteurs;

2º Longue lettre (de sept pages au volume) à M. le maréchal de Duras (20 juillet 1780) relative « à la ruineuse opération proposée par la Comédie de porter la chute des pièces dans les règles, ou la recette à laquelle les auteurs doivent perdre la propriété de leurs pièces, de la somme de 1,200 livres à celle de 2,000 livres sans aucun dédommagement. »

3º Autre lettre au même personnage (27 juillet 1780): «.... N'est-il donc pas possible d'adopter le parti mitoyen que j'ai proposé? Je travaille, mais c'est avec le plus vif regret d'être obligé de quitter les voies d'accommodement.»

4º Lettre à messieurs les Comédiens français (6 mars 1791) : « ... Je vous demande de me faire faire un relevé exact de tout notre état respectif depuis le temps qu'un arrêt du conseil vous a soumis à payer le septième, le dixième, ou le quatorzième aux auteurs dramatiques, suivant l'étendue de leurs pièces ... »

5º Autre lettre aux mêmes (26 mars 1791). Il les prie de députer quatre d'entre eux au comité des auteurs dramatiques, « pour y entendre la lecture des conventions que les auteurs désireraient qui parussent convenables à tous les corps de comédiens. »

lui fut facile d'établir que la somme qu'on lui avait offerte était de beaucoup inférieure à celle qui lui était effectivement due, parce que d'une part les comédiens évaluaient les frais à un taux bien supérieur à la réalité, et que d'autre part ils ne faisaient pas entrer dans le compte des recettes, sur lequel l'auteur devait prélever le neuvième, le véritable produit de l'abonnement journalier des petites loges. Les comédiens furent bien forcés alors de se rendre à l'évidence. Le compte définitif des sommes dues à Beaumarchais, pour les représentations du Barbier, fut réglé à sa satisfaction et selon l'équité, et la paix sembla régner momentanément entre eux, mais pour être troublée bientôt encore, il est vrai, lorsqu'il s'agit de l'application des règlements nouveaux établis grâce à l'instigation de Beaumarchais, et qui n'étaient en somme que le résultat des injustes résistances de la Comédie.

C'est donc de cette époque que date, en réalité, la création, encore il est vrai à l'état de projet à perfectionner, de la société des auteurs dramatiques, et c'est Beaumarchais qui en est, par la persistance qu'il apporta dans le soutien et la défense de ses droits, l'unique et le véritable fondateur.

VIII

LE THÉÂTRE DU PETIT-TRIANON. — LE BARBIER ET BEAUMARCHAIS A LA COUR.

Cependant le Barbier, qui avait si bien triomphé à Paris en présence d'un public toujours empressé et enthousiaste, devait également trouver à Versailles, devant la Cour, un succès non moins flatteur, et qui se manifesta même pour Beaumarchais de la manière la plus agréable pour son amour-propre. En effet, le nouveau roi[1] *Louis XVI, la Cour tout entière et surtout la belle et jeune reine Marie-Antoinette, se montrèrent d'abord très-favorables à Beaumarchais. On n'en était pas encore aux persécutions dont devait plus tard tant souffrir, pour mieux en triompher ensuite, l'éclatant et frondeur Mariage de Figaro. Le retardement apporté à la représentation du Barbier n'avait rien eu de politique, et la reine, amoureuse en même temps des arts et des plaisirs, voulut voir et revoir plusieurs fois l'œuvre nouvelle de Beaumarchais.*

J'ai trouvé, aux archives de la Comédie-Française, un curieux petit livre manuscrit, relié par un simple cartonnage recouvert de parchemin, et sur lequel on lit, en guise de titre et écrit à la main :

SPECTACLES A PARIS ET A LA COUR,

du 23 avril 1770 au 5 avril 1783,

PAR M. DELAPORTE[2].

Ce livre a été tenu au courant pendant treize années, et on y a relevé scrupuleusement la date des représentations données durant cet espace de temps, soit à la Cour, soit à la Comédie, et honorées de la présence des souverains.

On y constate que le mardi 14 mars 1775, et tout à fait dans la nouveauté, c'est-à-dire après la septième représentation, qui avait eu lieu le lundi 13, le Barbier de Séville fut joué devant la Cour, sur le théâtre du palais de Versailles. La pièce de Beaumarchais était, ce soir-là, accompagnée des Précieuses ridicules.

---

1. Louis XV était mort le 10 mai 1774.
2. C'était alors le secrétaire de la Comédie-Française. J'ai vu partout, aux archives du théâtre, son nom écrit en trois mots; mais sur ce registre il est orthographié, comme je le donne ici, en un seul.

Le mardi 2 janvier 1776, c'est-à-dire entre la vingt-septième et la vingt-huitième représentation, le Barbier *est encore joué devant la Cour, à Versailles, avec* l'Usurier gentilhomme.

Le mercredi 18 juin suivant, la Comédie-Française donne une nouvelle représentation du Barbier *devant la Cour, sur le théâtre de Trianon.*

Le lundi 30 septembre de la même année, la reine et le comte d'Artois étaient venus à Paris et avaient assisté, à la Comédie-Française, à la trentième représentation de la pièce de Beaumarchais.

Le mardi 9 novembre 1779, nouvelle représentation du Barbier *devant la Cour sur le théâtre du palais de Versailles; on joue également ce soir-là* l'Usurier gentilhomme.

Le mardi 21 janvier 1783, dernière représentation du Barbier *à la Cour*[1]*, constatée par le registre en question. C'est encore à Versailles qu'a lieu cette représentation, suivie cette fois de la jolie comédie de Le Sage* Crispin rival de son maître.

Mais la reine devait montrer d'une manière encore plus directe sa prédilection pour les œuvres théâtrales de Beaumarchais, et en particulier pour le Barbier de Séville. *Elle décida que cette jolie comédie ferait prochainement partie du répertoire de son théâtre privé, où Sa Majesté s'exerçait, avec quelques personnages de sa Cour, à représenter les*

---

1. La reine ne dédaignait pas non plus la première des pièces de Beaumarchais, *Eugénie*, ainsi que le constate le registre dont je parle ici :

Le mardi 10 octobre 1775, on jouait *Eugénie* devant la Cour sur le théâtre du palais de Fontainebleau.

Le 10 août 1776, la reine et M. le comte de Provence (Louis XVIII) venaient à Paris assister à la représentation d'*Eugénie* à la Comédie-Française. La foule était accourue, et la recette s'éleva ce soir-là à 2,609 fr. 10 c.

Le mardi 10 novembre 1778, *Eugénie* était jouée sur le théâtre de Versailles, en présence de la Cour.

Enfin, le jeudi 30 novembre 1780, *Eugénie* était encore donnée sur le théâtre de la Cour, à Versailles, avec *l'Amour médecin*.

principaux ouvrages qui avaient obtenu le plus de succès à Paris.

Le théâtre était, en effet, pour la reine, la distraction la plus appréciée et la plus désirée. Non-seulement elle assistait aussi souvent qu'elle le pouvait aux représentations de l'Opéra, du Théâtre-Français et de la Comédie-Italienne, mais encore elle admettait dans son intimité les auteurs dramatiques les plus connus de l'époque, et elle se faisait lire par eux et écoutait avec une véritable passion les pièces nouvelles qu'ils devaient bientôt faire représenter. En une semaine elle en entendit une fois jusqu'à trois, sans montrer ni fatigue ni ennui, bien que souvent les pièces qu'on lui lisait ainsi n'eussent été ni des meilleures ni des mieux réussies.

C'est au petit Trianon[1] *que ces représentations intimes de la Cour avaient lieu. La troupe se composa d'abord seulement de la reine, des princesses, des dames de la suite et de M. le comte d'Artois, à l'exclusion de tout autre personnage du sexe masculin. Les spectateurs étaient représentés par le roi, le comte de Provence, les princesses qui ne jouaient pas, les lectrices, les femmes de la reine, leurs sœurs et leurs filles, c'est-à-dire par un public d'environ quarante personnes.*

Le roi se plaisait beaucoup à ces intelligents divertissements[2]; *il assistait à toutes les répétitions et avec tant de*

---

1. La reine, dit Mme Campan dans ses *Mémoires*, séjournait quelquefois un mois de suite au Petit-Trianon et y avait établi tous les usages de la vie de château. Elle entrait dans son salon sans que le piano-forté ou les métiers de tapisserie fussent quittés par les dames, et les hommes ne suspendaient ni leur partie de billard ni celles de tric-trac... L'idée de jouer la comédie, comme on le faisait alors dans toutes les campagnes, suivit celle qu'avait eue la reine de vivre à Trianon dégagée de toute représentation.

2. Et ce n'est pas seulement dans les Mémoires de Mme Campan, mais aussi dans la plupart des autres Mémoires de l'époque, que l'on affirme combien le roi « s'amusait » aux représentations de Trianon. Il faut donc regarder comme absolument apocryphe et controuvée une anecdote du temps, qui court encore aujourd'hui les rues, relativement à la représentation du *Barbier* par

plaisir qu'on l'attendait toujours pour commencer. Le célèbre chanteur Caillot[1] *dirigeait et surveillait la mise en scène et l'étude des pièces d'opéra et d'opéra-comique; l'acteur Dazincourt remplissait les mêmes fonctions pour la comédie. Le souffleur, qui cumulait en même temps l'emploi de répétiteur et celui d'ordonnateur, était M. Campan, beau-père de Madame Campan, première femme de chambre de la reine, à qui l'on doit les curieux mémoires publiés sur la cour de Marie-Antoinette. Le théâtre était petit, mais d'une luxueuse et confortable élégance, et suffisamment monté pour permettre de jouer des pièces d'une assez grande importance comme déploiement de mise en scène*[2].

Le succès qui accueillit ces représentations théâtrales, l'enthousiasme des nobles et peu nombreux spectateurs qui

les augustes comédiens de la Cour. Quand la reine entra en scène, au second acte, dit l'anecdote, un violent coup de sifflet partit du fond d'une baignoire de face. Un officier de service se précipita dans l'intention de chasser l'insolent, et il ne trouva dans la loge qu'un personnage tout de noir habillé et la figure couverte par un vaste chapeau rabattu. D'un revers de main il fit tomber le chapeau et il aperçut devant lui, qui? le roi! Cette jolie et invraisemblable histoire n'a pu être imaginée que par ceux qui ont voulu, à tort, démontrer que la reine avait toujours été désapprouvée par le roi dans ses plaisirs, de façon à la rendre seule responsable du très-mauvais effet que l'abus de ses nombreuses et diverses distractions, encore augmentées et amplifiées par l'exagération et la malignité, produisait sur le public.

1. *Caillot* (Joseph), né en 1732, mort en 1816. Il a débuté à la Comédie-Italienne en 1760. Sa voix réunissait à la fois les deux registres du baryton et du ténor; il était en même temps un acteur de premier ordre. Il a été un moment, sous la république, administrateur de l'Opéra.

2. Voici la description de ce théâtre donnée par MM. de Goncourt dans leur *Histoire de Marie-Antoinette* (Paris, Didot, 3ᵉ édit., 1863, p. 160) :

« Le théâtre était à Trianon comme le temple du lieu. Sur un des côtés du jardin français, ces deux colonnes ioniennes, ce fronton d'où s'envole un Amour brandissant une lyre et une couronne de lauriers, c'est la porte du théâtre. La salle est blanc et or; le velours bleu recouvre les sièges de l'orchestre et les appuis des loges. Des pilastres portent la première galerie; des mufles de lion qui se terminent en dépouilles et en manteaux d'Hercule branchagés de chêne, soutiennent la seconde galerie; au-dessus, sur le front des loges en œil-de-bœuf, des Amours laissent pendre la guirlande qu'ils promènent. Lagrenée a fait danser les nuages et l'Olympe au plafond. De chaque côté de la scène deux nymphes dorées s'enroulent en torchères; deux nymphes au-dessus du rideau portent l'écusson de Marie-Antoinette. »

y assistaient, les éloges exagérés qu'ils prodiguaient complaisamment aux augustes acteurs, firent en peu de temps étendre à un plus grand nombre de personnes les entrées de la salle de spectacle d'abord si sagement restreintes. Bientôt les officiers des gardes du corps, les écuyers du roi et des princes, et beaucoup d'autres personnes, furent admis à contempler la reine dans les poses quelquefois hasardées des personnages qu'elle représentait. La curiosité s'en mêlant, tout Paris eut bientôt des détails plus ou moins authentiques sur les soirées théâtrales du petit Trianon, et la malignité publique ne ménagea ni les quolibets ni les critiques[1].

D'ailleurs, la troupe royale, d'abord réduite aux personnages que nous avons indiqués, s'était peu à peu augmentée d'acteurs nouveaux. Cette fois on ne s'était pas borné aux dames. La reine trouvait qu'on ne pouvait bien représenter sans hommes certaines pièces du répertoire, et que Madame Élisabeth ou Madame de Provence étaient tout à fait insuffisantes pour les rôles travestis qu'elles étaient ainsi obligées de jouer. On renforça donc la troupe de quelques gentilshommes de la Cour, aimables et préférés; on choisit naturellement parmi les plus habiles et parmi les mieux faits; de telle sorte qu'en peu d'années les représentations données par la reine et sa suite devinrent plus intéressantes, plus curieuses, mais aussi plus compromettantes.

On joua ainsi, sur ce petit théâtre délicieux, le Roi et le Fermier, de Sedaine, avec la distribution suivante:

Le Roi.	Le comte d'Adhémar.
Richard	Le comte de Vaudreuil.
Un Garde	Le comte d'Artois.
Jenny	La Reine.
Betty.	La duchesse de Guise.
La mère.	Mme Diane de Polignac.

1. Ce n'est pas seulement à Paris et en France que le goût peut-être mal

Puis vinrent le Devin du village, *joué par la reine et M. d'Adhémar; la reine y eut un vrai succès dans le personnage de Colette;* la Gageure imprévue *avec la reine, Madame Élisabeth, la comtesse Diane de Polignac et le comte d'Artois. Puis* Rose et Colas, les Fausses infidélités, l'Anglais à Bordeaux, le Sorcier, On ne s'avise jamais de tout, *etc.... Enfin, le* 19 *août* 1787, *ce fut le tour du* Barbier de Séville.

C'est peu de temps après une reprise fructueuse du Mariage de Figaro *qu'eut lieu cette représentation*[1], *à laquelle*

entendu de Marie-Antoinette pour le théâtre donna lieu parfois à de sanglantes moqueries. La mère de la reine, la grande Marie-Thérèse, jugeait plus que sévèrement les écarts dramatiques de sa royale fille. Elle s'écria un jour, avec un air de dure désapprobation, en recevant un portrait de Marie-Antoinette : « Au lieu du portrait d'une reine de France, j'ai reçu celui d'une actrice!... » (Nougaret, *Règne de Louis XVI*, t. I, p. 255.)

1. On avait d'abord joué une première fois à la cour *le Barbier* sous la forme d'une « parodie », mais sans succès, ainsi que le constatent les deux extraits suivants de Bachaumont :

« 25 septembre 1784.

« *Le Barbier de Séville* a été traduit en italien et ajusté en opéra-comique, de façon que le fameux Paësiello y a adapté une musique de sa composition. M. Framery a « parodié », celui-ci en français de façon à nous faire jouir de la musique. C'est dans cet état qu'il a été joué à la Cour, mais avec un succès médiocre. »

« 9 octobre 1784.

« Voici de plus amples éclaircissements sur *le Barbier* composé en musique : M. Framery fut chargé de parodier les morceaux de l'opéra de M. Paësiello pour les unir au dialogue de M. de Beaumarchais. L'ouvrage fut fini au mois d'août, mais ne fut pas exécuté à Fontainebleau, selon sa destination. Quelque temps après M. Moline traduisit cette même pièce en vers lyriques avec du récitatif; il destinait son ouvrage au grand Opéra, où il n'a pas été joué non plus. Depuis on a demandé à M. Framery sa parodie telle qu'il l'avait arrangée pour le théâtre de la reine à Trianon. Les comédiens italiens l'ont apprise sous les yeux de M. de Beaumarchais, qui les a exercés au dialogue, tandis que le parodiste leur faisait répéter sa musique. Enfin la pièce a été jouée le 15 septembre, et ce qui en confirme le peu de succès c'est que M. Framery avoue que sa partition n'est point gravée, et que l'incertitude du nombre des amateurs l'a empêché de s'en occuper. »

Ce Framery était d'ailleurs un musicien fort médiocre, et dont le talent consistait surtout, paraît-il, à composer des parodies. Il était surintendant de la musique du comte d'Artois. Fétis ne l'a point ménagé dans la notice qu'il lui a consacrée au tome III de sa *Biographie des Musiciens* (2ᵉ édit., Didot, 1863) :

Beaumarchais *fut convié, et où il fut l'objet des prévenances les plus grandes, et des « cajoleries » les plus singulières comme aussi, pour lui, les plus inattendues.*

L'homme du jour dut en effet se trouver fort étonné d'être aussi bien accueilli et aussi bien traité par la Cour au lendemain même de son Mariage de Figaro, *de ce Figaro si terriblement libre d'allures et de langage, et qui avait donné momentanément à Beaumarchais une popularité et même une importance considérables. Il se montra cependant, à cette curieuse et unique représentation, tout à fait à son avantage, sans morgue ni faiblesse, ni rampant ni hautain, mais poli et policé, simple et heureux, ayant un mot aimable, que peut-être il ne pensait pas, pour ses nobles et augustes interprètes; causant avec le roi, qui aimait les gens d'esprit à quelque parti qu'ils appartinssent; admis au souper de la Cour et s'y tenant modestement à sa place, comme presque confus de l'honneur qu'on lui faisait.*

Les principaux rôles du Barbier *étaient ce soir-là remplis de la manière suivante :*

Rosine.	La Reine.
Almaviva	M. de Vaudreuil.
Figaro.	Le comte d'Artois.
Bartholo.	Le duc de Guiche.
Basile	M. de Crussol.

S'il faut s'en rapporter à Grimm, la représentation fut des plus brillantes et des mieux réussies; les comédiens de la Cour avaient joué à ravir et presque aussi bien que des

---

« Il s'est fait connaître, dit-il, comme littérateur et musicien, mais il ne s'est distingué dans aucun genre. » Framery est mort, en 1810, à soixante-cinq ans.

Quant à Moline, il était à la fois avocat et parolier, mais aussi médiocre en ce dernier genre que son confrère Framery, au dire du même M. Fétis (ouvrage cité, tome VI). Il est mort à Paris en 1821, vers sa soixante-dixième année.

acteurs de profession. La reine surtout avait rendu son rôle avec une grâce et une vérité surprenantes[1].

Mais Grimm n'est pas toujours bon à croire sur parole; il est généralement plus méchant que cela. Bien en Cour à cette époque, il écrivit « son feuilleton » de façon à ne point indisposer la reine contre lui. Madame Campan y met, ce nous semble, un peu moins de réserve : « *La troupe était bonne pour une troupe de société, dit-elle assez méchamment dans ses Mémoires; cependant en sortant on critiquait tout haut, et quelques gens dirent que c'était royalement mal joué.* »

Voilà, je crois, ce qu'il faut vraiment penser de ces spectacles de Cour où l'étiquette, l'intérêt, le désir d'être quand même agréable, devaient presque forcément rendre le spectateur flatteur et indulgent, et où l'éloge, même outré, était toujours pris pour argent comptant par ces comédiens improvisés, qui auraient d'ailleurs trop facilement trouvé moyen de réprimer les désapprobateurs et d'imposer silence aux sifflets.

GEORGES D'HEYLLI.

Novembre 1869.

---

1. « Le petit nombre des spectateurs admis à cette représentation y a trouvé un accord, un ensemble qu'il est bien rare de voir dans les pièces jouées par des acteurs de société; on a remarqué surtout que la reine avait répandu dans la scène du quatrième acte une grâce et une vérité qui n'auraient pu manquer de faire applaudir avec transport l'actrice même la plus obscure. (Grimm, *Correspondance.*)

LE BARBIER DE SÉVILLE

LE BARBIER

DE SÉVILLE,

OU LA

PRÉCAUTION INUTILE

COMÉDIE

EN QUATRE ACTES;

Par M^r. de Beaumarchais.

Représentée et tombée sur le Théâtre de la Comédie Française aux Tuileries, le 23 de Février 1775.

..... Et j'étais Père, et je ne pus mourir !
　　　　　　Zaire, *Acte II.*

A PARIS,

Chez RUAULT, Libraire, rue de la Harpe.

M. DCC. LXXV.

LETTRE MODÉRÉE

SUR

LA CHUTE ET LA CRITIQUE

DU

BARBIER DE SÉVILLE

L'AUTEUR, vêtu modestement et courbé, présentant sa Pièce au Lecteur.

MONSIEUR,

J'ai l'honneur de vous offrir un nouvel Opuscule de ma façon. Je souhaite vous rencontrer dans un de ces momens heureux où, dégagé de soins, content de votre santé, de vos affaires, de votre Maîtresse, de votre dîner, de votre estomac, vous puissiez vous plaire un moment à la lecture de mon *Barbier de Séville*, car il faut tout cela pour être homme amusable et Lecteur indulgent.

Mais si quelque accident a dérangé votre santé, si votre état est compromis, si votre Belle a forfait à ses sermens, si votre dîner fut mauvais ou votre digestion laborieuse, ah ! laissez mon *Barbier* ; ce n'est pas là l'instant ; examinez l'état de vos dépenses, étudiez le *Factum* de votre Adversaire, relisez ce traître billet surpris à Rose, ou parcourez les chef-d'œuvres de Tissot[1]

---

[1]. *Tissot* (Simon-André), illustre médecin, né en Suisse en 1728, mort en 1797. Ses œuvres choisies forment 8 vol. in-8° (Paris, 1809). Beaumarchais fait ici allusion à deux de ses principaux écrits : *De la santé des gens de lettres* (1769, in-32), et *Essai sur les maladies des gens du monde* (1770, in-12), dont le succès fut populaire et considérable.

sur la tempérance, et faites des réflexions politiques, économiques, diététiques, philosophiques ou morales.

Ou si votre état est tel qu'il vous faille absolument l'oublier, enfoncez-vous dans une Bergère, ouvrez le Journal établi dans Bouillon[1] avec Encyclopédie, Approbation et Privilége, et dormez vite une heure ou deux.

Quel charme auroit une production légère au milieu des plus noires vapeurs, et que vous importe, en effet, si Figaro le Barbier s'est bien moqué de Bartholo le Médecin en aidant un Rival à lui souffler sa Maîtresse? On rit peu de la gaieté d'autrui, quand on a de l'humeur pour son propre compte.

Que vous fait encore si ce Barbier Espagnol, en arrivant dans Paris, essuya quelques traverses, et si la prohibition de ses exercices a donné trop d'importance aux rêveries de mon bonnet? On ne s'intéresse guères aux affaires des autres que lorsqu'on est sans inquiétude sur les siennes.

Mais enfin, tout va-t-il bien pour vous? Avez-vous à souhait double estomac, bon Cuisinier, Maîtresse honnête et repos imperturbable? Ah! parlons, parlons; donnez audience à mon *Barbier*.

Je sens trop, Monsieur, que ce n'est plus le temps où, tenant mon manuscrit en réserve, et semblable à la Coquette qui refuse souvent ce qu'elle brûle toujours d'accorder, j'en faisois quelque avare lecture à des Gens préférés, qui croyoient devoir payer ma complaisance par un éloge pompeux de mon Ouvrage.

O jours heureux! Le lieu, le temps, l'auditoire à ma dévotion et la magie d'une lecture adroite assurant mon succès, je glissois

---

[1]. Allusion à un journaliste de Bouillon qui avait fort malmené Beaumarchais et sa pièce.

Il avait déjà parlé de ces critiques aux comédiens eux-mêmes dans une lettre intime qu'il leur adressait quelque temps avant d'écrire cette épître-préface :
« Tant qu'il vous plaira, Messieurs, de donner *le Barbier de Séville*, je l'endurerai avec résignation. Et puissiez vous crever de monde, car je suis l'ami de vos succès et l'amant des miens... Si le public est content, si vous l'êtes, je le serai aussi. Je voudrais bien pouvoir en dire autant du *Journal de Bouillon;* mais vous avez beau faire valoir la pièce, la jouer comme des anges, il faut vous détacher de ce suffrage; on ne peut pas plaire à tout le monde.

« Je suis, Messieurs, avec reconnaissance, etc...

« *Signé :* CARON DE BEAUMARCHAIS. »

(*Lettre citée par M. de Loménie*, tome II.)

sur le morceau foible en appuyant les bons endroits; puis, recueillant les suffrages du coin de l'œil, avec une orgueilleuse modestie, je jouissois d'un triomphe d'autant plus doux que le jeu d'un fripon d'Acteur ne m'en déroboit pas les trois quarts pour son compte.

Que reste-t-il, hélas! de toute cette gibeciere? A l'instant qu'il faudroit des miracles pour vous subjuguer, quand la verge de Moïse y suffiroit à peine, je n'ai plus même la ressource du bâton de Jacob; plus d'escamotage, de tricherie, de coquetterie, d'inflexions de voix, d'illusion théâtrale, rien. C'est ma vertu toute nue que vous allez juger.

Ne trouvez donc pas étrange, Monsieur, si, mesurant mon style à ma situation, je ne fais pas comme ces Ecrivains qui se donnent le ton de vous appeler négligemment *Lecteur, ami Lecteur, cher Lecteur, benin ou Benoist Lecteur*, ou de telle autre dénomination cavaliere, je dirois même indécente, par laquelle ces imprudens essaient de se mettre au pair avec leur Juge, et qui ne fait bien souvent que leur en attirer l'animadversion. J'ai toujours vu que les airs ne séduisoient personne, et que le ton modeste d'un Auteur pouvoit seul inspirer un peu d'indulgence à son fier Lecteur.

Eh! quel Ecrivain en eut jamais plus besoin que moi? Je voudrois le cacher en vain. J'eus la foiblesse autrefois, Monsieur, de vous présenter, en différens tems, deux tristes Drames[1], productions monstrueuses, comme on sait, car entre la Tragédie et la Comédie, on n'ignore plus qu'il n'existe rien; c'est un point décidé, le Maître l'a dit, l'Ecole en retentit, et pour moi, j'en suis tellement convaincu, que si je voulois aujourd'hui mettre au Théâtre une mère éplorée, une épouse trahie, une sœur éperdue, un fils déshérité, pour les présenter décemment au Public, je commencerois par leur supposer un beau Royaume où ils auroient régné de leur mieux, vers l'un des Archipels ou dans tel autre coin du monde; certain, après cela, que l'invraisemblance du Roman, l'énormité des faits, l'enflure des caractères, le gigantesque des idées et la bouffissure du langage, loin de m'être imputés à reproche, assureroient encore mon succès.

Présenter des hommes d'une condition moyenne, accablés et

---

1. *Eugénie* et *les Deux Amis*.

dans le malheur, fi donc! On ne doit jamais les montrer que bafoués. Les Citoyens ridicules et les Rois malheureux, voilà tout le Théâtre existant et possible, et je me le tiens pour dit; c'est fait, je ne veux plus quereller avec personne.

J'ai donc eu la foiblesse autrefois, Monsieur, de faire des Drames qui n'étoient pas *du bon genre*, et je m'en repens beaucoup.

Pressé depuis par les évènemens, j'ai hasardé de malheureux Mémoires[1], que mes ennemis n'ont pas trouvé *du bon style*, et j'en ai le remords cruel.

Aujourd'hui, je fais glisser sous vos yeux une Comédie fort gaie, que certains Maîtres de goût n'estiment pas *du bon ton*, et je ne m'en console point.

Peut-être un jour oserai-je affliger votre oreille d'un Opéra[2], dont les jeunes gens d'autrefois diront que la musique n'est pas *du bon françois*, et j'en suis tout honteux d'avance.

Ainsi, de fautes en pardons et d'erreurs en excuses, je passerai ma vie à mériter votre indulgence, par la bonne-foi naïve avec laquelle je reconnoîtrai les unes en vous présentant les autres.

Quant au *Barbier de Séville*, ce n'est pas pour corrompre votre jugement que je prends ici le ton respectueux; mais on m'a fort assuré que, lorsqu'un Auteur étoit sorti, quoiqu'échiné, vainqueur au Théâtre, il ne lui manquoit plus que d'être agréé par vous, Monsieur, et lacéré dans quelques Journaux, pour avoir obtenu tous les lauriers littéraires. Ma gloire est donc certaine si vous daignez m'accorder le laurier de votre agrément, persuadé que plusieurs de Messieurs les Journalistes ne me refuseront pas celui de leur dénigrement.

Déjà l'un d'eux, établi dans Bouillon avec Approbation et Privilége, m'a fait l'honneur encyclopédique d'assurer à ses Abonnés que ma Pièce étoit sans plan, sans unité, sans caractères, vide d'intrigue et dénuée de comique.

Un autre, plus naïf encore, à la vérité sans Approbation, sans Privilége et même sans Encyclopédie, après un candide exposé de mon Drame, ajoute au laurier de sa critique cet éloge flatteur de ma personne : « La réputation du sieur de Beaumarchais est

---

1. *Mémoires judiciaires contre les sieurs de Goëzmann, Marin, Lablache et d'Arnaud* (1774).
2. Ce sera l'opéra de *Tarare*.

« bien tombée, et les honnêtes gens sont enfin convaincus que
« lorsqu'on lui aura arraché les plumes du paon, il ne restera
« plus qu'un vilain corbeau noir, avec son effronterie et sa vo-
« racité. »

Puisqu'en effet j'ai eu l'effronterie de faire la Comédie du *Barbier de Séville*, pour remplir l'horoscope entier, je pousserai la voracité jusqu'à vous prier humblement, Monsieur, de me juger vous-même et sans égard aux Critiques passés, présens et futurs; car vous savez que, par état, les Gens de Feuilles sont souvent ennemis des Gens de Lettres ; j'aurai même la voracité de vous prévenir qu'étant saisi de mon affaire, il faut que vous soyez mon Juge absolument, soit que vous le vouliez ou non, car vous êtes mon Lecteur.

Et vous sentez bien, Monsieur, que si, pour éviter ce tracas ou me prouver que je raisonne mal, vous refusiez constamment de me lire, vous feriez vous-même une pétition de principes au-dessous de vos lumieres : n'étant pas mon Lecteur, vous ne seriez pas celui à qui s'adresse ma requête.

Que si, par dépit de la dépendance où je parois vous mettre vous vous avisiez de jeter le Livre en cet instant de votre lecture, c'est, Monsieur, comme si, au milieu de tout autre jugement, vous étiez enlevé du Tribunal par la mort ou tel accident qui vous rayât du nombre des Magistrats. Vous ne pouvez éviter de me juger qu'en devenant nul, négatif, anéanti, qu'en cessant d'exister en qualité de mon Lecteur.

Eh! quel tort vous fais-je en vous élevant au-dessus de moi? Après le bonheur de commander aux hommes, le plus grand honneur, Monsieur, n'est-il pas de les juger?

Voilà donc qui est arrangé. Je ne reconnois plus d'autre Juge que vous, sans excepter Messieurs les Spectateurs, qui, ne jugeant qu'en premier ressort, voient souvent leur sentence infirmée à votre Tribunal.

L'affaire avoit d'abord été plaidée devant eux au Théâtre, et ces Messieurs ayant beaucoup ri, j'ai pu penser que j'avois gagné ma Cause à l'Audience. Point du tout; le Journaliste, établi dans Bouillon, prétend que c'est de moi qu'on a ri. Mais ce n'est là, Monsieur, comme on dit en style de Palais, qu'une mauvaise chicane de Procureur : mon but ayant été d'amuser les Spectateurs; qu'ils aient ri de ma Pièce ou de moi, s'ils ont ri de bon cœur, le but est également rempli, ce que j'appelle avoir gagné ma Cause à l'Audience.

Le même Journaliste assure encore, ou du moins laisse entendre, que j'ai voulu gagner quelques-uns de ces Messieurs en leur faisant des lectures particulieres, en achetant d'avance leur suffrage par cette prédilection. Mais ce n'est encore là, Monsieur, qu'une difficulté de Publiciste Allemand. Il est manifeste que mon intention n'a jamais été que de les instruire; c'étoit des espèces de Consultations que je faisois sur le fond de l'affaire. Que si les Consultans, après avoir donné leur avis, se sont mêlés parmi les Juges, vous voyez bien, Monsieur, que je n'y pouvois rien de ma part, et que c'étoit à eux de se récuser par délicatesse, s'ils se sentoient de la partialité pour mon Barbier Andaloux.

Eh! plût au Ciel qu'ils en eussent un peu conservé pour ce jeune Etranger, nous aurions eu moins de peine à soutenir notre malheur éphémere. Tels sont les hommes : avez-vous du succès, ils vous accueillent, vous portent, vous caressent, ils s'honorent de vous; mais gardez de broncher : au moindre échec, O mes amis, souvenez-vous qu'il n'est plus d'amis.

Et c'est précisément ce qui nous arriva le lendemain de la plus triste soirée. Vous eussiez vu les foibles amis du Barbier se disperser, se cacher le visage ou s'enfuir; les femmes, toujours si braves quand elles protégent, enfoncées dans les coqueluchons jusqu'aux panaches et baissant des yeux confus; les hommes courant se visiter, se faire amende honorable du bien qu'ils avoient dit de ma Pièce, et rejetant sur ma maudite façon de lire les choses tout le faux plaisir qu'ils y avoient goûté. C'étoit une désertion totale, une vraie désolation.

Les uns lorgnoient à gauche en me sentant passer à droite, et ne faisoient plus semblant de me voir : Ah Dieux! D'autres, plus courageux, mais s'assurant bien si personne ne les regardoit, m'attiroient dans un coin pour me dire : « Eh! comment avez-vous produit en nous cette illusion? car il faut en convenir, mon Ami, votre Pièce est la plus grande platitude du monde.

— Hélas, Messieurs, j'ai lu ma platitude, en vérité, tout platement comme je l'avois faite; mais, au nom de la bonté que vous avez de me parler encore après ma chûte et pour l'honneur de votre second jugement, ne souffrez pas qu'on redonne la Pièce au Théâtre; si, par malheur, on venoit à la jouer comme je l'ai lue, on vous feroit peut-être une nouvelle tromperie, et vous vous en prendriez à moi de ne plus savoir quel jour vous eûtes raison ou tort; ce qu'à Dieu ne plaise! »

On ne m'en crut point, on laissa rejouer la Pièce, et pour le coup je fus Prophète en mon pays. Ce pauvre Figaro, *fessé* par la cabale *en faux bourdon* et presque enterré le vendredi, ne fit point comme Candide, il prit courage, et mon Héros se releva le dimanche avec une vigueur que l'austérité d'un carême entier et la fatigue de dix-sept séances publiques n'ont pas encore altérée[1]. Mais qui sait combien cela durera? Je ne voudrois pas jurer qu'il en fût seulement question dans cinq ou six siècles, tant notre Nation est inconstante et légere.

Les Ouvrages de Théâtre, Monsieur, sont comme les enfans des hommes: conçus avec volupté, menés à terme avec fatigue, enfantés avec douleur et vivant rarement assez pour payer les parens de leurs soins, ils coûtent plus de chagrins qu'ils ne donnent de plaisirs. Suivez-les dans leur carrière, à peine ils voient le jour que, sous prétexte d'enflure, on leur applique les Censeurs; plusieurs en sont restés en chartre. Au lieu de jouer doucement avec eux, le cruel Parterre les rudoye et les fait tomber. Souvent en les berçant le Comédien les estropie. Les perdez-vous un instant de vue, on les retrouve, hélas! traînant par-tout, mais dépenaillés, défigurés, rongés d'Extraits et couverts de Critiques. Echappés à tant de maux, s'ils brillent un moment dans le monde, le plus grand de tous les atteint, le mortel oubli les tue; ils meurent, et, replongés au néant, les voilà perdus à jamais dans l'immensité des Livres.

Je demandois à quelqu'un pourquoi ces combats, cette guerre animée entre le Parterre et l'Auteur à la première représentation des Ouvrages, même de ceux qui devoient plaire un autre jour. « Ignorez-vous, me dit-il, que Sophocle et le vieux Denis sont morts de joie d'avoir remporté le prix des Vers au Théâtre? Nous aimons trop nos Auteurs pour souffrir qu'un excès de joie nous prive d'eux en les étouffant; aussi, pour les conser-

---

[1]. On peut ainsi préciser facilement l'époque où Beaumarchais écrivait cette préface, la 17e représentation du *Barbier* ayant eu lieu le mercredi 16 août 1775, et la 18e le samedi suivant.

ver, avons-nous grand soin que leur triomphe ne soit jamais si pur, qu'ils puissent en expirer de plaisir. »

Quoi qu'il en soit des motifs de cette rigueur, l'enfant de mes loisirs, ce jeune, cet innocent *Barbier* tant dédaigné le premier jour, loin d'abuser le surlendemain de son triomphe ou de montrer de l'humeur à ses Critiques, ne s'en est que plus empressé de les désarmer par l'enjouement de son caractère.

Exemple rare et frappant, Monsieur, dans un siècle d'Ergotisme où l'on calcule tout jusqu'au rire, où la plus légère diversité d'opinions fait germer des haines éternelles, où tous les jeux tournent en guerre, où l'injure qui repousse l'injure est à son tour payée par l'injure, jusqu'à ce qu'une autre effaçant cette dernière en enfante une nouvelle, auteur de plusieurs autres, et propage ainsi l'aigreur à l'infini, depuis le rire jusqu'à la satiété, jusqu'au dégoût, à l'indignation même du Lecteur le plus caustique.

Quant à moi, Monsieur, s'il est vrai, comme on l'a dit, que tous les hommes soient frères, et c'est une belle idée, je voudrois qu'on pût engager nos frères les Gens de Lettres à laisser, en discutant, le ton rogue et tranchant à nos freres les Libellistes, qui s'en acquittent si bien ; ainsi que les injures à nos freres les Plaideurs..... qui ne s'en acquittent pas mal non plus. Je voudrois sur-tout qu'on pût engager nos freres les Journalistes à renoncer à ce ton pédagogue et magistral avec lequel ils gourmandent les Fils d'Apollon et font rire la sottise aux dépens de l'esprit.

Ouvrez un Journal, ne semble-t-il pas voir un dur Répétiteur, la férule ou la verge levée sur des Ecoliers négligens, les traiter en esclaves au plus léger défaut dans le devoir ? Eh, mes Freres, il s'agit bien de devoir ici, la Littérature en est le délassement et la douce récréation.

A mon égard, au moins, n'espérez pas asservir dans ses jeux mon esprit à la règle ; il est incorrigible, et, la classe du devoir une fois fermée, il devient si léger et badin que je ne puis que jouer avec lui. Comme un liège emplumé qui bondit sur la raquette, il s'élève, il retombe, égaye mes yeux, repart en l'air, y fait la roue et revient encore. Si quelque Joueur adroit veut entrer en partie et balloter à nous deux le léger volant de mes pensées, de tout mon cœur ; s'il riposte avec grâce et légéreté, le jeu m'amuse et la partie s'engage. Alors on pourroit voir les coups portés, parés, reçus, rendus, accélérés, pressés, relevés, même avec une prestesse, une agilité propre à réjouir autant les Spectateurs qu'elle animeroit les Acteurs.

Telle, au moins, Monsieur, devroit être la critique, et c'est ainsi que j'ai toujours conçu la dispute entre les Gens polis qui cultivent les Lettres.

Voyons, je vous prie, si le Journaliste de Bouillon a conservé dans sa Critique ce caractère aimable et sur-tout de candeur pour lequel on vient de faire des vœux.

« La Pièce est une Farce, dit-il. »

Passons sur les qualités. Le méchant nom qu'un Cuisinier étranger donne aux ragoûts françois ne change rien à leur faveur. C'est en passant par ses mains qu'ils se dénaturent. Analysons la Farce de Bouillon.

« La Pièce, a-t-il dit, n'a pas de plan. »

Est-ce parce qu'il est trop simple qu'il échappe à la sagacité de ce Critique adolescent?

Un Vieillard amoureux prétend épouser demain sa Pupille; un jeune Amant plus adroit le prévient, et ce jour même en fait sa femme, à la barbe et dans la maison du Tuteur. Voilà le fond, dont on eut pu faire, avec un égal succès, une Tragédie, une Comédie, un Drame, un Opéra, *et cætera*. L'*Avare* de Molière est-il autre chose? Le *Grand Mithridate* est-il autre chose? Le genre d'une Pièce, comme celui de toute autre action, dépend moins du fond des choses que des caractères qui les mettent en œuvre.

Quant à moi, ne voulant faire sur ce plan qu'une Pièce amusante et sans fatigue, une espece d'*Imbroille*[1], il m'a suffi que le Machiniste, au lieu d'être un noir scélérat, fût un drôle de garçon, un homme insouciant, qui rit également du succès et de la chûte de ses entreprises, pour que l'Ouvrage, loin de tourner en Drame sérieux, devînt une Comédie fort gaie; et de cela seul que le Tuteur est un peu moins sot que tous ceux qu'on trompe au Théâtre, il est résulté beaucoup de mouvement dans la Pièce, et sur-tout la nécessité d'y donner plus de ressort aux intrigans.

---

1. Imbroglio.

Au lieu de rester dans ma simplicité comique, si j'avois voulu compliquer, étendre et tourmenter mon plan à la maniere tragique ou *dramique*[1], imagine-t-on que j'aurois manqué de moyens dans une aventure dont je n'ai mis en Scènes que la partie la moins merveilleuse?

En effet, personne aujourd'hui n'ignore qu'à l'époque historique où la Pièce finit gaiement dans mes mains, la querelle commença sérieusement à s'échauffer, comme qui diroit derrière la toile, entre le Docteur et Figaro, sur les cent écus. Des injures on en vint aux coups. Le Docteur, étrillé par Figaro, fit tomber en se débattant le *rescille*[2] ou filet qui coiffoit le Barbier, et l'on vit, non sans surprise, une forme de spatule imprimée à chaud sur sa tête razée. Suivez-moi, Monsieur, je vous prie.

A cet aspect, moulu de coups qu'il est, le Médecin s'écrie avec transport : « Mon Fils! ô Ciel, mon Fils! mon cher Fils!... » Mais avant que Figaro l'entende, il a redoublé de horions sur son cher Père. En effet, ce l'étoit.

Ce Figaro, qui pour toute famille avoit jadis connu sa mere, est fils naturel de Bartholo. Le Médecin, dans sa jeunesse, eut cet enfant d'une Personne en condition, que les suites de son imprudence firent passer du service au plus affreux abandon.

Mais avant de les quitter, le désolé Bartholo, Frater alors, a fait rougir sa spatule, il en a timbré son fils à l'occiput, pour le reconnoître un jour, si jamais le sort les rassemble. La mère et l'enfant avoient passé six années dans une honorable mendicité, lorsqu'un Chef de Bohémiens, descendu de Luc Gauric[3], traversant l'Andalousie avec sa Troupe, et consulté par la mère sur le destin de son fils, déroba l'Enfant furtivement et laissa par écrit cet horoscope à sa place :

> Après avoir versé le sang dont il est né,
> Ton Fils assommera son Père infortuné :
> Puis, tournant sur lui-même et le fer et le crime,
> Il se frappe, et devient heureux et légitime.

En changeant d'état sans le savoir, l'infortuné jeune homme

---

1. Mot de l'invention de Beaumarchais.
2. La résille.
3. Célèbre astrologue-nécromancien du temps de Henri II. Catherine de Médicis le fit venir à Paris et eut souvent recours à lui pour les expériences de divination auxquelles on sait qu'elle se livrait.

a changé de nom sans le vouloir; il s'est élevé sous celui de Figaro; il a vécu. Sa mère est cette Marceline, devenue vieille et Gouvernante chez le Docteur, que l'affreux horoscope de son fils a consolé de sa perte. Mais aujourd'hui, tout s'accomplit.

En saignant Marceline au pied, comme on le voit dans ma Pièce, ou plutôt comme on ne l'y voit pas, Figaro remplit le premier Vers :

> Après avoir versé le sang dont il est né,

Quand il étrille innocemment le Docteur, après la toile tombée, il accomplit le second Vers :

> Ton fils assommera son Père infortuné :

A l'instant, la plus touchante reconnoissance a lieu entre le Médecin, la Vieille et Figaro : *c'est vous, c'est lui, c'est toi, c'est moi.* Quel coup de Théâtre ! Mais le fils, au désespoir de son innocente vivacité, fond en larmes et se donne un coup de rasoir ; selon le sens du troisième Vers :

> Puis, tournant sur lui-même et le fer et le crime,
> Il se frappe et. . . . .[1].

Quel tableau ! En n'expliquant point si du rasoir il se coupe la gorge ou seulement le poil du visage, on voit que j'avois le choix de finir ma Pièce au plus grand pathétique. Enfin, le Docteur épouse la Vieille, et Figaro, suivant la dernière leçon...

> . . . . . Devient heureux et légitime.

Quel dénoûment ! Il ne m'en eût coûté qu'un sixième Acte. Eh ! quel sixième Acte ! Jamais Tragédie au Théâtre François... Il suffit. Reprenons ma Pièce en l'état où elle a été jouée et critiquée. Lorsqu'on me reproche avec aigreur ce que j'ai fait, ce n'est pas l'instant de louer ce que j'aurois pu faire,

« La Pièce est invraisemblable dans sa conduite, » a dit encore le Journaliste établi dans Bouillon avec Approbation et Privilége.

---

1. Beaumarchais présente ici par avance la scène de la reconnaissance de Figaro, que nous retrouverons dans *la Folle Journée*.

Invraisemblable? Examinons cela par plaisir.

Son Excellence M. le Comte Almaviva, dont j'ai depuis longtems l'honneur d'être ami particulier, est un jeune Seigneur, ou pour mieux dire étoit, car l'âge et les grands emplois en ont fait depuis un homme fort grave, ainsi que je le suis devenu moi-même. Son Excellence étoit donc un jeune Seigneur Espagnol, vif, ardent, comme tous les Amans de sa Nation, que l'on croit froide et qui n'est que paresseuse.

Il s'étoit mis secrètement à la poursuite d'une belle personne qu'il avoit entrevue à Madrid et que son Tuteur a bientôt ramenée au lieu de sa naissance. Un matin qu'il se promenoit sous ses fenêtres à Séville, où depuis huit jours il cherchoit à s'en faire remarquer, le hasard conduisit au même endroit Figaro le Barbier. « Ah! le hasard! dira mon Critique, et si le hasard n'eût pas conduit ce jour-là le Barbier dans cet endroit, que devenoit la Pièce? — Elle eût commencé, mon Frere, à quelqu'autre époque. — Impossible, puisque le Tuteur, selon vous-même, épousoit le lendemain. — Alors il n'y auroit pas eu de Pièce, ou, s'il y en avoit eu, mon Frère, elle auroit été différente. Une chose est-elle invraisemblable parce qu'elle étoit possible autrement? »

Réellement, vous avez un peu d'humeur. Quand le Cardinal de Retz nous dit froidement : « Un jour j'avois besoin d'un homme, à la vérité, je ne voulois qu'un fantôme; j'aurois desiré qu'il fût petit-fils d'Henri le Grand, qu'il eût de longs cheveux blonds; qu'il fût beau, bien fait, bien séditieux; qu'il eût le langage et l'amour des Halles ; et voilà que le hasard me fait rencontrer à Paris M. de Beaufort, échappé de la prison du Roi; c'étoit justement l'homme qu'il me falloit [1]. » Va-t-on dire au

---

[1]. La citation est inexacte, d'autant mieux que le mot principal « le hasard », sur lequel repose l'argumentation de Beaumarchais, ne s'y trouve même pas. Voici d'ailleurs le passage même dans son intégrité : « J'avois besoin d'un homme que je pusse, dans ces conjonctures, mettre devant moi. Il me falloit un fantôme, mais il ne me falloit qu'un fantôme, et, par bonheur pour moi, il se trouva que ce fantôme fut petit fils d'Henri le Grand, qu'il parla comme on parle aux halles, ce qui n'est pas ordinaire aux enfants d'Henri le Grand, et qu'il eut de grands cheveux bien longs et bien blonds. Vous ne pouvez vous imaginer le poids de cette circonstance; vous ne pouvez concevoir l'effet qu'ils firent dans le peuple. » (*Mémoires de Retz*, édition Charpentier, 1865, tome 1er, page 267.)

Coadjuteur : « Ah ! le hasard ! Mais si vous n'eussiez pas ren-
« contré M. de Beaufort ! Mais ceci, mais cela ?... »

Le hasard donc conduisit en ce même endroit Figaro le Barbier, beau diseur, mauvais Poëte, hardi Musicien, grand fringueneur[1] de guittare et jadis Valet-de-Chambre du Comte; établi dans Séville, y faisant avec succès des barbes, des Romances et des mariages, y maniant également le fer du Phlébotôme[2] et le piston du Pharmacien; la terreur des maris, la coqueluche des femmes, et justement l'homme qu'il nous falloit. Et comme, en toute recherche, ce qu'on nomme passion n'est autre chose qu'un désir irrité par la contradiction, le jeune Amant, qui n'eût peut-être eu qu'un goût de fantaisie pour cette beauté, s'il l'eût rencontrée dans le monde, en devient amoureux, parce qu'elle est enfermée, au point de faire l'impossible pour l'épouser.

Mais vous donner ici l'extrait entier de la Pièce, Monsieur, seroit douter de la sagacité, de l'adresse avec laquelle vous saisirez le dessein de l'Auteur, et suivrez le fil de l'intrigue, en la lisant. Moins prévenu que le Journal de Bouillon, qui se trompe avec Approbation et Privilége sur toute la conduite de cette Pièce, vous y verrez que *tous les soins de l'Amant ne sont* pas *destinés à remettre simplement une lettre*, qui n'est là qu'un léger accessoire à l'intrigue, mais bien à s'établir dans un fort défendu par la vigilance et le soupçon, sur-tout à tromper un homme qui, sans cesse éventant la manœuvre, oblige l'ennemi de se retourner assez lestement pour n'être pas désarçonné d'emblée.

Et lorsque vous verrez que tout le mérite du dénoûment consiste en ce que le Tuteur a fermé sa porte en donnant son passe-partout à Bazile, pour que lui seul et le Notaire pussent entrer et conclure son mariage, vous ne laisserez pas d'être étonné qu'un Critique aussi équitable se joue de la confiance de son Lecteur, ou se trompe au point d'écrire, et dans Bouillon encore : *le Comte s'est donné la peine de monter au balcon par une échelle avec Figaro, quoique la porte ne soit pas fermée.*

Enfin, lorsque vous verrez le malheureux Tuteur, abusé par

---

1. Vieux mot.
2. Terme chirurgical : celui qui pratique la saignée. Il vaudrait mieux *phlébotomiste*. D'ailleurs, usuellement, on n'emploie ni l'un ni l'autre mot.

toutes les précautions qu'il prend pour ne le point être, à la fin forcé de signer au contrat du Comte et d'approuver ce qu'il n'a pu prévenir, vous laisserez au Critique à décider si ce Tuteur étoit un *imbécille* de ne pas deviner une intrigue dont on lui cachoit tout, lorsque lui Critique, à qui l'on ne cachoit rien, ne l'a pas devinée plus que le Tuteur.

En effet, s'il l'eût bien conçue, auroit-il manqué de louer tous les beaux endroits de l'Ouvrage ?

Qu'il n'ait point remarqué la manière dont le premier Acte annonce et déploie avec gaieté tous les caractéres de la Pièce, on peut lui pardonner.

Qu'il n'ait pas apperçu quelque peu de comédie dans la grande Scène du second Acte, où, malgré la défiance et la fureur du Jaloux, la Pupille parvient à lui donner le change sur une lettre remise en sa présence, et à lui faire demander pardon à genoux du soupçon qu'il a montré, je le conçois encore aisément.

Qu'il n'ait pas dit un seul mot de la Scène de stupéfaction de Bazile, au troisième Acte, qui a paru si neuve au Théâtre, et a tant réjoui les Spectateurs, je n'en suis point réjoui du tout.

Passe encore qu'il n'ait pas entrevu l'embarras où l'Auteur s'est jeté volontairement au dernier Acte, en faisant avouer par la Pupille à son Tuteur que le Comte avoit dérobé la clé de la jalousie ; et comment l'Auteur s'en démêle en deux mots, et sort en se jouant de la nouvelle inquiétude qu'il a imprimée au Spectateur, c'est peu de chose en vérité.

Je veux bien qu'il ne lui soit pas venu à l'esprit que la Pièce, une des plus gaies qui soient au Théâtre, est écrite sans la moindre équivoque, sans une pensée, un seul mot dont la pudeur, même des petites Loges, ait à s'allarmer, ce qui pourtant est bien quelque chose, Monsieur, dans un siècle où l'hypocrisie de la décence est poussée presque aussi loin que le relâchement des mœurs. Très-volontiers. Tout cela sans doute pouvoit n'être pas digne de l'attention d'un Critique aussi majeur.

Mais comment n'a-t-il pas admiré ce que tous les honnêtes gens n'ont pu voir sans répandre des larmes de tendresse et de plaisir? je veux dire, la piété filiale de ce bon Figaro, qui ne sauroit oublier sa mère !

Tu connois donc ce Tuteur? lui dit le Comte au premier acte. *Comme ma mère,* répond Figaro. Un avare auroit dit: *Comme mes poches*. Un Petit-Maître eût répondu : *Comme moi-même*. Un ambitieux : *Comme le chemin de Versailles;* et le Journaliste de Bouillon : *Comme mon Libraire*. Les comparaisons de chacun se tirant toujours de l'objet intéressant. *Comme ma mère*, a dit le fils tendre et respectueux !

Dans un autre endroit encore : *Ah! vous êtes charmant!* lui dit le Tuteur. Et ce bon, cet honnête Garçon, qui pouvoit gaiement assimiler cet éloge à tous ceux qu'il a reçus de ses Maîtresses, en revient toujours à sa bonne mère, et répond à ce mot : *Vous êtes charmant!* — *Il est vrai, Monsieur, que ma mère me l'a dit autrefois*. Et le Journal de Bouillon ne relève point de pareils traits ! Il faut avoir le cerveau bien desséché pour ne les pas voir, ou le cœur bien dur pour ne pas les sentir !

Sans compter mille autres finesses de l'Art répandues à pleines mains dans cet Ouvrage. Par exemple, on sait que les Comédiens ont multiplié chez eux les emplois à l'infini; emplois de grande, moyenne et petite Amoureuse; emplois de grands, moyens et petits Valets; emplois de Niais, d'Important, de Croquant, de Paysan, de Tabellion, de Bailly; mais on sait qu'ils n'ont pas encore appointé celui de Bâillant. Qu'a fait l'Auteur pour former un Comédien peu exercé au talent d'ouvrir largement la bouche au Théâtre ? Il s'est donné le soin de lui rassembler dans une seule phrase toutes les syllabes bâillantes du françois : *Rien... qu'en... l'en... en... ten... dant... parler;* syllabes en effet qui feroient bâiller un mort, et parviendroient à desserrer les dents même de l'envie !

En cet endroit admirable où, pressé par les reproches du Tuteur qui lui crie : *Que direz-vous à ce malheureux qui bâille et dort tout éveillé? et l'autre qui depuis trois heures éternue à se faire sauter le crâne et jaillir la cervelle, que leur direz-vous?* Le naïf Barbier répond : *Eh parbleu! je dirai à celui qui éternue, Dieu vous bénisse; et va te coucher à celui qui dort*. Réponse en effet si juste, si chrétienne et si admirable, qu'un de ces fiers Critiques, qui ont leurs entrées au Paradis, n'a pu s'empêcher de s'écrier : « Diable ! l'Auteur a dû rester au moins huit jours à trouver cette réplique ! »

Et le Journal de Bouillon, au lieu de louer ces beautés sans nombre, use encre et papier, Approbation et Privilége, à mettre un pareil Ouvrage au-dessous même de la critique! On me couperoit le cou, Monsieur, que je ne saurois m'en taire.

N'a-t-il pas été jusqu'à dire, le Cruel : « *Que pour ne pas voir expirer ce Barbier sur le Théâtre, il a fallu le mutiler, le changer, le refondre, l'élaguer, le réduire en quatre Actes et le purger d'un grand nombre de pasquinades, de calembourgs, de jeux de mots, en un mot, de bas comique.* »

A le voir ainsi frapper comme un sourd, on juge assez qu'il n'a pas entendu le premier mot de l'Ouvrage qu'il décompose. Mais j'ai l'honneur d'assurer ce Journaliste, ainsi que le jeune homme qui lui taille ses plumes et ses morceaux, que, loin d'avoir purgé la Pièce d'aucuns des *calembourgs*, *jeux de mots*, etc., qui lui eussent nui le premier jour, l'Auteur a fait rentrer dans les Actes restés au Théâtre tout ce qu'il en a pu reprendre à l'Acte au porte-feuille : tel un Charpentier économe cherche dans ses copeaux épars sur le chantier tout ce qui peut servir à cheviller et boucher les moindres trous de son ouvrage.

Passerons-nous sous silence le reproche aigu qu'il fait à la jeune personne d'avoir *tous les défauts d'une fille mal élevée?* Il est vrai que, pour échapper aux conséquences d'une telle imputation, il tente à la rejeter sur autrui, comme s'il n'en étoit pas l'Auteur, en employant cette expression banale : *On trouve à la jeune personne*, etc. On trouve !...

Que vouloit-il donc qu'elle fît? Quoi! Qu'au lieu de se prêter aux vues d'un jeune Amant très-aimable et qui se trouve un homme de qualité, notre charmante enfant épousât le vieux podagre Médecin? Le noble établissement qu'il lui destinoit-là! Et parce qu'on n'est pas de l'avis de Monsieur, on *a tous les défauts d'une fille mal élevée!*

En vérité, si le Journal de Bouillon se fait des amis en France par la justesse et la candeur de ses Critiques, il faut avouer qu'il en aura beaucoup moins au-delà des Pyrénées, et qu'il est surtout un peu bien dur pour les Dames Espagnoles.

Eh! qui sait si son Excellence Madame la Comtesse Almaviva, l'exemple des femmes de son état et vivant comme un Ange avec son mari, quoiqu'elle ne l'aime plus, ne se ressentira pas un jour des libertés qu'on se donne à Bouillon, sur elle, avec Approbation et Privilége?

L'imprudent Journaliste a-t-il au moins réfléchi que son

Excellence ayant, par le rang de son mari, le plus grand crédit dans les Bureaux, eût pu lui faire obtenir quelque pension sur la Gazette d'Espagne ou la Gazette elle-même, et que dans la carrière qu'il embrasse il faut garder plus de ménagemens pour les femmes de qualité? Qu'est-ce que cela me fait à moi? L'on sent bien que c'est pour lui seul que j'en parle!

Il est temps de laisser cet adversaire, quoiqu'il soit à la tête des gens qui prétendent que, *n'ayant pu me soutenir en cinq Actes, je me suis mis en quatre pour ramener le Public.* Eh! quand cela seroit? Dans un moment d'oppression, ne vaut-il pas mieux sacrifier un cinquième de son bien que de le voir aller tout entier au pillage?

Mais ne tombez pas, cher Lecteur... (Monsieur, veux-je dire), ne tombez pas, je vous prie, dans une erreur populaire qui feroit grand tort à votre jugement.

Ma Pièce, qui paroît n'être aujourd'hui qu'en quatre Actes, est réellement et de fait en cinq, qui sont le 1er, le 2e, le 3e, le 4e et le 5e, à l'ordinaire.

Il est vrai que, le jour du combat, voyant les Ennemis acharnés, le Parterre ondulant, agité, grondant au loin comme les flots de la mer, et trop certain que ces mugissemens sourds, précurseurs des tempêtes, ont amené plus d'un naufrage, je vins à réfléchir que beaucoup de Pièces en cinq Actes (comme la mienne), toutes très-bien faites d'ailleurs (comme la mienne), n'auroient pas été au Diable en entier (comme la mienne), si l'Auteur eût pris un parti vigoureux (comme le mien).

« Le Dieu des cabales est irrité, » dis-je aux Comédiens avec force :

> Enfans! un sacrifice est ici nécessaire.

Alors, faisant la part au Diable et déchirant mon manuscrit : « Dieu des Siffleurs, Moucheurs, Cracheurs, Tousseurs et Perturbateurs, m'écriai-je, il te faut du sang? Bois mon quatrième Acte et que ta fureur s'appaise. »

A l'instant vous eussiez vu ce bruit infernal qui faisoit pâlir et broncher les Acteurs, s'affoiblir, s'éloigner, s'anéantir, l'applaudissement lui succéder, et des bas-fonds du Parterre un *bravo* général s'élever, en circulant, jusqu'aux hauts bancs du Paradis.

De cet exposé, Monsieur, il suit que ma Pièce est restée en cinq Actes, qui sont le 1er, le 2e, le 3e au Théâtre, le 4e au diable et le 5e avec les trois premiers. Tel Auteur même vous soutiendra que ce 4e Acte, qu'on n'y voit point, n'en est pas moins celui qui fait le plus de bien à la Pièce, en ce qu'on ne l'y voit point.

Laissons jaser le monde; il me suffit d'avoir prouvé mon dire; il me suffit, en faisant mes cinq Actes, d'avoir montré mon respect pour Aristote, Horace, Aubignac[1] et les Modernes, et d'avoir mis ainsi l'honneur de la règle à couvert.

Par le second arrangement, le Diable a son affaire; mon char n'en roule pas moins bien sans la cinquième roue, le Public est content, je le suis aussi. Pourquoi le Journal de Bouillon ne l'est-il pas? — Ah! pourquoi! C'est qu'il est bien difficile de plaire à des gens qui, par métier, doivent ne jamais trouver les choses gaies assez sérieuses, ni les graves assez enjouées.

Je me flatte, Monsieur, que cela s'appelle raisonner principes et que vous n'êtes pas mécontent de mon petit syllogisme.

Reste à répondre aux observations dont quelques personnes ont honoré le moins important des Drames hazardés depuis un siècle au Théâtre.

Je mets à part les lettres écrites aux Comédiens, à moi-même, sans signature et vulgairement appellées anonymes; on juge à l'âpreté du style que leurs Auteurs, peu versés dans la critique, n'ont pas assez senti qu'une mauvaise Pièce n'est point une mauvaise action, et que telle injure, convenable à un méchant homme, est toujours déplacée à un méchant Ecrivain. Passons aux autres.

Des Connoisseurs ont remarqué que j'étois tombé dans l'inconvénient de faire critiquer des usages François par un Plaisant de Séville à Séville, tandis que la vraisemblance exigeoit qu'il s'égayât sur les mœurs Espagnoles. Ils ont raison; j'y avois même tellement pensé, que pour rendre la vraisemblance encore plus parfaite, j'avois d'abord résolu d'écrire et de faire

---

1. *Hédelin*, abbé d'*Aubignac*, né en 1604, mort en 1676. Il a composé, d'après Aristote, un ouvrage assez médiocre, *Pratique du théâtre* (1669, in-4º), auquel Beaumarchais fait ici allusion. Il détestait Corneille, dont il était jaloux, et il a donné une tragédie, *Zénobie*, qui n'eut aucun succès.

jouer la Pièce en langage Espagnol ; mais un homme de goût m'a fait observer qu'elle en perdroit peut-être un peu de sa gaieté pour le Public de Paris, raison qui m'a déterminé à l'écrire en François ; ensorte que j'ai fait, comme on voit, une multitude de sacrifices à la gaieté, mais sans pouvoir parvenir à dérider le Journal de Bouillon.

Un autre Amateur, saisissant l'instant qu'il y avoit beaucoup de monde au foyer, m'a reproché du ton le plus sérieux, que ma Pièce ressembloit à : *On ne s'avise jamais de tout*. « Ressembler, Monsieur, je soutiens que ma Pièce est : *On ne s'avise jamais de tout*, lui-même. — Et comment cela ? — C'est qu'on ne s'étoit pas encore avisé de ma Pièce. » L'Amateur resta court, et l'on en rit d'autant plus, que celui-là qui me reprochoit, on ne s'avise jamais de tout, est un homme qui ne s'est jamais avisé de rien.

Quelques jours après, ceci est plus sérieux, chez une Dame incommodée, un Monsieur grave, en habit noir, coiffure bouffante et canne à corbin, lequel touchoit légèrement le poignet de la Dame, proposa civilement plusieurs doutes sur la vérité des traits que j'avois lancés contre les Médecins « Monsieur, lui dis-je, Etes-vous ami de quelqu'un d'eux ? Je serois désolé qu'un badinage... — On ne peut pas moins ; je vois que vous ne me connoissez pas, je ne prends jamais le parti d'aucun, je parle ici pour le Corps en général. » Cela me fit beaucoup chercher quel homme ce pouvoit être. « En fait de plaisanterie, ajoutai-je, vous savez, Monsieur, qu'on ne demande jamais si l'histoire est vraie, mais si elle est bonne. — Eh ! croyez-vous moins perdre à cet examen qu'au premier ? — A merveille, Docteur, dit la Dame. Le Monstre qu'il est ! n'a-t-il pas osé parler mal aussi de nous ? Faisons cause commune. »

A ce mot de *Docteur*, je commencai à soupçonner qu'elle parloit à son Médecin. « Il est vrai, Madame et Monsieur, repris-je avec modestie, que je me suis permis ces légers torts, d'autant plus aisément, qu'ils tirent moins à conséquence.

Eh ! qui pourroit nuire à deux Corps puissans dont l'empire embrasse l'univers et se partage le monde ? Malgré les Envieux, les Belles y règneront toujours par le plaisir et les Médecins par la douleur, et la brillante santé nous ramène à l'Amour, comme la maladie nous rend à la Médecine.

Cependant, je ne sais si, dans la balance des avantages, la Faculté ne l'emporte pas un peu sur la Beauté. Souvent on voit les Belles nous renvoyer aux Médecins, mais plus souvent encore les Médecins nous gardent et ne nous renvoient plus aux Belles.

En plaisantant donc, il faudroit peut-être avoir égard à la différence des ressentimens et songer que, si les Belles se vengent en se séparant de nous, ce n'est là qu'un mal négatif; au lieu que les Médecins se vengent en s'en emparant, ce qui devient très-positif;

Que, quand ces derniers nous tiennent, ils font de nous tout ce qu'ils veulent; au lieu que les Belles, toutes belles qu'elles sont, n'en font jamais que ce qu'elles peuvent;

Que le commerce des Belles nous les rend bientôt nécessaires; au lieu que l'usage des Médecins finit par nous les rendre indispensables;

Enfin, que l'un de ces empires ne semble établi que pour assurer la durée de l'autre, puisque, plus la verte jeunesse est livrée à l'Amour, plus la pâle vieillesse appartient sûrement à la Médecine.

Au reste, ayant fait contre moi cause commune, il étoit juste, Madame et Monsieur, que je vous offrisse en commun mes justifications. Soyez donc persuadés que, faisant profession d'adorer les Belles et de redouter les Médecins, c'est toujours en badinant que je dis du mal de la beauté; comme ce n'est jamais sans trembler que je plaisante un peu la Faculté.

Ma déclaration n'est point suspecte à votre égard, Mesdames, et mes plus acharnés ennemis sont forcés d'avouer que, dans un instant d'humeur où mon dépit contre une Belle alloit s'épancher trop librement sur toutes les autres, on m'a vu m'arrêter tout court au 25e Couplet, et, par le plus prompt repentir, faire ainsi dans le 26e amende honorable aux belles irritées :

> Sexe charmant, si je décèle
> Votre cœur en proie au desir,
> Souvent à l'amour infidèle,
> Mais toujours fidèle au plaisir;
> D'un badinage, ô mes Déesses!
> Ne cherchez point à vous venger :
> Tel glose, hélas! sur vos foiblesses
> Qui brûle de les partager.

Quant à vous, Monsieur le Docteur, on sait assez que Molière...

— Au désespoir, dit-il en se levant, de ne pouvoir profiter plus long-temps de vos lumières : mais l'humanité qui gémit ne doit pas souffrir de mes plaisirs. » Il me laissa, ma foi, la bouche ouverte avec ma phrase en l'air. « Je ne sais pas, dit la belle malade en riant, si je vous pardonne ; mais je vois bien que notre Docteur ne vous pardonne pas. — Le nôtre, Madame ? Il ne sera jamais le mien. — Eh ! pourquoi ? — Je ne sais ; je craindrois qu'il ne fût au-dessous de son état, puisqu'il n'est pas au-dessus des plaisanteries qu'on en peut faire.

Ce Docteur n'est pas de mes gens. L'homme assez consommé dans son art pour en avouer de bonne foi l'incertitude, assez spirituel pour rire avec moi de ceux qui le disent infaillible : tel est mon Médecin. En me rendant ses soins qu'ils appellent des visites ; en me donnant ses conseils qu'ils nomment ordonnances, il remplit dignement et sans faste la plus noble fonction d'une âme éclairée et sensible. Avec plus d'esprit, il calcule plus de rapports, et c'est tout ce qu'on peut dans un art aussi utile qu'incertain. Il me raisonne, il me console, il me guide, et la nature fait le reste. Aussi, loin de s'offenser de la plaisanterie, est-il le premier à l'opposer au pédantisme. A l'infatué qui lui dit gravement : « De quatre-vingts fluxions de poitrine que j'ai « traitées cet Automne, un seul malade a péri dans mes mains, » mon Docteur répond en souriant : « Pour moi, j'ai prêté mes « secours à plus de cent cet Hiver ; hélas ! je n'en ai pu sauver « qu'un seul. » Tel est mon aimable Médecin. — Je le connois. — Vous permettez bien que je ne l'échange pas contre le vôtre. Un Pédant n'aura pas plus ma confiance en maladie qu'une bégueule n'obtiendroit mon hommage en santé. Mais je ne suis qu'un sot. Au lieu de vous rappeller mon amende honorable au beau sexe, je devois lui chanter le Couplet de la bégueule ; il est tout fait pour lui.

> Pour égayer ma poésie,
> Au hasard j'assemble des traits :
> J'en fais, peintre de fantaisie,
> Des tableaux, jamais des portraits.
> La Femme d'esprit, qui s'en moque,
> Sourit finement à l'Auteur ;

Pour l'imprudente qui s'en choque,
Sa colère est son délateur.

— A propos de Chanson, dit la Dame, vous êtes bien honnête d'avoir été donner votre Pièce aux François! moi qui n'ai de petite Loge qu'aux Italiens! Pourquoi n'en avoir pas fait un Opéra Comique? ce fut, dit-on, votre première idée. La Pièce est d'un genre à comporter de la musique.

— Je ne sais si elle est propre à la supporter [1], ou si je m'étois trompé d'abord en le supposant; mais, sans entrer dans les raisons qui m'ont fait changer d'avis, celle-ci, Madame, répond à tout.

Notre Musique Dramatique ressemble trop encore à notre Musique chansonnière pour en attendre un véritable intérêt ou de la gaîté franche. Il faudra commencer à l'employer sérieusement au Théâtre quand on sentira bien qu'on ne doit y chanter que pour parler; quand nos Musiciens se rapprocheront de la nature, et sur-tout cesseront de s'imposer l'absurde loi de toujours revenir à la première partie d'un air après qu'ils en ont dit la seconde. Est-ce qu'il y a des Reprises et des Rondeaux dans un Drame? Ce cruel radotage est la mort de l'intérêt et dénote un vide insupportable dans les idées.

Moi qui toujours ai chéri la Musique sans inconstance et même sans infidélité, souvent, aux Pièces qui m'attachent le plus, je me surprends à pousser de l'épaule, à dire tout bas avec humeur : Eh! va donc, Musique! pourquoi toujours répéter? N'es-

---

1. Elle en supporta, et de la meilleure, comme tout le monde le sait. Voici les titres des principales œuvres musicales inspirées par *le Barbier* :

1º *Le Barbier de Séville*, opéra bouffe de Païsiello, joué pour la première fois à Saint-Pétersbourg en 1780, et à Paris le 12 juillet 1789, deux jours avant la prise de la Bastille;

2º *Le Barbier de Séville*, opéra de Nicolo Isouard, joué à Malte à la fin du siècle dernier;

3º *Le Barbier de Séville*, ballet en trois actes, de Blache et Duport, représenté à l'Opéra le 30 mai 1806;

4º *Le Barbier de Séville*, opéra bouffe en deux actes, du maestro G. Rossini, joué pour la première fois à Rome en décembre 1816, et à Paris le 26 octobre 1819;

5º *Almaviva et Rosine*, pantomime avec musique, sans nom d'auteur, jouée à la porte Saint-Martin le 19 avril 1817;

Enfin plus tard *la Folle Journée* servira de thème à la musique de Mozart.

tu pas assez lente? Au lieu de narrer vivement, tu rabaches! au lieu de peindre la passion, tu t'accroches aux mots! Le Poëte se tue à serrer l'évènement, et toi tu le délayes! Que lui sert de rendre son style énergique et pressé, si tu l'ensevelis sous d'inutiles fredons? Avec ta stérile abondance, reste, reste aux Chansons pour toute nourriture, jusqu'à ce que tu connoisses le langage sublime et tumultueux des passions.

En effet, si la déclamation est déjà un abus de la narration au Théâtre, le chant, qui est un abus de la déclamation, n'est donc, comme on voit, que l'abus de l'abus. Ajoutez-y la répétition des phrases, et voyez ce que devient l'intérêt. Pendant que le vice ici va toujours en croissant, l'intérêt marche à sens contraire; l'action s'allanguit; quelque chose me manque; je deviens distrait; l'ennui me gagne; et si je cherche alors à devenir ce que voudrois, il m'arrive souvent de trouver que je voudrois la fin du Spectacle.

Il est un autre art d'imitation, en général beaucoup moins avancé que la Musique, mais qui semble en ce point lui servir de leçon. Pour la variété seulement, la Danse élevée est déjà le modèle du chant.

Voyez le superbe Vestris[1] ou le fier d'Auberval[2] engager un pas de caractère. Il ne danse pas encore; mais d'aussi loin qu'il paroît, son port libre et dégagé fait déjà lever la tête aux Spectateurs. Il inspire autant de fierté qu'il promet de plaisirs. Il est parti... Pendant que le Musicien redit vingt fois ses phrases et monotone[3] ses mouvemens, le Danseur varie les siens à l'infini.

Le voyez-vous s'avancer légèrement à petits bonds, reculer à grands pas et faire oublier le comble de l'art par la plus ingénieuse négligence? Tantôt sur un pied, gardant le plus savant équilibre, et suspendu sans mouvement pendant plusieurs mesures, il étonne, il surprend par l'immobilité de son à plomb...

---

1. Fameux danseur de l'Opéra (1748-81) qui s'était baptisé lui-même *le Dieu de la danse*. Il est mort en 1808, à soixante-dix-neuf ans. Sa femme, qui a été aussi très-célèbre comme danseuse, est morte la même année, à cinquante-six ans.

2. *Bercher*, dit *Dauberval*, danseur comique, mort en 1806, à soixante-quatre ans. Il a appartenu à l'Opéra de 1761 à 1783, classé dans ce qu'on appelait *les danseurs seuls*, c'est-à-dire les grands premiers sujets. On l'avait surnommé *le Préville de la danse*. Il a composé quelques ballets.

3. Verbe de la composition de Beaumarchais.

Et soudain, comme s'il regrettoit le temps du repos, il part comme un trait, vole au fond du Théâtre, et revient, en pirouettant, avec une rapidité que l'œil peut suivre à peine.

L'air a beau recommencer, rigaudonner, se répéter, se radoter, il ne se répète point, lui! tout en déployant les mâles beautés d'un corps souple et puissant, il peint les mouvemens violens dont son âme est agitée; il vous lance un regard passionné que ses bras mollement ouverts rendent plus expressif; et, comme s'il se lassoit bientôt de vous plaire, il se relève avec dédain, se dérobe à l'œil qui le suit, et la passion la plus fougueuse semble alors naître et sortir de la plus douce ivresse. Impétueux, turbulent, il exprime une colère si bouillante et si vraie qu'il m'arrache à mon siége et me fait froncer le sourcil. Mais, reprenant soudain le geste et l'accent d'une volupté paisible, il erre nonchalamment avec une grâce, une mollesse, et des mouvemens si délicats, qu'il enlève autant de suffrages qu'il y a de regards attachés sur sa Danse enchanteresse.

Compositeurs, chantez comme il danse, et nous aurons, au lieu d'Opéra, des Mélodrames! Mais j'entends mon éternel Censeur (je ne sais plus s'il est d'ailleurs ou de Bouillon), qui me dit : « Que prétend-t-on par ce tableau? Je vois un talent supérieur, et non la Danse en général. C'est dans sa marche ordinaire qu'il faut saisir un art pour le comparer, et non dans ses efforts les plus sublimes. N'avons-nous pas... »

Je l'arrête à mon tour. Eh quoi! si je veux peindre un coursier et me former une juste idée de ce noble animal, irai-je le chercher hongre et vieux, gémissant au timon du fiacre, ou trottinant sous le plâtrier qui siffle? Je le prends au haras, fier Etalon, vigoureux, découplé, l'œil ardent, frappant la terre et soufflant le feu par les nazeaux, bondissant de desirs et d'impatience, ou fendant l'air, qu'il électrise, et dont le brusque hennissement réjouit l'homme et fait tressaillir toutes les cavales de la contrée. Tel est mon Danseur.

Et quand je crayonne un art, c'est parmi les plus grands sujets qui l'exercent que j'entends choisir mes modèles, tous les efforts du génie... mais je m'éloigne trop de mon sujet, revenons au *Barbier de Séville*... ou plutôt, Monsieur, n'y revenons pas. C'est assez pour une bagatelle. Insensiblement je tomberois dans le défaut reproché trop justement à nos François, de toujours faire de petites Chansons sur les grandes affaires, et de grandes dissertations sur les petites.

Je suis, avec le plus profond respect,

MONSIEUR,

Votre très-humble et très-obéissant serviteur,

L'AUTEUR.

PERSONNAGES.

(*Les habits des Acteurs doivent être dans l'ancien costume Espagnol.*)

LE COMTE ALMAVIVA, Grand d'Espagne, Amant inconnu de Rosine, paroît au premier Acte en veste et culotte de satin ; il est enveloppé d'un grand manteau brun, ou cape espagnole ; chapeau noir rabattu avec un ruban de couleur au tour de la forme. Au 2e Acte : habit uniforme de cavalier avec des moustaches et des bottines. Au 3e habillé en Bachelier ; cheveux ronds ; grande fraise au cou ; veste, culotte, bas et manteau d'Abbé. Au 4e Acte, il est vêtu superbement à l'Espagnol avec un riche manteau ; par-dessus tout, le large manteau brun dont il se tient enveloppé.

BARTHOLO, Médecin, Tuteur de Rosine : habit noir, court, boutonné ; grande perruque ; fraise et manchettes relevées ; une ceinture noire ; et quand il veut sortir de chez lui, un long manteau écarlate.

ROSINE, jeune personne d'extraction noble, et Pupille de Bartholo ; habillée à l'Espagnole.

FIGARO [1], Barbier de Séville : en habit de Majo [2] Espagnol. La tête couverte d'une rescille, ou filet ; chapeau blanc, ruban de couleur, autour de la forme ; un fichu de soie, attaché fort lâche à son cou ; gilet et haut de chausse de satin, avec des boutons et boutonnières frangés d'argent ; une grande ceinture de soie ; les jarretières nouées avec des glands qui pendent sur chaque jambe ; veste de couleur tranchante, à grands revers de la couleur du gilet ; bas blancs et souliers gris.

DON BAZILE [3], Organiste, Maître à chanter de Rosine ; chapeau noir rabattu, soutanelle et long manteau, sans fraise ni manchettes.

---

1. L'un des manuscrits du Théâtre-Français orthographie Figaro, tout le long de la pièce, *Figuaro*.
2. Ce qu'on nomme chez nous un « beau » ; mais un « beau » vulgaire, une sorte de coq de village ou d'artisan endimanché.
3. Dans le manuscrit de la Comédie-Française Basile est qualifié « organiste et musicien italien ».

LA JEUNESSE, vieux Domestique de Bartholo.

L'ÉVEILLÉ, autre Valet de Bartholo, garçon niais et endormi. Tous deux habillés en Galiciens ; tous les cheveux dans la queue ; gilet couleur de chamois ; large ceinture de peau avec une boucle ; culotte bleue et veste de même, dont les manches, ouvertes aux épaules pour le passage des bras, sont pendantes par derriere.

UN NOTAIRE.

UN ALCADE, Homme de Justice, avec une longue baguette blanche à la main.

PLUSIEURS ALGOUAZILS et VALETS avec des flambeaux.

La Scène est à Séville [1], dans la rue et sous les fenêtres de Rosine, au premier Acte, et le reste de la Pièce, dans la Maison du Docteur Bartholo.

On trouve chez le même Libraire la Musique du Barbier de Séville gravée *in-fol.* Prix 3 liv. 12 s. [2]

---

1. Capitale de l'Andalousie, dit le manuscrit.
2. Cette petite partition est de nos jours difficile à trouver. La Bibliothèque du Conservatoire de musique en possède un exemplaire, en assez mauvais état, et que nous avons eu sous les yeux. C'est une partition grand in-4° arrangée pour orchestre avec l'indication des jeux de scène, des paroles et des voix. On lit sur la première page cette note manuscrite : *On croit que cette musique est de Beaumarchais*, et au verso, de la même main : *Cette musique est de M. de Beaumarchais*. La musique du *Barbier* n'accompagnant pas, comme dans *les Deux Amis*, la pièce imprimée, et n'offrant d'ailleurs, à cause de sa médiocrité, aucun véritable intérêt, nous avons jugé inutile de la reproduire.

LE BARBIER
DE SÉVILLE

ACTE PREMIER.

Le Théâtre représente une rue de Séville, où toutes les croisées sont grillées.

SCENE PREMIERE.

Le Comte, *seul, en grand manteau brun et chapeau rabattu. Il tire sa montre en se promenant.*

Le jour est moins avancé que je ne croyois. L'heure à laquelle elle a coutume de se montrer derrière sa jalousie est encore éloignée. N'importe; il vaut mieux arriver trop-tôt que de manquer l'instant de la voir. Si quelque aimable de la Cour pouvoit me deviner à cent lieues de Madrid, arrêté tous les matins sous les fenêtres d'une femme à qui je n'ai jamais parlé, il me prendroit pour un Espagnol du tems d'Isabelle[1]. — Pourquoi non ? Chacun court après le bonheur. Il est pour moi dans le cœur de Rosine. — Mais quoi ! suivre une femme à Séville, quand Madrid et la Cour offrent de toutes parts des plaisirs si faciles ? — Et c'est cela même que je fuis. Je suis las des conquêtes que l'intérêt, la convenance ou la vanité nous présentent sans cesse. Il est si doux d'être aimé pour soi-même ; et si je pouvois m'assurer, sous ce déguisement... Au diable l'importun.

SCENE II.

FIGARO, LE COMTE, *caché*.

Figaro, *une guitare sur le dos attachée en bandoulière avec un large ruban ; il chantonne gaiement*[2], *un papier et un crayon à la main.*

> Bannissons le chagrin,
> Il nous consume :
> Sans le feu du bon vin,
> Qui nous rallume,
> Réduit à languir,
> L'homme, sans plaisir,
> Vivroit comme un sot,
> Et mourroit bientôt.

Jusques-là[3], ceci ne va pas mal, ein, ein.

> Et mourroit bientôt.
> Le vin et la paresse
> Se disputent mon cœur...

1. Variante 1. — 2. Variante 2. — 3. Variante 3.

Eh non! ils ne se le disputent pas, ils y regnent paisiblement ensemble...

> Se partagent... mon cœur.

Dit-on se partagent?... Eh! mon Dieu! nos faiseurs d'Opéras Comiques n'y regardent pas de si près. Aujourd'hui, ce qui ne vaut pas la peine d'être dit, on le chante.

(Il chante.)

> Le vin et la paresse
> Se partagent mon cœur.

Je voudrois finir par quelque chose de beau, de brillant[1], de scintillant, qui eût l'air d'une pensée.

(Il met un genou en terre, et écrit en chantant.)

> Se partage mon cœur.
> Si l'une a ma tendresse...
> L'autre fait mon bonheur.

Fi donc! c'est plat. Ce n'est pas ça... Il me faut une opposition, une antithèse :

> Si l'une... est ma maîtresse,
> L'autre...

Eh, parbleu, j'y suis!...

> L'autre est mon serviteur.

Fort bien, Figaro!... *(Il écrit en chantant.)*

> Le vin et la paresse
> Se partagent mon cœur;

1. Variante 4.

<blockquote>
Si l'une est ma maîtresse,
L'autre est mon serviteur.
L'autre est mon serviteur.
L'autre est mon serviteur.
</blockquote>

Hen, hen, quand il y aura des accompagnemens[1] là-dessous, nous verrons encore, Messieurs de la cabale, si je ne sais ce que je dis. (*Il apperçoit le Comte.*) J'ai vu cet Abbé-là quelque part. (*Il se relève.*)

Le Comte, *à part*.

Cet homme ne m'est pas inconnu.

Figaro.

Eh non, ce n'est pas un Abbé! Cet air altier et noble...

Le Comte.

Cette tournure grotesque...

Figaro.

Je ne me trompe point, c'est le Comte Almaviva.

Le Comte.

Je crois que c'est ce coquin de Figaro.

Figaro.

C'est lui-même, Monseigneur.

---

1. Variante 5.

LE COMTE.

Maraud! si tu dis un mot...

FIGARO.

Oui, je vous reconnois; voilà les bontés familieres dont vous m'avez toujours honoré.

LE COMTE.

Je ne te reconnoissois pas, moi. Te voilà si gros et si gras...

FIGARO.

Que voulez-vous, Monseigneur! c'est la misere.

LE COMTE.

Pauvre petit! Mais que fais-tu à Séville? Je t'avois autrefois recommandé dans les Bureaux pour un emploi.

FIGARO.

Je l'ai obtenu, Monseigneur, et ma reconnoissance...

LE COMTE.

Appelle-moi Lindor. Ne vois-tu pas[1], à mon déguisement, que je veux être inconnu?

FIGARO.

Je me retire.

LE COMTE.

Au contraire. J'attends ici quelque chose; et deux hommes

Variante 6.

qui jasent sont moins suspects qu'un seul qui se promene. Ayons l'air de jaser. Eh bien, cet emploi?

FIGARO[1].

Le Ministre, ayant égard à la recommandation de votre Excellence, me fit nommer sur le champ Garçon Apothicaire.

LE COMTE.

Dans les hôpitaux de l'Armée?

FIGARO.

Non; dans les haras d'Andalousie[2].

LE COMTE, *riant.*

Beau début!

FIGARO.

Le poste n'étoit pas mauvais; parce qu'ayant le district des pansemens et des drogues, je vendois souvent aux hommes de bonnes médecines de cheval...

LE COMTE.

Qui tuoient les sujets du Roi!

FIGARO.

Ah, ah, il n'y a point de remede universel: mais qui n'ont pas laissé de guérir quelquefois[3] des Galiciens, des Catalans, des Auvergnats.

LE COMTE.

Pourquoi donc l'as-tu quitté?

1. Variante 7. — 2. Variante 8. — 3. Variante 0

Figaro.

Quitté? C'est bien lui-même; on m'a desservi auprès des Puissances.

L'envie aux doigts crochus, au teint pâle et livide...

Le Comte.

Oh grace! grace, ami! Est-ce que tu fais aussi des vers? Je t'ai vu là griffonnant sur ton genou, et chantant dès le matin.

Figaro.

Voilà précisément la cause de mon malheur, Excellence. Quand on a rapporté au Ministre que je faisois, je puis dire assez joliment, des bouquets à Cloris, que j'envoyois des énigmes aux Journaux, qu'il couroit des Madrigaux de ma façon; en un mot, quand il a su que j'étois imprimé tout vif, il a pris la chose au tragique, et m'a fait ôter mon emploi, sous prétexte que l'amour des Lettres est incompatible avec l'esprit des affaires.

Le Comte.

Puissamment raisonné! et tu ne lui fis pas représenter...

Figaro.

Je me crus trop heureux d'en être oublié; persuadé qu'un Grand nous fait assez de bien quand il ne nous fait pas de mal.

Le Comte.

Tu ne dis pas tout. Je me souviens qu'à mon service tu étois un assez mauvais sujet.

FIGARO.

Eh mon Dieu, Monseigneur, c'est qu'on veut que le pauvre soit sans défaut.

LE COMTE.

Paresseux, dérangé...

FIGARO.

Aux vertus qu'on exige dans un Domestique[1], votre Excellence connoît-elle beaucoup de Maîtres qui fussent dignes d'être Valets?

LE COMTE, *riant.*

Pas mal. Et tu t'es retiré en cette Ville?

FIGARO.

Non pas tout de suite[2].

LE COMTE, *l'arrêtant.*

Un moment... J'ai cru que c'étoit elle... Dis toujours, je t'entends de reste.

FIGARO.

De retour à Madrid, je voulus essayer de nouveau mes talens littéraires, et le théâtre me parut un champ d'honneur...

LE COMTE.

Ah! miséricorde!

1. Variante 10. — 2. Variante 11.

Figaro [1].

(Pendant sa réplique, le Comte regarde avec attention du côté de la jalousie.)

En vérité, je ne sais comment je n'eus pas le plus grand succès, car j'avois rempli le parterre des plus excellens Travailleurs; des mains... comme des battoirs; j'avois interdit les gants, les cannes, tout ce qui ne produit que des applaudissemens sourds; et d'honneur, avant la Pièce, le Café m'avoit paru dans les meilleures dispositions pour moi. Mais les efforts de la cabale...

Le Comte.

Ah! la cabale! Monsieur l'Auteur tombé!

Figaro.

Tout comme un autre : pourquoi pas? Ils m'ont sifflé; mais si jamais je puis les rassembler...

Le Comte.

L'ennui te vengera bien d'eux?

Figaro.

Ah! comme je leur en garde, morbleu!

Le Comte.

Tu jures! Sais-tu qu'on n'a que vingt-quatre heures au Palais pour maudire ses Juges?

1. Variante 12.

FIGARO.

On a vingt-quatre ans au théâtre; la vie est trop courte pour user d'un pareil ressentiment.

Le Comte[1].

Ta joyeuse colère me réjouit. Mais tu ne me dis pas ce qui t'a fait quitter Madrid.

Figaro.

C'est mon bon ange, Excellence, puisque je suis assez heureux pour retrouver mon ancien Maître. Voyant à Madrid que la république des Lettres étoit celle des loups[2], toujours armés les uns contre les autres, et que, livrés au mépris où ce risible acharnement les conduit, tous les Insectes, les Moustiques, les Cousins, les Critiques, les Maringouins[3], les Envieux, les Feuillistes[4], les Libraires, les Censeurs, et tout ce qui s'attache à la peau des malheureux Gens de Lettres, achevoit de déchiqueter et sucer le peu de substance qui leur restoit; fatigué d'écrire, ennuyé de moi, dégoûté des autres, abymé de dettes et léger d'argent; à la fin[5], convaincu que l'utile revenu du rasoir est préférable aux vains honneurs de la plume, j'ai quitté Madrid, et, mon bagage en sautoir, parcourant philosophiquement les deux Castilles, la Manche, l'Estramadoure, la Siera-Morena, l'Andalousie; accueilli dans une Ville, emprisonné dans l'autre, et par-tout supérieur aux évènemens[6], aidant au bon tems, supportant le mauvais; me moquant des forts,

---

1. Variante 13. — 2. Variante 14.
3. Mot fabriqué par Beaumarchais à l'adresse du censeur Marin, l'un de ses adversaires dans l'affaire Goëzmann.
4 Encore un mot inventé pour désigner les journalistes, les critiques, etc., qu'il appelle encore « les puces » dans le manuscrit du Théâtre-Français.
5. Variante 15. — 6. Variante 16.

bravant les méchans; riant de ma misere et faisant la barbe à tout le monde; vous me voyez enfin établi dans Séville et prêt à servir de nouveau votre Excellence en tout ce qu'il lui plaira m'ordonner.

Le Comte[1].

Qui t'a donné une philosophie aussi gaie?

Figaro.

L'habitude du malheur. Je me presse de rire de tout, de peur d'être obligé d'en pleurer. Que regardez-vous donc toujours de ce côté?

Le Comte.

Sauvons-nous.

Figaro.

Pourquoi?

Le Comte.

Viens donc, malheureux! tu me perds.

(Ils se cachent.)

1. Variante 17.

SCENE III.

BARTHOLO, ROSINE.

(*La jalousie du premier étage s'ouvre, et Bartholo et Rosine se mettent à la fenêtre.*)

ROSINE.

Comme le grand air fait plaisir à respirer! Cette jalousie s'ouvre si rarement...

BARTHOLO.

Quel papier tenez-vous là?

ROSINE.

Ce sont des couplets de la Précaution inutile que mon Maître à chanter m'a donnés hier.

BARTHOLO.

Qu'est-ce que la Précaution inutile?

ROSINE.

C'est une Comédie nouvelle.

BARTHOLO.

Quelque Drame encore! Quelque sottise d'un-nouveau genre[1]!

---

1. Bartholo n'aimoit pas les drames. Peut-être avoit-il fait quelque Tragédie dans sa jeunesse. (*Note de Beaumarchais.*)

Rosine.

Je n'en sais rien.

Bartholo.

Euh, euh! les Journaux et l'autorité nous en feront raison. Siècle barbare!...

Rosine.

Vous injuriez toujours notre pauvre siècle.

Bartholo.

Pardon de la liberté : qu'a-t-il produit pour qu'on le loue? Sottises de toute espèce : la liberté de penser, l'attraction, l'électricité, le tolérantisme, l'inoculation, le quinquina, l'Encyclopédie et les drames[1].

Rosine (*le papier lui échappe et tombe dans la rue*).

Ah! ma chanson! ma chanson est tombée en vous écoutant; courez, courez donc, Monsieur; ma chanson! elle sera perdue.

Bartholo.

Que diable aussi, l'on tient ce qu'on tient.

(*Il quitte le balcon.*)

Rosine *regarde en dedans et fait signe dans la rue*.

S't, s't (*le Comte paroît*), ramassez vîte et sauvez-vous.

(*Le Comte ne fait qu'un saut, ramasse le papier et rentre.*)

Bartholo *sort de la maison et cherche*.

Où donc est-il? Je ne vois rien.

1. Variante 18.

ROSINE.

Sous le balcon, au pied du mur.

BARTHOLO[1].

Vous me donnez-là une jolie commission! Il est donc passé quelqu'un?

ROSINE.

Je n'ai vu personne.

BARTHOLO, *à lui-même.*

Et moi qui ai la bonté de chercher... Bartholo, vous n'êtes qu'un sot, mon ami : ceci doit vous apprendre à ne jamais ouvrir des jalousies sur la rue. (*Il rentre.*)

ROSINE, *toujours au balcon.*

Mon excuse est dans mon malheur : seule, enfermée, en butte à la persécution d'un homme odieux, est-ce un crime de tenter à sortir d'esclavage?

BARTHOLO, *paroissant au balcon.*

Rentrez, Signora; c'est ma faute si vous avez perdu votre chanson, mais ce malheur ne vous arrivera plus, je vous jure. (*Il ferme la jalousie à la clé.*)

1. Variante 19.

SCENE IV.

LE COMTE, FIGARO.

(Ils entrent avec précaution.)

Le Comte.

A présent qu'ils sont retirés, examinons cette chanson, dans laquelle un mistere est sûrement renfermé[1]. C'est un billet !

Figaro.

Il demandoit ce que c'est que la Précaution inutile !

Le Comte *lit vivement*.

« Votre empressement excite ma curiosité ; sitôt que mon
« Tuteur sera sorti, chantez indifféremment sur l'air connu
« de ces couplets quelque chose qui m'apprenne enfin le
« nom, l'état et les intentions de celui qui paroît s'attacher
« si obstinément à l'infortunée Rosine. »

Figaro[2], *contrefaisant la voix de Rosine.*

Ma chanson ! ma chanson est tombée ; courez, courez donc (*Il rit*), ah ! ah ! ah ! O ces femmes ! voulez-vous donner de l'adresse à la plus ingénue ? enfermez-la.

Le Comte.

Ma chere Rosine[3] !

---

1. Variante 20. — 2. Variante 21. — 3. Variante 22.

Figaro.

Monseigneur, je ne suis plus en peine des motifs de votre mascarade; vous faites ici l'amour en perspective.

Le Comte.

Te voilà instruit, mais si tu jases...

Figaro.

Moi jaser! Je n'emploierai point pour vous rassurer les grandes phrases d'honneur et de dévoûment dont on abuse à la journée, je n'ai qu'un mot : mon intérêt vous répond de moi ; pesez tout à cette balance, etc.... [1].

Le Comte.

Fort bien. Apprends donc que le hasard m'a fait rencontrer au Prado, il y a six mois, une jeune personne d'une beauté... Tu viens de la voir! je l'ai fait chercher en vain par tout Madrid. Ce n'est que depuis peu de jours que j'ai découvert qu'elle s'appelle Rosine, est d'un sang noble, orpheline et mariée à un vieux Médecin de cette Ville nommé Bartholo.

Figaro[2].

Joli oiseau, ma foi! difficile à dénicher ! Mais qui vous a dit qu'elle était la femme du Docteur?

Le Comte.

Tout le monde.

Figaro.

C'est une histoire qu'il a forgée en arrivant de Madrid,

---

1. Variante 23. — 2. Variante 24.

pour donner le change aux galans et les écarter; elle n'est encore que sa pupille, mais bientôt...

LE COMTE, *vivement*.

Jamais. Ah, quelle nouvelle! j'étois résolu de tout oser pour lui présenter mes regrets, et je la trouve libre! Il n'y a pas un moment à perdre, il faut m'en faire aimer et l'arracher à l'indigne engagement qu'on lui destine. Tu connois donc ce Tuteur?

FIGARO.

Comme ma mère.

LE COMTE[1].

Quel homme est-ce?

FIGARO, *vivement*.

C'est un beau gros, court, jeune vieillard, gris pommelé, rusé, rasé, blasé, qui guette et furete et gronde et geint tout à la fois.

LE COMTE, *impatienté*.

Eh! je l'ai vu. Son caractère?

FIGARO.

Brutal, avare, amoureux et jaloux à l'excès de sa pupille, qui le hait à la mort.

LE COMTE.

Ainsi ses moyens de plaire sont...

FIGARO.

Nuls.

1. Variante 25.

Le Comte.

Tant mieux. Sa probité?

Figaro.

Tout juste autant qu'il en faut pour n'être point pendu.

Le Comte.

Tant mieux. Punir un fripon en se rendant heureux...

Figaro.

C'est faire à la fois le bien public et particulier : chef-d'œuvre de morale, en vérité, Monseigneur !

Le Comte[1].

Tu dis que la crainte des galans lui fait fermer sa porte ?

Figaro.

A tout le monde : s'il pouvoit la calfeutrer.

Le Comte[2].

Ah ! diable ! tant pis. Aurois-tu de l'accès chez lui ?

Figaro.

Si j'en ai. *Primo*, la maison que j'occupe appartient au Docteur, qui m'y loge *gratis*.

Le Comte.

Ah ! ah !

---

1. Variante 26. — 2. Variante 27.

FIGARO.

Oui. Et moi, en reconnoissance, je lui promets dix pistoles d'or par an, *gratis* aussi.

LE COMTE, *impatienté*.

Tu es son locataire?

FIGARO.

De plus son Barbier, son Chirurgien, son Apothicaire; il ne se donne pas dans sa maison un coup de rasoir, de lancette ou de piston, qui ne soit de la main de votre serviteur.

LE COMTE *l'embrasse*.

Ah! Figaro, mon ami, tu seras mon ange, mon libérateur, mon Dieu tutélaire.

FIGARO.

Peste! comme l'utilité vous a bientôt rapproché les distances! parlez-moi des gens passionnés.

LE COMTE.

Heureux Figaro! tu vas voir ma Rosine! tu vas la voir! Conçois-tu ton bonheur?

FIGARO.

C'est bien-là un propos d'Amant! Est-ce que je l'adore, moi[1]? Pussiez-vous prendre ma place!

1. Variante 28.

LE COMTE.

Ah! si l'on pouvoit écarter tous les surveillans!...

FIGARO.

C'est à quoi je rêvois.

LE COMTE.

Pour douze heures seulement!

FIGARO.

En occupant les gens de leur propre intérêt, on les empêche de nuire à l'intérêt d'autrui.

LE COMTE.

Sans doute. Eh bien!

FIGARO, *rêvant*.

Je cherche dans ma tête si la Pharmacie ne fourniroit pas quelques petits moyens innocens...

LE COMTE.

Scélérat!

FIGARO.

Est-ce que je veux leur nuire? Ils ont tous besoin de mon ministère. Il ne s'agit que de les traiter ensemble.

LE COMTE.

Mais ce Médecin peut prendre un soupçon.

FIGARO.

Il faut marcher si vîte, que le soupçon n'ait pas le tems

de naître. Il me vient une idée. Le Régiment de Royal-Infant arrive en cette Ville !

LE COMTE.

Le Colonel est de mes amis.

FIGARO.

Bon. Présentez-vous chez le Docteur en habit de Cavalier, avec un billet de logement; il faudra bien qu'il vous héberge, et moi, je me charge du reste.

LE COMTE [1].

Excellent !

FIGARO.

Il ne seroit même pas mal que vous eussiez l'air entre deux vins...

LE COMTE.

A quoi bon ?

FIGARO.

Et le mener un peu lestement sous cette apparence déraisonnable.

LE COMTE.

A quoi bon ?

FIGARO.

Pour qu'il ne prenne aucun ombrage, et vous croie plus pressé de dormir que d'intriguer chez lui.

---

1. Variante 29.

Le Comte.

Supérieurement vu! Mais que n'y vas-tu, toi?

Figaro.

Ah! oui, moi! Nous serons bienheureux s'il ne vous reconnoît pas, vous, qu'il n'a jamais vu. Et comment vous introduire après?

Le Comte.

Tu as raison.

Figaro.

C'est que vous ne pourrez peut-être pas soutenir ce personnage difficile. Cavalier... pris de vin...

Le Comte.

Tu te mocques de moi [1]! *(Prenant un ton ivre.)* N'est-ce point ici la maison du Docteur Bartholo, mon ami?

Figaro.

Pas mal, en vérité; vos jambes seulement un peu plus avinées. *(D'un ton plus ivre.)* N'est-ce pas ici la maison...

Le Comte.

Fi donc! tu as l'ivresse du peuple.

Figaro.

C'est la bonne; c'est celle du plaisir.

Le Comte.

La porte s'ouvre [2].

---

1. Variante 30. — 2. Variante 31.

####### Figaro.

C'est notre homme. Éloignons-nous jusqu'à ce qu'il soit parti.

SCENE V.

LE COMTE et FIGARO *cachés*, BARTHOLO.

Bartholo *sort en parlant à la maison.*

Je reviens à l'instant; qu'on ne laisse entrer personne. Quelle sottise à moi d'être descendu! Dès qu'elle m'en prioit, je devois bien me douter... Et Bazile qui ne vient pas! Il devoit tout arranger pour que mon mariage se fît secrettement demain; et point de nouvelles! Allons voir ce qui peut l'arrêter.

SCENE VI.

LE COMTE, FIGARO.

Le Comte.

Qu'ai-je entendu? Demain il épouse Rosine [1] en secret!

1. Variante 32.

FIGARO.

Monseigneur, la difficulté de réussir ne fait qu'ajouter à la nécessité d'entreprendre.

LE COMTE [1].

Quel est donc ce Bazile qui se mêle de son mariage?

FIGARO.

Un pauvre hère qui montre la musique à sa pupille, infatué de son art, friponneau besoineux [2], à genoux devant un écu, et dont il sera facile de venir à bout, Monseigneur... (*Regardant à la jalousie.*) La v'là! la v'là!

LE COMTE.

Qui donc?

FIGARO.

Derriere sa jalousie. La voilà! la voilà! Ne regardez pas, ne regardez donc pas!

LE COMTE.

Pourquoi?

FIGARO.

Ne vous écrit-elle pas : *Chantez indifféremment?* c'est-à-dire chantez, comme si vous chantiez... seulement pour chanter. Oh! la v'là! la v'là!

LE COMTE.

Puisque j'ai commencé à l'intéresser sans être connu

---

1. Variante 33.
2. On dit aujourd'hui *besoigneux*.

d'elle, ne quittons point le nom de Lindor que j'ai pris, mon triomphe en aura plus de charmes. (*Il déploie le papier que Rosine a jetté.*) Mais comment chanter sur cette musique? Je ne sais pas faire des vers, moi!

Figaro.

Tout ce qui vous viendra, Monseigneur, est excellent; en amour, le cœur n'est pas difficile sur les productions de l'esprit... et prenez ma guittare.

Le Comte.

Que veux-tu que j'en fasse? j'en joue si mal!

Figaro.

Est-ce qu'un homme comme vous ignore quelque chose! Avec le dos de la main : from, from, from... Chanter sans guittare à Séville! vous seriez bientôt reconnu, ma foi, bientôt dépisté!

(*Figaro se colle au mur sous le balcon.*)

Le Comte *chante en se promenant et s'accompagnant sur sa guittare.*

PREMIER COUPLET[1].

Vous l'ordonnez, je me ferai connoître.
Plus inconnu, j'osois vous adorer :
En me nommant, que pourrois-je espérer?
N'importe, il faut obéir à son Maître.

Figaro, *bas.*

Fort bien, parbleu! Courage, Monseigneur.

---

1. Variante 34.

Le Comte.

deuxième couplet[1].

Je suis Lindor, ma naissance est commune,
Mes vœux sont ceux d'un simple Bâchelier ;
Que n'ai-je, hélas ! d'un brillant Chevalier,
A vous offrir le rang et la fortune !

Figaro.

Eh comment diable ! Je ne ferois pas mieux, moi qui m'en pique.

Le Comte.

troisième couplet.

Tous les matins, ici, d'une voix tendre,
Je chanterai mon amour, sans espoir ;
Je bornerai mes plaisirs à vous voir ;
Et puissiez-vous en trouver à m'entendre !

Figaro.

Oh ! ma foi, pour celui-ci !... (*Il s'approche, et baise le bas de l'habit de son Maître.*)

Le Comte.

Figaro ?

Figaro.

Excellence ?

Le Comte [2].

Crois-tu que l'on m'ait entendu ?

1. Variante 35. — 2. Variante 36.

Rosine, *en-dedans*, *chante*.

Air *du Maître en droit.*

Tout me dit que Lindor est charmant,
Que je dois l'aimer constamment...

(*On entend une croisée qui se ferme avec bruit.*)

Figaro.

Croyez-vous qu'on vous ait entendu cette fois?

Le Comte.

Elle a fermé sa fenêtre; quelqu'un apparemment est entré chez elle [1].

Figaro.

Ah! la pauvre petite, comme elle tremble en chantant! Elle est prise, Monseigneur.

Le Comte.

Elle se sert du moyen qu'elle-même a indiqué : *Tout me dit que Lindor est charmant.* Que de graces! que d'esprit!

Figaro.

Que de ruse! que d'amour!

Le Comte.

Crois-tu qu'elle se donne à moi, Figaro?

Figaro.

Elle passera plutôt à travers cette jalousie que d'y manquer.

1. Variante 37.

LE COMTE.

C'en est fait, je suis à ma Rosine... pour la vie.

FIGARO.

Vous oubliez, Monseigneur, qu'elle ne vous entend plus.

LE COMTE.

Monsieur Figaro, je n'ai qu'un mot à vous dire : elle sera ma femme; et si vous servez bien mon projet en lui cachant mon nom... tu m'entends, tu me connois...

FIGARO.

Je me rends. Allons, Figaro, voles à la fortune, mon fils.

LE COMTE.

Retirons-nous, crainte de nous rendre suspects.

FIGARO, *vivement.*

Moi, j'entre ici[1], où, par la force de mon Art, je vais d'un seul coup de baguette endormir la vigilance, éveiller l'amour, égarer la jalousie, fourvoyer l'intrigue et renverser tous les obstacles. Vous, Monseigneur, chez moi, l'habit de Soldat, le billet de logement et de l'or dans vos poches.

LE COMTE.

Pour qui de l'or?

FIGARO, *vivement.*

De l'or, mon Dieu! de l'or, c'est le nerf de l'intrigue.

---

1. Variante 38.

Le Comte.

Ne te fâche pas, Figaro, j'en prendrai beaucoup.

Figaro, *s'en allant.*

Je vous rejoins dans peu.

Le Comte.

Figaro?

Figaro.

Qu'est-ce que c'est?

Le Comte.

Et ta guittare?

Figaro *revient.*

J'oublie ma guittare, moi! je suis donc fou! (*Il s'en va.*)

Le Comte.

Et ta demeure, étourdi?

Figaro *revient.*

Ah! réellement je suis frappé! Ma Boutique, à quatre pas d'ici, peinte en bleu, vitrage en plomb, trois palettes en l'air, l'œil dans la main : *Consilio Manuque,* Figaro.

(*Il s'enfuit.*)

FIN DU PREMIER ACTE.

ACTE II.

Le Théâtre représente l'appartement de Rosine. La croisée dans le fond du Théâtre est fermée par une jalousie grillée.

SCENE PREMIERE.

ROSINE *seule, un bougeoir à la main. Elle prend du papier sur la table et se met à écrire.*

Marceline est malade, tous les gens sont occupés, et personne ne me voit écrire. Je ne sais si ces murs ont des yeux et des oreilles, ou si mon Argus a un génie malfaisant qui l'instruit à point nommé, mais je ne puis dire un mot ni faire un pas dont il ne devine sur-le-champ l'intention... Ah! Lindor!... (*Elle cachete la lettre.*) Fermons toujours ma lettre, quoique j'ignore quand et comment je pourrai la lui faire tenir. Je l'ai vu, à travers ma jalousie, parler longtemps au Barbier Figaro. C'est un bon homme, qui m'a montré quelquefois de la pitié; si je pouvois l'entretenir un moment!

SCENE II.

ROSINE, FIGARO.

Rosine, *surprise.*

Ah! Monsieur Figaro, que je suis aise de vous voir!

Figaro.

Votre santé, Madame?

Rosine.

Pas trop bonne, Monsieur Figaro. L'ennui me tue.

Figaro.

Je le crois; il n'engraisse que les sots.

Rosine.

Avec qui parliez-vous donc là-bas si vivement? Je n'entendois pas, mais...

Figaro.

Avec un jeune Bâchelier de mes parents, de la plus grande espérance, plein d'esprit, de sentimens, de talens, et d'une figure fort revenante.

Rosine.

Oh! tout-à-fait bien, je vous assure! Il se nomme?...

Figaro.

Lindor. Il n'a rien. Mais, s'il n'eût pas quitté brusquement Madrid, il pouvoit y trouver quelque bonne place.

Rosine.

Il en trouvera, Monsieur Figaro, il en trouvera. Un jeune homme tel que vous le dépeignez n'est pas fait pour rester inconnu.

Figaro, *à part.*

Fort bien. (*Haut.*) Mais il a un grand défaut, qui nuira toujours à son avancement.

Rosine.

Un défaut, Monsieur Figaro! Un défaut! en êtes-vous bien sûr?

Figaro.

Il est amoureux.

Rosine.

Il est amoureux! et vous appellez cela un défaut?

Figaro.

A la vérité, ce n'en est un que relativement à sa mauvaise fortune.

Rosine.

Ah! que le sort est injuste[1]! Et nomme-t-il la personne qu'il aime? Je suis d'une curiosité...

---

1. Variante 39.

FIGARO.

Vous êtes [la dernière, Madame, à qui je voudrois faire une confidence de cette nature.

ROSINE, *vivement*.

Pourquoi, Monsieur Figaro ? Je suis discrette ; ce jeune homme vous appartient, il m'intéresse infiniment..... dites donc ¹.....

FIGARO, *la regardant finement*.

Figurez-vous la plus jolie petite mignonne, douce, tendre, accorte et fraîche, agaçant l'appétit, pied furtif, taille adroite, élancée, bras dodus, bouche rozée, et des mains ! des joues ! des dents ! des yeux !...

ROSINE.

Qui reste en cette Ville ?

FIGARO.

En ce quartier.

ROSINE.

Dans cette rue peut-être ?

FIGARO.

A deux pas de moi.

ROSINE.

Ah, que c'est charmant !... pour Monsieur votre parent. Et cette personne est ?...

FIGARO.

Je ne l'ai pas nommée ?

1. Variante 40.

ROSINE, *vivement*.

C'est la seule chose que vous ayez oubliée, Monsieur Figaro. Dites donc, dites donc vîte; si l'on rentroit, je ne pourrois plus savoir...

FIGARO.

Vous le voulez absolument, Madame? Eh bien! cette personne est... la Pupille de votre Tuteur.

ROSINE.

La Pupille?...

FIGARO.

Du Docteur Bartholo, oui, Madame.

ROSINE, *avec émotion*.

Ah! Monsieur Figaro!.., je ne vous crois pas, je vous assure.

FIGARO [1].

Et c'est ce qu'il brûle de venir vous persuader lui-même.

ROSINE.

Vous me faites trembler, Monsieur Figaro.

FIGARO.

Fi donc, trembler? mauvais calcul, Madame; quand on cède à la peur du mal, on ressent déjà le mal de la peur. D'ailleurs, je viens de vous débarrasser de tous vos surveillans, jusqu'à demain.

1. Variante 41.

Rosine.

S'il m'aime, il doit me le prouver en restant absolument tranquille.

Figaro.

Eh! Madame, amour et repos peuvent-ils habiter en même cœur ? La pauvre jeunesse est si malheureuse aujourd'hui, qu'elle n'a que ce terrible choix : amour sans repos, ou repos sans amour.

Rosine, *baissant les yeux.*

Repos sans amour... paroît...

Figaro.

Ah ! bien languissant. Il semble, en effet, qu'amour sans repos se présente de meilleure grace ; et pour moi, si j'étois femme.....

Rosine, *avec embarras.*

Il est certain qu'une jeune personne ne peut empêcher un honnête homme de l'estimer ; mais s'il alloit faire quelque imprudence, Monsieur Figaro, il nous perdroit.

Figaro, *à part.*

Il nous perdroit. (*Haut.*) Si vous le lui défendiez expressément par une petite lettre... Une lettre a bien du pouvoir.

Rosine *lui donne la lettre qu'elle vient d'écrire.*

Je n'ai pas le temps de recommencer celle-ci, mais en la lui donnant, dites-lui... dites-lui bien... (*Elle écoute.*)

Figaro.

Personne, Madame.

ROSINE.

Que c'est par pure amitié tout ce que je fais.

FIGARO.

Cela parle de soi. Tudieu ! l'Amour a bien une autre allure !

ROSINE.

Que par pure amitié, entendez-vous[1] ? Je crains seulement que, rebuté par les difficultés...

FIGARO.

Oui, quelque feu follet. Souvenez-vous, Madame, que le vent qui éteint une lumière allume un brasier, et que nous sommes ce brasier-là. D'en parler seulement, il exhale un tel feu qu'il m'a presque enfiévré[2] de sa passion, moi qui n'y ai que voir.

ROSINE.

Dieux ! J'entends mon Tuteur. S'il vous trouvoit ici... passez par le cabinet du clavecin, et descendez le plus doucement que vous pourrez.

FIGARO.

Soyez tranquille. (*A part.*) Voici qui vaut mieux que mes observations. (*Il entre dans le cabinet.*)

---

1. Variante 42.
2. Le mot *enfiévré*, qui n'est plus françois, a excité la plus vive indignation parmi les Puritains Littéraires ; je ne conseille à aucun galant homme de s'en servir : mais M. Figaro !... (*Note de Beaumarchais.*)

SCENE III.

ROSINE, *seule*.

Je meurs d'inquiétude jusqu'à ce qu'il soit dehors... ¹. Que je l'aime ce bon Figaro ! C'est un bien honnête homme, un bon parent. Ah ! voilà mon tyran ; reprenons mon ouvrage. (*Elle souffle la bougie, s'assied et prend une broderie au tambour.*)

SCENE IV.

BARTHOLO, ROSINE.

BARTHOLO, *en colere*.

Ah ! malédiction ! l'enragé, le scélérat corsaire de Figaro ! Là, peut-on sortir un moment de chez soi, sans être sûr en rentrant...

ROSINE.

Qui vous met donc si fort en colere, Monsieur ?

BARTHOLO.

Ce damné Barbier qui vient d'écloper toute ma maison, en un tour de main ². Il donne un narcotique à l'Eveillé, un

---

1. Variante 43. — Variante 44.

sternutatoire à la Jeunesse; il saigne au pied Marceline; il n'y a pas jusqu'à ma mule... sur les yeux d'une pauvre bête aveugle, un cataplasme! Parce qu'il me doit cent écus, il se presse de faire des mémoires. Ah! qu'il les apporte! Et personne à l'antichambre, on arrive à cet appartement comme à la place d'armes.

ROSINE.

Et qui peut y pénétrer que vous, Monsieur?

BARTHOLO.

J'aime mieux craindre sans sujet que de m'exposer sans précaution; tout est plein de gens entreprenans, d'audacieux... N'a-t-on pas ce matin encore ramassé lestement votre chanson, pendant que j'allois la chercher? Oh! je...

ROSINE.

C'est bien mettre à plaisir de l'importance à tout! Le vent peut avoir éloigné ce papier, le premier venu, que sais-je?

BARTHOLO.

Le vent, le premier venu!... Il n'y a point de vent, Madame, point de premier venu dans le monde; et c'est toujours quelqu'un posté là exprès qui ramasse les papiers qu'une femme a l'air de laisser tomber par mégarde.

ROSINE.

A l'air, Monsieur?

BARTHOLO.

Oui, Madame, a l'air.

ROSINE, *à part* [1].

Oh ! le méchant vieillard !

BARTHOLO.

Mais tout cela n'arrivera plus, car je vais faire sceller cette grille.

ROSINE.

Faites mieux ; murez les fenêtres tout d'un coup. D'une prison à un cachot, la différence est si peu de chose !

BARTHOLO.

Pour celles qui donnent sur la rue ? Ce ne seroit peut-être pas si mal [2]... Ce Barbier n'est pas entré chez vous, au moins !

ROSINE [3].

Vous donne-t-il aussi de l'inquiétude ?

BARTHOLO.

Tout comme un autre.

ROSINE.

Que vos repliques sont honnêtes !

BARTHOLO.

Ah ! fiez-vous à tout le monde, et vous aurez bientôt à la maison une bonne femme pour vous tromper, de bons amis pour vous la souffler et de bons valets pour les y aider.

1. Variante 45. — 2. Variante 46. — Variante 47.

Rosine.

Quoi, vous n'accordez pas même qu'on ait des principes contre la séduction de Monsieur Figaro?

Bartholo.

Qui diable entend quelque chose à la bizarrerie des femmes?

Rosine, *en colere.*

Mais, Monsieur, s'il suffit d'être homme pour nous plaire, pourquoi donc me déplaisez-vous si fort?

Bartholo, *stupéfait.*

Pourquoi?... Pourquoi?... Vous ne répondez pas à ma question sur ce Barbier?

Rosine, *outrée.*

Eh bien oui, cet homme est entré chez moi, je l'ai vu, je lui ai parlé. Je ne vous cache pas même que je l'ai trouvé fort aimable; et puissiez-vous en mourir de dépit[1]!

(*Elle sort.*)

---

1. Variante 48.

SCENE V.

BARTHOLO, *seul.*

Oh ! les juifs ! les chiens de valets ! La Jeunesse ? L'Éveillé ? l'Éveillé maudit !

SCENE VI.

BARTHOLO, L'ÉVEILLÉ.

L'Éveillé *arrive en bâillant, tout endormi.*

Aah, aah, ah, ah...

BARTHOLO.

Où étois-tu, peste d'étourdi, quand ce Barbier est entré ici ?

L'Éveillé.

Monsieur, j'étois... ah, aah, ah...

BARTHOLO.

A machiner quelque espiéglerie sans doute ? Et tu ne l'as pas vu ?

L'Éveillé.

Sûrement je l'ai vu, puisqu'il m'a trouvé tout malade, à

ce qu'il dit ; et faut bien que ça soit vrai, car j'ai commencé à me douloir [1] dans tous les membres, rien qu'en l'en entendant parl... Ah, ah, ah...

BARTHOLO *le contrefait.*

Rien qu'en l'en entendant !... Où donc est ce vaurien de la Jeunesse[2] ? Droguer ce petit garçon sans mon ordonnance ! Il y a quelque friponnerie là-dessous.

SCENE VII.

LES ACTEURS PRÉCÉDENS. (*La Jeunesse arrive en vieillard, avec une canne en béquille ; il éternue plusieurs fois.*)

L'ÉVEILLÉ, *toujours bâillant.*

La Jeunesse.

BARTHOLO.

Tu éternueras dimanche.

LA JEUNESSE.

Voilà plus de cinquante... cinquante fois .. dans un moment. (*Il éternue.*) Je suis brisé.

BARTHOLO.

Comment ! Je vous demande à tous deux s'il est entré

---

1. Vieux mot : à me sentir de la douleur.
2. Variante 49.

quelqu'un chez Rosine, et vous ne me dites pas que ce Barbier...

L'Éveillé, *continuant de bâiller.*

Est-ce que c'est quelqu'un donc Monsieur Figaro? Aah, ah...

Bartholo[1].

Je parie que le rusé s'entend avec lui.

L'Éveillé, *pleurant comme un sot.*

Moi... Je m'entends!...

La Jeunesse, *éternuant.*

Eh mais, Monsieur, y a-t-il... y a-t-il de la justice?

Bartholo[2].

De la justice! C'est bon entre vous autres misérables, la justice! Je suis votre maître, moi, pour avoir toujours raison.

La Jeunesse, *éternuant.*

Mais pardi, quand une chose est vraie...

Bartholo.

Quand une chose est vraie! Si je ne veux pas qu'elle soit vraie, je prétends bien qu'elle ne soit pas vraie. Il n'y auroit qu'à permettre à tous ces faquins-là d'avoir raison, vous verriez bientôt ce que deviendroit l'autorité.

---

1. Variante 50. — 2. Variante 51.

La Jeunesse, *éternuant.*

J'aime autant recevoir mon congé. Un service terrible, et toujours un train d'enfer.

L'Éveillé, *pleurant.*

Un pauvre homme de bien est traité comme un misérable.

Bartholo.

Sors donc, pauvre homme de bien. (*Il les contrefait.*) Et t'chi et t'cha ; l'un m'éternue au nez, l'autre m'y bâille.

La Jeunesse.

Ah! Monsieur, je vous jure que sans Mademoiselle, il n'y auroit... il n'y auroit pas moyen de rester dans la maison [1].

(*Il sort en éternuant.*)

SCENE VIII.

BARTHOLO, DON BAZILE, FIGARO, *caché dans le cabinet, paroît de temps en temps, et les écoute.*

Bartholo.

Ah! Don Bazile, vous veniez donner à Rosine sa leçon de musique?

1. Variante 52.

Bazile.

C'est ce qui presse le moins.

Bartholo.

J'ai passé chez vous sans vous trouver.

Bazile.

J'étois sorti pour vos affaires. Apprenez une nouvelle assez fâcheuse.

Bartholo.

Pour vous ?

Bazile.

Non, pour vous. Le Comte Almaviva est dans cette Ville.

Bartholo.

Parlez bas. Celui qui faisoit chercher Rosine dans tout Madrid?

Bazile.

Il loge à la grande place et sort tous les jours déguisé.

Bartholo.

Il n'en faut point douter, cela me regarde. Et que faire?

Bazile.

Si c'étoit un particulier, on viendroit à bout de l'écarter.

Bartholo.

Oui, en s'embusquant le soir, armé, cuirassé...

Bazile.

Bone Deus! Se compromettre! Susciter une méchante affaire, à la bonne heure, et, pendant la fermentation, calomnier à dire d'Experts ; *concedo*.

Bartholo.

Singulier moyen de se défaire d'un homme!

Bazile[1].

La calomnie, Monsieur? Vous ne savez gueres ce que vous dédaignez ; j'ai vu les plus honnêtes gens prêts d'en être accablés. Croyez qu'il n'y a pas de plate méchanceté, pas d'horreurs, pas de conte absurde, qu'on ne fasse adopter aux oisifs d'une grande Ville, en s'y prenant bien : et nous avons ici des gens d'une adresse!... D'abord un bruit léger, rasant le sol comme hirondelle avant l'orage, *pianissimo* murmure et file, et seme en courant le trait empoisonné. Telle bouche le recueille, et *piano, piano* vous le glisse en l'oreille adroitement. Le mal est fait, il germe, il rampe, il chemine, et *rinforzando* de bouche en bouche il va le diable ; puis tout à coup, ne sais comment, vous voyez calomnie se dresser, sifler, s'enfler, grandir à vue d'œil ; elle s'élance, étend son vol, tourbillonne, enveloppe, arrache, entraîne, éclate et tonne, et devient, grace au Ciel, un cri général, un *crescendo* public, un *chorus* universel de haine et de proscription. Qui diable y résisteroit ?

Bartholo.

Mais quel radotage me faites-vous donc-là, Bazile ? Et quel rapport ce *piano-crescendo* peut-il avoir à ma situation ?

---

1. Variante 53.

BAZILE.

Comment, quel rapport ? Ce qu'on fait par-tout pour écarter son ennemi, il faut le faire ici pour empêcher le vôtre d'approcher.

BARTHOLO.

D'approcher ? Je prétends bien épouser Rosine avant qu'elle apprenne seulement que ce Comte existe.

BAZILE.

En ce cas, vous n'avez pas un instant à perdre.

BARTHOLO.

Et à qui tient-il, Bazile ? Je vous ai chargé de tous les détails de cette affaire.

BAZILE.

Oui. Mais vous avez lésiné sur les frais, et, dans l'harmonie du bon ordre, un mariage inégal, un jugement inique, un passe-droit évident, sont des dissonnances[1] qu'on doit toujours préparer et sauver par l'accord parfait de l'or.

BARTHOLO, *lui donnant de l'argent.*

Il faut en passer par où vous voulez ; mais finissons.

BAZILE.

Cela s'appelle parler. Demain tout sera terminé ; c'est à vous d'empêcher que personne, aujourd'hui, ne puisse instruire la Pupille.

1. Variante 54.

BARTHOLO.

Fiez-vous-en à moi. Viendrez-vous ce soir, Bazile?

BAZILE.

N'y comptez pas. Votre mariage seul m'occupera toute la journée; n'y comptez pas.

BARTHOLO *l'accompagne.*

Serviteur.

BAZILE.

Restez, Docteur, restez donc.

BARTHOLO.

Non pas. Je veux fermer sur vous la porte de la rue.

SCENE IX.

FIGARO, *seul, sortant du cabinet.*

Oh! la bonne précaution! Fermes, fermes la porte de la rue, et moi je vais la r'ouvrir au Comte en sortant. C'est un grand maraud que ce Bazile! heureusement il est encore plus sot. Il faut un état, une famille, un nom, un rang, de la consistance enfin, pour faire sensation dans le monde en calomniant. Mais un Bazile! il médiroit qu'on ne le croiroit pas.

SCENE X.

ROSINE, *accourant;* FIGARO.

Rosine.

Quoi ! vous êtes encore-là, Monsieur Figaro ?

Figaro.

Très-heureusement pour vous, Mademoiselle. Votre Tuteur et votre Maître de Musique, se croyant seuls ici, viennent de parler à cœur ouvert...

Rosine.

Et vous les avez écoutés, Monsieur Figaro ? Mais savez-vous que c'est fort mal ?

Figaro.

D'écouter ? C'est pourtant ce qu'il y a de mieux pour bien entendre. Apprenez que votre Tuteur se dispose à vous épouser demain.

Rosine.

Ah ! grands Dieux !

Figaro.

Ne craignez rien, nous lui donnerons tant d'ouvrage, qu'il n'aura pas le tems de songer à celui-là.

ROSINE.

Le voici qui revient, sortez donc par le petit escalier : vous me faites mourir de frayeur.

(*Figaro s'enfuit.*)

SCENE XI.

BARTHOLO, ROSINE.

ROSINE.

Vous étiez ici avec quelqu'un, Monsieur ?

BARTHOLO.

Don Bazile que j'ai reconduit, et pour cause. Vous eussiez mieux aimé que c'eût été Monsieur Figaro.

ROSINE.

Cela m'est fort égal, je vous assure.

BARTHOLO.

Je voudrois bien savoir ce que ce Barbier avoit de si pressé à vous dire ?

ROSINE.

Faut-il parler sérieusement ? Il m'a rendu compte de l'état de Marceline, qui même n'est pas trop bien, à ce qu'il dit.

BARTHOLO.

Vous rendre compte? Je vais parier qu'il étoit chargé de vous remettre quelque lettre.

ROSINE.

Et de qui, s'il vous plaît?

BARTHOLO.

Oh, de qui! De quelqu'un que les femmes ne nomment jamais. Que sais-je, moi? Peut-être la réponse au papier de la fenêtre.

ROSINE, *à part.*

Il n'en a pas manqué une seule. (*Haut.*) Vous mériteriez bien que cela fût.

BARTHOLO *regarde les mains de Rosine.*

Cela est. Vous avez écrit.

ROSINE, *avec embarras.*

Il seroit assez plaisant que vous eussiez le projet de m'en faire convenir.

BARTHOLO, *lui prenant la main droite*[1].

Moi, point du tout; mais votre doigt encore taché d'encre! hein? rusée Signora!

ROSINE, *à part.*

Maudit homme!

1. Variante 55.

BARTHOLO, *lui tenant toujours la main.*

Une femme se croit bien en sûreté parce qu'elle est seule.

ROSINE.

Ah! sans doute... La belle preuve!... Finissez donc, Monsieur, vous me tordez le bras. Je me suis brûlée en chiffonnant autour de cette bougie, et l'on m'a toujours dit qu'il falloit aussi-tôt tremper dans l'encre; c'est ce que j'ai fait.

BARTHOLO.

C'est ce que vous avez fait? Voyons donc si un second témoin confirmera la déposition du premier. C'est ce cahier de papier où je suis certain qu'il y avoit six feuilles; car je les compte tous les matins, aujourd'hui encore.

ROSINE, *à part.*

Oh! imbécille! (*haut*) la sixième...

BARTHOLO, *comptant.*

Trois, quatre, cinq; je vois bien qu'elle n'y est pas, la sixieme.

ROSINE, *baissant les yeux.*

La sixieme, je l'ai employée à faire un cornet pour des bonbons que j'ai envoyés à la petite Figaro.

BARTHOLO.

A la petite Figaro? Et la plume qui étoit toute neuve, comment est-elle devenue noire? est-ce en écrivant l'adresse de la petite Figaro?

ROSINE[1], *à part.*

Cet homme a un instinct de jalousie !... (*Haut.*) Elle m'a servi à retracer une fleur effacée sur la veste que je vous brode au tambour.

BARTHOLO.

Que cela est édifiant ! Pour qu'on vous crût, mon enfant, il faudroit ne pas rougir en déguisant coup sur coup la vérité ; mais c'est ce que vous ne savez pas encore.

ROSINE.

Et qui ne rougiroit pas, Monsieur, de voir tirer des conséquences aussi malignes des choses le plus innocemment faites ?

BARTHOLO.

Certes, j'ai tort ; se brûler le doigt, le tremper dans l'encre, faire des cornets aux bonbons de la petite Figaro, et dessiner ma veste au tambour ! quoi de plus innocent ! Mais que de mensonges entassés pour cacher un seul fait !... *Je suis seule, on ne me voit point ; je pourrai mentir à mon aise ;* mais le bout du doigt reste noir ! la plume est tachée, le papier manque ; on ne sauroit penser à tout. Bien certainement, Signora, quand j'irai par la Ville, un bon double tour me répondra de vous.

1. Variante 56.

SCENE XII.

LE COMTE, BARTHOLO, ROSINE.

Le Comte, *en uniforme de cavalerie, ayant l'air d'être entre deux vins et chantant :* Réveillons-la, etc.

BARTHOLO.

Mais que nous veut cet homme? Un Soldat! Rentrez chez vous, Signora.

Le Comte *chante :* Réveillons-la, *et s'avance vers Rosine.*

Qui de vous deux, Mesdames, se nomme le Docteur Balordo? (*A Rosine, bas.*) Je suis Lindor.

BARTHOLO.

Bartholo!

ROSINE, *à part.*

Il parle de Lindor.

LE COMTE.

Balordo, Barque à l'eau, je m'en moque comme de ça. Il s'agit seulement de savoir laquelle des deux... (*A Rosine, lui montrant un papier.*)[1] Prenez cette lettre.

BARTHOLO.

Laquelle! vous voyez bien que c'est moi. Laquelle! Rentrez donc, Rosine, cet homme paroît avoir du vin.

---

1. Variante 57.

ROSINE.

C'est pour cela, Monsieur; vous êtes seul. Une femme en impose quelquefois.

BARTHOLO.

Rentrez, rentrez; je ne suis pas timide.

SCENE XIII.

LE COMTE, BARTHOLO.

LE COMTE.

Oh! je vous ai reconnu d'abord à votre signalement.

BARTHOLO, *au Comte, qui serre la lettre.*

Qu'est-ce que c'est donc que vous cachez-là dans votre poche?

LE COMTE.

Je le cache dans ma poche pour que vous ne sachiez pas ce que c'est.

BARTHOLO.

Mon signalement? Ces gens-là croient toujours parler à des Soldats!

Le Comte.

Pensez-vous que ce soit une chose si difficile à faire que votre signalement?

> Le chef branlant, la tête chauve,
> Les yeux vérons, le regard fauve,
> L'air farouche d'un algonquin [1]...

Bartholo.

Qu'est-ce que cela veut dire! Êtes-vous ici pour m'insulter? Délogez à l'instant.

Le Comte.

Déloger! Ah, fi! que c'est mal parler! Savez-vous lire, Docteur... Barbe à l'eau?

Bartholo.

Autre question saugrenue.

Le Comte.

Oh! que cela ne vous fasse point de peine, car, moi qui suis pour le moins aussi Docteur que vous...

Bartholo.

Comment cela?

Le Comte.

Est-ce que je ne suis pas le Médecin des chevaux du Régiment? Voilà pourquoi l'on m'a exprès logé chez un confrère.

---

1. Variante 58.

BARTHOLO[1].

Oser comparer un Maréchal!...

LE COMTE.

AIR : *Vive le vin.*

Sans chanter. { Non, Docteur, je ne prétends pas
Que notre art obtienne le pas
Sur Hypocrate et sa brigade.

En chantant. { Votre savoir, mon camarade,
Est d'un succès plus général ;
Car, s'il n'emporte point le mal,
Il emporte au moins le malade.

C'est-il poli, ce que je vous dis-là ?

BARTHOLO.

Il vous sied bien, manipuleur ignorant, de ravaler ainsi le premier, le plus grand et le plus utile des arts !

LE COMTE.

Utile tout-à-fait pour ceux qui l'exercent.

BARTHOLO.

Un art dont le soleil s'honore d'éclairer les succès.

LE COMTE.

Et dont la terre s'empresse de couvrir les bévues [2].

---

1. Variante 59.
2. Trait emprunté textuellement par Beaumarchais à une petite comédie d'à-propos de Brécourt, *l'Ombre de Molière* (1674).

BARTHOLO.

On voit bien, mal-appris, que vous n'êtes habitué de parler qu'à des chevaux.

LE COMTE.

Parler à des chevaux! Ah! Docteur [1], pour un Docteur d'esprit... N'est-il pas de notoriété que le Maréchal guérit toujours ses malades sans leur parler; au lieu que le Médecin parle beaucoup aux siens...

BARTHOLO.

Sans les guérir, n'est-ce pas?

LE COMTE.

C'est vous qui l'avez dit [2].

BARTHOLO.

Qui diable envoie ici ce maudit ivrogne?

LE COMTE.

Je crois que vous me lâchez des épigrammes d'amour!

BARTHOLO.

Enfin, que voulez-vous? que demandez-vous?

LE COMTE, *feignant une grande colère.*

Eh bien donc, il s'enflamme! Ce que je veux? Est-ce que vous ne le voyez pas?

1. Variante 60. — 2. Variante 61.

SCENE XIV.

ROSINE, LE COMTE, BARTHOLO.

ROSINE, *accourant*.

Monsieur le Soldat, ne vous emportez point, de grace. (*A Bartholo.*) Parlez-lui doucement, Monsieur; un homme qui déraisonne.

LE COMTE.

Vous avez raison; il déraisonne, lui, mais nous sommes raisonnables, nous! Moi poli, et vous jolie[1]... enfin suffit. La vérité, c'est que je ne veux avoir affaire qu'à vous dans la maison.

ROSINE.

Que puis-je pour votre service, Monsieur le Soldat?

LE COMTE.

Une petite bagatelle, mon enfant[2]. Mais s'il y a de l'obscurité dans mes phrases...

ROSINE.

J'en saisirai l'esprit.

LE COMTE, *lui montrant la lettre*.

Non, attachez-vous à la lettre, à la lettre. Il s'agit seulement... mais je dis en tout bien, tout honneur, que vous me donniez à coucher ce soir.

---

1. Variante 62. — 2. Variante 63.

####### BARTHOLO.

Rien que cela?

####### LE COMTE.

Pas davantage. Lisez le billet doux que notre Maréchal des Logis vous écrit.

####### BARTHOLO.

Voyons. (*Le Comte cache la lettre et lui donne un autre papier. Bartholo lit.*) « Le docteur Bartholo recevra, nour-
« rira, hébergera, couchera...

####### LE COMTE, *appuyant.*

Couchera.

####### BARTHOLO.

« Pour une nuit seulement, le nommé Lindor, dit l'Éco-
« lier, Cavalier au Régiment... »

####### ROSINE.

C'est lui, c'est lui-même.

####### BARTHOLO, *vivement à Rosine.*

Qu'est-ce qu'il y a?

####### LE COMTE.

Eh bien! ai-je tort à présent, Docteur Barbaro?

####### BARTHOLO.

On diroit que cet homme se fait un malin plaisir de m'estropier de toutes les manieres possibles. Allez au diable! Barbaro! Barbe à l'eau! et dites à votre impertinent Maréchal des Logis que[1], depuis mon voyage à Madrid, je suis exempt de loger des gens de guerre.

Le Comte, *à part.*

O Ciel! fâcheux contre temps[2]!

Bartholo.

Ah! ah! notre ami, cela vous contrarie et vous dégrise un peu? Mais n'en décampez pas moins à l'instant.

Le Comte, *à part.*

J'ai pensé me trahir! (*Haut.*) Décamper[3]! Si vous êtes exempt des gens de guerre, vous n'êtes pas exempt de politesse, peut-être? Décamper! Montrez-moi votre brevet d'exemption, quoique je ne sache pas lire, je verrai bientôt...

Bartholo.

Qu'à cela ne tienne. Il est dans ce bureau.

Le Comte, *pendant qu'il y va, dit, sans quitter sa place.*

Ah! ma belle Rosine!

Rosine.

Quoi, Lindor, c'est-vous?

Le Comte[4].

Recevez au moins cette lettre.

Rosine.

Prenez garde, il a les yeux sur nous.

1. Variante 64. — 2. Variante 65. — 3. Variante 66 — 4. Variante 67

LE COMTE.

Tirez votre mouchoir, je la laisserai tomber.
(*Il s'approche.*)

BARTHOLO.

Doucement, doucement, Seigneur Soldat, je n'aime point qu'on regarde ma femme de si près.

LE COMTE.

Elle est votre femme?

BARTHOLO.

Eh! quoi donc?

LE COMTE.

Je vous ai pris pour son bisaïeul paternel, maternel, sempiternel; il y a au moins trois générations entr'elle et vous [1].

BARTHOLO *lit un parchemin.*

« Sur les bons et fidèles témoignages qui nous ont été
« rendus..... »

LE COMTE *donne un coup de main sous les parchemins, qui les envoie au plancher.*

Est-ce que j'ai besoin de tout ce verbiage?

BARTHOLO [2].

Savez-vous bien, Soldat, que si j'appelle mes gens, je vous fais traiter sur le champ comme vous le meritez?

---

1. Variante 68. — 2. Variante 69.

Le Comte.

Bataille? Ah! volontiers, Bataille! c'est mon métier à moi. (*Montrant son pistolet de ceinture.*) Et voici de quoi leur jetter de la poudre aux yeux. Vous n'avez peut-être jamais vu de Bataille, Madame?

Rosine.

Ni ne veux en voir.

Le Comte.

Rien n'est pourtant aussi gai que Bataille. Figurez-vous (*Poussant le Docteur*) d'abord que l'ennemi est d'un côté du ravin, et les amis de l'autre. (*A Rosine, en lui montrant la lettre.*) Sortez le mouchoir. (*Il crache à terre.*) Voilà le ravin, cela s'entend [1].

Rosine *tire son mouchoir, le Comte laisse tomber sa lettre entre elle et lui.*

Bartholo, *se baissant.*

Ah! ah!...

Le Comte *la reprend et dit.*

Tenez... moi qui allois vous apprendre ici les secrets de mon métier... Une femme bien discrète en vérité! Ne voilà-t-il pas un billet doux qu'elle laisse tomber de sa poche [2]?

Bartholo.

Donnez, donnez.

Le Comte.

Dulciter, Papa! chacun son affaire. Si une ordonnance de rhubarbe étoit tombée de la vôtre?...

---

1. Variante 70. — 2. Variante 71.

ROSINE *avance la main.*

Ah ! je sais ce que c'est, Monsieur le Soldat.
(*Elle prend la lettre, qu'elle cache dans la petite poche de son tablier* [1].

BARTHOLO.

Sortez-vous enfin ?

LE COMTE.

Eh bien, je sors ; adieu, Docteur ; sans rancune. Un petit compliment, mon cœur : priez la mort de m'oublier encore quelques campagnes ; la vie ne m'a jamais été si chere.

BARTHOLO.

Allez toujours, si j'avois ce crédit-là sur la mort...

LE COMTE.

Sur la mort ? Ah ! Docteur ! vous faites tant de choses pour elle, qu'elle n'a rien à vous refuser.

(*Il sort.*)

SCENE XV.

BARTHOLO, ROSINE.

BARTHOLO *le regarde aller.*

Il est enfin parti. (*A part.*) Dissimulons.

---

1. Variante 72.

ROSINE.

Convenez pourtant, Monsieur, qu'il est bien gai ce jeune Soldat! A travers son ivresse, on voit qu'il ne manque ni d'esprit ni d'une certaine éducation.

BARTHOLO.

Heureux, m'amour, d'avoir pu nous en délivrer! mais n'es-tu pas un peu curieuse de lire avec moi le papier qu'il t'a remis?

ROSINE.

Quel papier?

BARTHOLO.

Celui qu'il a feint de ramasser pour te le faire accepter.

ROSINE.

Bon! c'est la lettre de mon cousin l'Officier, qui étoit tombée de ma poche.

BARTHOLO.

J'ai idée, moi, qu'il l'a tirée de la sienne.

ROSINE.

Je l'ai très-bien reconnue.

BARTHOLO.

Qu'est-ce qu'il coûte d'y regarder?

ROSINE.

Je ne sais pas seulement ce que j'en ai fait.

BARTHOLO, *montrant la pochette.*

Tu l'as mise là.

ROSINE.

Ah ! ah ! par distraction.

BARTHOLO.

Ah ! sûrement. Tu vas voir que ce sera quelque folie.

ROSINE, *à part.*

Si je ne le mets pas en colere, il n'y aura pas moyen de refuser.

BARTHOLO.

Donnes donc, mon cœur.

ROSINE.

Mais quelle idée avez-vous en insistant, Monsieur? Est-ce encore quelque méfiance?

BARTHOLO.

Mais, vous ! Quelle raison avez-vous de ne pas le montrer ?

ROSINE.

Je vous répète, Monsieur, que ce papier n'est autre que la lettre de mon cousin, que vous m'avez rendue hier toute décachetée; et puisqu'il en est question, je vous dirai tout net que cette liberté me déplaît excessivement.

BARTHOLO.

Je ne vous entends pas !

ROSINE.

Vais-je examiner les papiers qui vous arrivent? Pourquoi vous donnez-vous les airs de toucher à ceux qui me sont adressés? Si c'est jalousie, elle m'insulte; s'il s'agit de l'abus d'une autorité usurpée, j'en suis plus révoltée encore.

BARTHOLO.

Comment révoltée! Vous ne m'avez jamais parlé ainsi.

ROSINE.

Si je me suis modérée jusqu'à ce jour, ce n'étoit pas pour vous donner le droit de m'offenser impunément.

BARTHOLO.

De quelle offense parlez-vous?

ROSINE.

C'est qu'il est inouï qu'on se permette d'ouvrir les lettres de quelqu'un.

BARTHOLO

De sa femme?

ROSINE.

Je ne la suis pas encore. Mais pourquoi lui donneroit-on la préférence d'une indignité qu'on ne fait à personne?

BARTHOLO.

Vous voulez me faire prendre le change et détourner mon attention du billet, qui, sans doute, est une missive de quelqu'amant! mais je le verrai, je vous assure.

Rosine.

Vous ne le verrez pas. Si vous m'approchez, je m'enfuis de cette maison, et je demande retraite au premier venu.

Bartholo.

Qui ne vous recevra point.

Rosine.

C'est ce qu'il faudra voir.

Bartholo.

Nous ne sommes pas ici en France, où l'on donne toujours raison aux femmes ; mais pour vous en ôter la fantaisie, je vais fermer la porte.

Rosine, *pendant qu'il y va.*

Ah Ciel! que faire?... Mettons vite à la place la lettre de mon cousin, et donnons-lui beau jeu à la prendre. (*Elle fait l'échange, et met la lettre du cousin dans la pochette, de façon qu'elle sort un peu.*)

Bartholo, *revenant.*

Ah ! j'espère maintenant la voir.

Rosine.

De quel droit, s'il vous plaît ?

Bartholo.

Du droit le plus universellement reconnu, celui du plus fort [1].

---

1. Variante 73.

ROSINE.

On me tuera plutôt que de l'obtenir de moi.

BARTHOLO, *frappant du pied.*

Madame! Madame!...

ROSINE *tombe sur un fauteuil et feint de se trouver mal.*

Ah! quelle indignité!...

BARTHOLO.

Donnez cette lettre, ou craignez ma colere.

ROSINE, *renversée.*

Malheureuse Rosine!

BARTHOLO.

Qu'avez-vous donc?

ROSINE.

Quel avenir affreux!

BARTHOLO.

Rosine!

ROSINE.

J'étouffe de fureur!

BARTHOLO.

Elle se trouve mal.

ROSINE [1].

Je m'affaiblis, je meurs.

[1] Variante 74.

BARTHOLO, *à part.*

Dieux! la lettre! Lisons-la sans qu'elle en soit instruite. (*Il lui tâte le poulx et prend la lettre, qu'il tâche de lire en se tournant un peu.*)

ROSINE, *toujours renversée.*

Infortunée! ah !..

BARTHOLO *lui quitte le bras, et dit à part.*

Quelle rage a-t-on d'apprendre ce qu'on craint toujours de savoir !

ROSINE.

Ah ! pauvre Rosine !

BARTHOLO [1].

L'usage des odeurs... produit ces affections spasmodiques. (*Il lit par derriere le fauteuil, en lui tâtant le poulx. Rosine se relève un peu, le regarde finement, fait un geste de tête, et se remet sans parler.*)

BARTHOLO, *à part.*

O Ciel ! c'est la lettre de son cousin. Maudite inquiétude ! Comment l'appaiser maintenant? Qu'elle ignore au moins que je l'ai lue ! (*Il fait semblant de la soutenir et remet la lettre dans la pochette.*)

ROSINE *soupire.*

Ah !...

1. Variante 75.

BARTHOLO.

Eh bien ! ce n'est rien, mon enfant; un petit mouvement de vapeurs, voilà tout ; car ton poulx n'a seulement pas varié. (*Il va prendre un flacon sur la console*)

ROSINE, *à part.*

Il a remis la lettre : fort bien [1] !

BARTHOLO.

Ma chere Rosine, un peu de cette eau spiritueuse.

ROSINE.

Je ne veux rien de vous ; laissez-moi.

BARTHOLO [2].

Je conviens que j'ai montré trop de vivacité sur ce billet.

ROSINE.

Il s'agit bien du billet. C'est votre façon de demander les choses qui est révoltante.

BARTHOLO, *à genoux.*

Pardon ; j'ai bientôt senti tous mes torts, et tu me vois à tes pieds, prêt à les réparer.

ROSINE.

Oui, pardon ! Lorsque vous croyez que cette lettre ne vient pas de mon cousin.

1. Variante 76. — 2. Variante 77.

BARTHOLO.

Qu'elle soit d'un autre ou de lui, je ne veux aucun éclaircissement.

ROSINE, *lui présentant la lettre.*

Vous voyez qu'avec de bonnes façons, on obtient tout de moi. Lisez-la.

BARTHOLO.

Cet honnête procédé dissiperoit mes soupçons si j'étois assez malheureux pour en conserver.

ROSINE.

Lisez-la donc, Monsieur.

BARTHOLO *se retire.*

A Dieu ne plaise que je te fasse une pareille injure !

ROSINE.

Vous me contrariez de la refuser.

BARTHOLO.

Reçois en réparation cette marque de ma parfaite confiance. Je vais voir la pauvre Marceline, que ce Figaro a, je ne sais pourquoi, saignée du pied ; n'y viens-tu pas aussi ?

ROSINE.

J'y monterai dans un moment.

BARTHOLO.

Puisque la paix est faite, mignonne, donnes-moi ta main. Si tu pouvois m'aimer ! ah ! comme tu serois heureuse !

ROSINE, *baissant les yeux.*

Si vous pouviez me plaire, ah ! comme je vous aimerois !

BARTHOLO.

Je te plairai, je te plairai ; quand je te dis que je te plairai. (*Il sort.*)

ROSINE *le regarde aller.*

Ah Lindor ! il dit qu'il me plaira !... Lisons cette lettre, qui a manqué de me causer tant de chagrin. (*Elle lit et s'écrie.*) Ah !... j'ai lu trop tard : il me recommande de tenir une querelle ouverte avec mon Tuteur ; j'en avois une si bonne, et je l'ai laissée échapper [1]. En recevant la lettre, j'ai senti que je rougissois jusqu'aux yeux. Ah ! mon Tuteur a raison. Je suis bien loin d'avoir cet usage du monde, qui, me dit-il souvent, assure le maintien des femmes en toute occasion ; mais un homme injuste parviendroit à faire une rusée de l'innocence même.

1. Variante 78.

FIN DU SECOND ACTE.

ACTE III.

SCENE PREMIERE.

BARTHOLO, *seul et désolé.*

Quelle humeur! quelle humeur! Elle paroissoit appaisée... Là, qu'on me dise qui diable lui a fourré dans la tête de ne plus vouloir prendre leçon de Don Bazile! Elle sait qu'il se mêle de mon mariage... (*On heurte à la porte.*) Faites tout au monde pour plaire aux femmes; si vous omettez un seul petit point... je dis un seul.... (*On heurte une seconde fois.*) Voyons qui c'est.

SCENE II.

BARTHOLO, LE COMTE *en Bâchelier.*

Le Comte.

Que la paix et la joie habitent toujours céans!

BARTHOLO, *brusquement.*

Jamais souhait ne vint plus à propos. Que voulez-vous ?

LE COMTE.

Monsieur, je suis Alonzo, Bâchelier, Licencié...

BARTHOLO.

Je n'ai pas besoin de Précepteur.

LE COMTE.

...Éleve de Don Bazile, Organiste du Grand Couvent, qui a l'honneur de montrer la Musique à Madame votre...

BARTHOLO.

Bazile ! Organiste ! qui a l'honneur ! Je le sais, au fait.

LE COMTE.

(*A part.*) Quel homme ! (*Haut.*) Un mal subit qui le force à garder le lit...

BARTHOLO.

Garder le lit ! Bazile ! Il a bien fait d'envoyer ; je vais le voir à l'instant.

LE COMTE.

(*A part.*) Oh diable ! (*Haut.*) Quand je dis le lit, Monsieur, c'est... la chambre que j'entends.

BARTHOLO.

Ne fût-il qu'incommodé ; marchez devant, je vous suis.

Le Comte [1], *embarrassé.*

Monsieur, j'étois chargé... Personne ne peut-il nous entendre?

Bartholo.

(*A part.*) C'est quelque fripon. (*Haut.*) Eh! non, Monsieur le mystérieux! Parlez sans vous troubler, si vous pouvez.

Le Comte.

(*A part.*) Maudit vieillard! (*Haut.*) Don Bazile m'avoit chargé de vous apprendre...

Bartholo.

Parlez haut, je suis sourd d'une oreille.

Le Comte, *élevant la voix.*

Ah! volontiers. Que le Comte Almaviva, qui restoit à la grande place...

Bartholo, *effrayé.*

Parlez bas, parlez bas.

Le Comte, *plus haut.*

...En est délogé ce matin. Comme c'est par moi qu'il a su que le Comte Almaviva...

Bartholo.

Bas; parlez bas, je vous prie.

---

1. Variante 79.

LE COMTE, *du même ton.*

...Étoit en cette ville, et que j'ai découvert que la Signora Rosine lui a écrit.

BARTHOLO.

Lui a écrit ? Tenez, asseyons-nous et jasons d'amitié. Vous avez découvert, dites-vous, que Rosine...

LE COMTE, *fièrement.*

Assurément. Bazile, inquiet pour vous de cette correspondance, m'avoit prié de vous montrer sa lettre ; mais la maniere dont vous prenez les choses...

BARTHOLO.

Eh mon Dieu ! je les prends bien. Mais ne vous est-il donc pas possible de parler plus bas ?

LE COMTE.

Vous êtes sourd d'une oreille, avez-vous dit.

BARTHOLO.

Pardon, pardon, Seigneur Alonzo, si vous m'avez trouvé méfiant et dur; mais je suis tellement entouré d'intrigans, de piéges... Et puis votre tournure, votre âge, votre air... Pardon, pardon. Eh bien ! vous avez la lettre ?

LE COMTE.

A la bonne heure sur ce ton, Monsieur ; mais je crains qu'on ne soit aux écoutes.

BARTHOLO.

Eh! qui voulez-vous? Tous mes Valets sur les dents! Rosine enfermée de fureur! Le diable est entré chez moi. Je vais encore m'assurer... (*Il va ouvrir doucement la porte de Rosine.*)

LE COMTE, *à part.*

Je me suis enferré de dépit... Garder la lettre à présent! Il faudra m'enfuir : autant vaudroit n'être pas venu... la lui montrer. Si je puis en prévenir Rosine, la montrer est un coup de maître.

BARTHOLO *revient sur la pointe du pied.*

Elle est assise auprès de sa fenêtre, le dos tourné à la porte, occupée à relire une lettre de son cousin l'Officier, que j'avois décachetée... Voyons donc la sienne.

LE COMTE *lui remet la lettre de Rosine.*

La voici. (*A part.*) C'est ma lettre qu'elle relit.

BARTHOLO *lit.*

« *Depuis que vous m'avez appris votre nom et votre état* » Ah! la perfide, c'est bien là sa main.

LE COMTE, *effrayé.*

Parlez donc bas à votre tour.

BARTHOLO.

Quelle obligation, mon cher!...

Le Comte [1].

Quand tout sera fini, si vous croyez m'en devoir, vous serez le maître... D'après un travail que fait actuellement Don Bazile avec un homme de Loi...

Bartholo.

Avec un homme de Loi, pour mon mariage?

Le Comte.

Sans doute. Il m'a chargé de vous dire que tout peut être prêt pour demain [2]. Alors, si elle résiste...

Bartholo.

Elle résistera.

Le Comte *veut reprendre la lettre, Bartholo la serre.*

Voilà l'instant où je puis vous servir; nous lui montrerons sa lettre, et, s'il le faut (*plus mystérieusement*), j'irai jusqu'à lui dire que je la tiens d'une femme à qui le Comte l'a sacrifiée; vous sentez que le trouble, la honte, le dépit, peuvent la porter sur le champ...

Bartholo, *riant.*

De la calomnie ! mon cher ami, je vois bien maintenant que vous venez de la part de Bazile... Mais pour que ceci n'eût pas l'air concerté, ne seroit-il pas bon qu'elle vous connût d'avance?

Le Comte *réprime un grand mouvement de joie.*

C'étoit assez l'avis de Don Bazile; mais comment faire? Il est tard... au peu de tems qui reste...

---

1. Variante 80. — 2. Variante 81.

BARTHOLO [1].

Je dirai que vous venez en sa place. Ne lui donnerez-vous pas bien une leçon?

Le Comte [2].

Il n'y a rien que je ne fasse pour vous plaire. Mais prenez garde que toutes ces histoires de Maîtres supposés sont de vieilles finesses, des moyens de Comédie; si elle va se douter?...

Bartholo.

Présenté par moi? Quelle apparence? Vous avez plus l'air d'un amant déguisé que d'un ami officieux.

Le Comte.

Oui? Vous croyez donc que mon air peut aider à la tromperie?

Bartholo.

Je le donne au plus fin à deviner. Elle est ce soir d'une humeur horrible. Mais quand elle ne feroit que vous voir... son clavecin est dans ce cabinet. Amusez-vous en l'attendant, je vais faire l'impossible pour l'amener.

Le Comte.

Gardez-vous bien de lui parler de la lettre.

Bartholo.

Avant l'instant décisif? Elle perdroit tout son effet. Il ne

---

1. Variante 82. — 2. Variante 83.

faut pas me dire deux fois les choses; il ne faut pas me les dire deux fois. (*Il s'en va.*)

SCENE III.

LE COMTE, seul [1].

Me voilà sauvé. Ouf! Que ce diable d'homme est rude à manier! Figaro le connoit bien. Je me voyois mentir; cela me donnoit un air plat et gauche; et il a des yeux?... Ma foi, sans l'inspiration subite de la lettre, il faut l'avouer, j'étois éconduit comme un sot. O ciel! on dispute là-dedans. Si elle allait s'obstiner à ne pas venir! Écoutons..... Elle refuse de sortir de chez elle, et j'ai perdu le fruit de ma ruse. (*Il retourne écouter.*) La voici; ne nous montrons pas d'abord. (*Il entre dans le cabinet.*)

SCENE IV.

LE COMTE, ROSINE, BARTHOLO.

ROSINE, *avec une colere simulée.*

Tout ce que vous direz est inutile, Monsieur, j'ai pris mon parti, je ne veux plus entendre parler de Musique.

1. Variante 84.

BARTHOLO.

Écoute-donc, mon enfant; c'est le Seigneur Alonzo, l'élève et l'ami de Don Bazile, choisi par lui pour être un de nos témoins. — La Musique te calmera, je t'assure.

ROSINE.

Oh! pour cela, vous pouvez vous en détacher; si je chante ce soir!... Où donc est-il ce Maître que vous craignez de renvoyer? Je vais, en deux mots, lui donner son compte et celui de Bazile. (*Elle apperçoit son Amant. Elle fait un cri.*) Ah!...

BARTHOLO.

Qu'avez-vous?

ROSINE, *les deux mains sur son cœur, avec un grand trouble.*

Ah! mon Dieu, Monsieur... Ah! mon Dieu, Monsieur.

BARTHOLO.

Elle se trouve encore mal... Seigneur Alonzo[1]?

ROSINE.

Non, je ne me trouve pas mal... mais c'est qu'en me tournant... Ah!...

LE COMTE.

Le pied vous a tourné, Madame?

ROSINE.

Ah! oui, le pied m'a tourné. Je me suis fait un mal horrible.

1. Variante 85.

Le Comte.

Je m'en suis bien apperçu.

Rosine, *regardant le Comte.*

Le coup m'a porté au cœur.

Bartholo[1].

Un siége, un siége. Et pas un fauteuil ici ?
(*Il va le chercher.*)

Le Comte.

Ah Rosine !

Rosine.

Quelle imprudence !

Le Comte.

J'ai mille choses essentielles à vous dire.

Rosine.

Il ne vous quittera pas.

Le Comte.

Figaro va venir nous aider.

Bartholo[2] *apporte un fauteuil.*

Tiens, mignonne, assieds-toi. — Il n'y a pas d'apparence, Bâchelier, qu'elle prenne de leçon ce soir ; ce sera pour un autre jour. Adieu.

1. Variante 86. — 2. Variante 87.

ROSINE, *au Comte.*

Non, attendez, ma douleur est un peu apaisée. (*A Bartholo.*) Je sens que j'ai eu tort avec vous, Monsieur. Je veux vous imiter en réparant sur le champ...

BARTHOLO.

Oh! le bon petit naturel de femme! Mais après une pareille émotion, mon enfant, je ne souffrirai pas que tu fasses le moindre effort. Adieu, adieu, Bâchelier.

ROSINE, *au Comte.*

Un moment, de grâce! (*A Bartholo.*) Je croirai, Monsieur, que vous n'aimez pas à m'obliger si vous m'empêchez de vous prouver mes regrets en prenant ma leçon.

LE COMTE, *à part, à Bartholo.*

Ne la contrarions pas, si vous m'en croyez.

BARTHOLO.

Voilà qui est fini, mon amoureuse. Je suis si loin de chercher à te déplaire, que je veux rester là tout le tems que tu vas étudier.

ROSINE.

Non, Monsieur : je sais que la musique n'a nul attrait pour vous.

BARTHOLO.

Je t'assure que ce soir elle m'enchantera.

Rosine[1], *au Comte, à part.*

Je suis au supplice.

Le Comte, *prenant un papier de musique sur le pupitre.*

Est-ce là ce que vous voulez chanter, Madame ?

Rosine.

Oui, c'est un morceau très-agréable de la Précaution inutile.

Bartholo.

Toujours la Précaution inutile ?

Le Comte.

C'est ce qu'il y a de plus nouveau aujourd'hui. C'est une image du Printems, d'un genre assez vif. Si Madame veut l'essayer...

Rosine, *regardant le Comte.*

Avec grand plaisir : un tableau du printems me ravit ; c'est la jeunesse de la nature. Au sortir de l'Hiver, il semble que le cœur acquière un plus haut degré de sensibilité : comme un esclave enfermé depuis long-tems goûte avec plus de plaisir le charme de la liberté qui vient de lui être offerte.

Bartholo, *bas, au Comte.*

Toujours des idées romanesques en tête.

Le Comte, *bas.*

Et sentez-vous l'application ?

[1] Variante 88.

BARTHOLO.

Parbleu! (*Il va s'asseoir dans le fauteuil qu'a occupé Rosine.*)

ROSINE *chante.* [1]

Quand, dans la plaine,
L'amour ramène
Le Printemps,
Si chéri des amans;
Tout reprend l'être,
Son feu pénètre
Dans les fleurs,
Et dans les jeunes cœurs.
On voit les troupeaux
Sortir des hameaux;
Dans tous les côteaux,
Les cris des agneaux
Retentissent;
Ils bondissent;
Tout fermente,
Tout augmente;
Les brebis paissent
Les fleurs qui naissent;
Les chiens fidèles
Veillent sur elles;
Mais Lindor, enflammé,
Ne songe guère
Qu'au bonheur d'être aimé
De sa Bergère.

---

1. Cette Ariette, dans le goût Espagnol, fut chantée le premier jour à Paris, malgré les huées, les rumeurs et le train usités au Parterre en ces jours de crise et de combat. La timidité de l'Actrice l'a depuis empêchée d'oser la redire, et les jeunes Rigoristes du Théâtre l'ont fort louée de cette réticence. Mais si la dignité de la Comédie Française y a gagné quelque chose, il faut convenir que *le Barbier de Séville* y a beaucoup perdu. C'est pourquoi, sur les Théâtres où quelque peu de Musique ne tirera pas autant à conséquence, nous invitons tous Directeurs à la restituer, tous Acteurs à la chanter, tous Spectateurs à l'écouter, et tous Critiques à nous la pardonner, en faveur du genre de la Pièce et du plaisir que leur fera le morceau. (*Note de Beaumarchais.*)

MÊME AIR.

Loin de sa mère,
Cette Bergère
Va chantant,
Où son Amant l'attend ;
Par cette ruse
L'amour l'abuse ;
Mais chanter,
Sauve-t-il du danger ?
Les doux chalumeaux,
Les chants des oiseaux,
Ses charmes naissans,
Ses quinze ou seize ans,
Tout l'excite,
Tout l'agite ;
La pauvrette
S'inquiette ;
De sa retraite,
Lindor la guette ;
Elle s'avance ;
Lindor s'élance ;
Il vient de l'embrasser :
Elle, bien aise,
Feint de se courroucer,
Pour qu'on l'appaise.

PETITE REPRISE.

Les soupirs,
Les soins, les promesses,
Les vives tendresses,
Les plaisirs,
Le fin badinage,
Sont mis en usage ;
Et bientôt la Bergère
Ne sent plus de colère.
Si quelque jaloux
Trouble un bien si doux,
Nos Amans, d'accord,
Ont un soin extrême.....
..... De voiler leur transport ;

Mais quand on s'aime,
La gêne ajoute encor
Au plaisir même.

(*En l'écoutant, Bartholo s'est assoupi. Le Comte, pendant la petite reprise, se hasarde à prendre une main qu'il couvre de baisers. L'émotion ralentit le chant de Rosine, l'affoiblit, et finit même par lui couper la voix au milieu de la cadence, au mot* extrême. *L'orchestre suit le mouvement de la Chanteuse, affoiblit son jeu et se tait avec elle. L'absence du bruit qui avoit endormi Bartholo le réveille. Le Comte se relève, Rosine et l'Orchestre reprennent subitement la suite de l'air. Si la petite reprise se répete, le même jeu recommence, etc.*)

Le Comte.

En vérité, c'est un morceau charmant, et Madame l'exécute avec une intelligence...

Rosine.

Vous me flattez, Seigneur; la gloire est toute entière au Maître.

Bartholo, *bâillant.*

Moi, je crois que j'ai un peu dormi pendant le morceau charmant. J'ai mes malades. Je vas, je viens, je toupille[1], et sitôt que je m'assieds, mes pauvres jambes...

(*Il se lève et pousse le fauteuil.*)

Rosine, *bas, au Comte.*

Figaro ne vient point.

---

1. Encore un vieux mot : se déranger souvent à propos de rien, perdre son temps en « flâneries » inutiles.

Le Comte.

Filons le temps.

Bartholo.

Mais, Bâchelier, je l'ai déjà dit à ce vieux Bazile : est-ce qu'il n'y auroit pas moyen de lui faire étudier des choses plus gaies que toutes ces grandes aria, qui vont en haut, en bas, en roulant, hi, ho, a, a, a, a, et qui me semblent autant d'enterremens ? Là, de ces petits airs qu'on chantoit dans ma jeunesse, et que chacun retenoit facilement. J'en savois autrefois... Par exemple... (*Pendant la ritournelle, il cherche en se grattant la tête et chante en faisant claquer ses pouces et dansant des genoux comme les vieillards.*)

> Veux-tu, ma Rosinette,
> Faire emplette,
> Du Roi des Maris ?.....

(*Au Comte, en riant.*) Il y a Fanchonnette dans la chanson ; mais j'y ai substitué Rosinette, pour la lui rendre plus agréable et la faire cadrer aux circonstances. Ah, ah, ah, ah ! Fort bien ! pas vrai ?

Le Comte, *riant.*

Ah, ah, ah ! Oui, tout au mieux.

SCENE V.

FIGARO, *dans le fond ;* ROSINE, BARTHOLO, LE COMTE.

BARTHOLO *chante.*

Veux-tu, ma Rosinette,
l'aire emplette
Du Roi des Maris ?
Je ne suis point Tircis ;
Mais la nuit, dans l'ombre,
Je vaux encor mon prix ;
Et, quand il fait sombre,
Les plus beaux chats sont gris.

(*Il répète la reprise en dansant. Figaro, derriere lui, imite ses mouvemens.*)

Je ne suis point Tircis, etc.

(*Appercevant Figaro.*)[1] Ah ! Entrez, Monsieur le Barbier ; avancez, vous êtes charmant !

FIGARO *salue.*

Monsieur, il est vrai que ma mère me l'a dit autrefois ; mais je suis un peu déformé depuis ce temps-là. (*A part, au Comte.*) Bravo, Monseigneur.

(*Pendant toute cette Scène, le Comte fait ce qu'il peut pour parler à Rosine, mais l'œil inquiet et vigilant du Tuteur l'en empêche toujours, ce qui forme un jeu muet de tous les Acteurs, étranger au débat du Docteur et de Figaro.*)

1. Variante 89.

BARTHOLO.

Venez-vous purger encore, saigner, droguer, mettre sur le grabat toute ma maison?

FIGARO.

Monsieur, il n'est pas tous les jours fête; mais, sans compter les soins quotidiens, Monsieur a pu voir que, lorsqu'ils en ont besoin, mon zèle n'attend pas qu'on lui commande...

BARTHOLO.

Votre zèle n'attend pas! Que direz-vous, Monsieur le zélé, à ce malheureux qui bâille et dort tout éveillé? Et l'autre qui, depuis trois heures, éternue à se faire sauter le crâne et jaillir la cervelle! que leur direz-vous?

FIGARO.

Ce que je leur dirai?

BARTHOLO.

Oui!

FIGARO.

Je leur dirai... Eh parbleu! je dirai à celui qui éternue, Dieu vous bénisse, et va te coucher à celui qui bâille. Ce n'est pas cela, Monsieur, qui grossira le mémoire.

BARTHOLO.

Vraiment non, mais c'est la saignée et les médicamens qui le grossiroient, si je voulois y entendre. Est-ce par zèle aussi que vous avez empaqueté les yeux de ma mule, et votre cataplasme lui rendra-t-il la vue?

Figaro.

S'il ne lui rend pas la vue, ce n'est pas cela non plus qui l'empêchera d'y voir.

Bartholo.

Que je le trouve sur le mémoire!... On n'est pas de cette extravagance-là!

Figaro.

Ma foi, Monsieur, les hommes n'ayant gueres à choisir qu'entre la sottise et la folie, où je ne vois pas de profit, je veux au moins du plaisir ; et vive la joie ! Qui sait si le monde durera encore trois semaines !

Bartholo.

Vous feriez bien mieux, Monsieur le raisonneur, de me payer mes cent écus et les intérêts sans lanterner, je vous en avertis.

Figaro.

Doutez-vous de ma probité, Monsieur? Vos cent écus ! j'aimerois mieux vous les devoir toute ma vie que de les nier un seul instant.

Bartholo.

Et dites-moi un peu comment la petite Figaro a trouvé les bonbons que vous lui avez portés ?

Figaro.

Quels bonbons? que voulez-vous dire?

BARTHOLO.

Oui, ces bonbons, dans ce cornet fait avec cette feuille de papier à lettre, ce matin.

FIGARO.

Diable emporte si...

ROSINE, *l'interrompant*.

Avez-vous eu soin au moins de les lui donner de ma part, Monsieur Figaro? Je vous l'avois recommandé.

FIGARO.

Ah, ah! Les bonbons de ce matin? Que je suis bête, moi! j'avois perdu tout cela de vue... Oh! excellens, Madame, admirables.

BARTHOLO.

Excellens! Admirables! Oui sans doute, Monsieur le Barbier, revenez sur vos pas! Vous faites-là un joli métier, Monsieur!

FIGARO.

Qu'est-ce qu'il a donc, Monsieur?

BARTHOLO.

Et qui vous fera une belle réputation, Monsieur!

FIGARO.

Je la soutiendrai, Monsieur!

BARTHOLO.

Dites que vous la supporterez, Monsieur!

FIGARO.

Comme il vous plaira, Monsieur!

BARTHOLO.

Vous le prenez bien haut, Monsieur! Sachez que quand je dispute avec un fat, je ne lui cède jamais.

FIGARO *lui tourne le dos.*

Nous différons en cela, Monsieur! moi je lui cède toujours.

BARTHOLO.

Hein? qu'est-ce qu'il dit donc, Bâchelier?

FIGARO.

C'est que vous croyez avoir affaire à quelque Barbier de Village, et qui ne sait manier que le rasoir? Apprenez, Monsieur, que j'ai travaillé de la plume à Madrid, et que sans les envieux...

BARTHOLO.

Eh! que n'y restiez-vous, sans venir ici changer de profession?

FIGARO[1].

On fait comme on peut; mettez-vous à ma place.

1. Variante 90.

Bartholo.

Me mettre à votre place! Ah! parbleu, je dirois de belles sottises!

Figaro.

Monsieur, vous ne commencez pas trop mal; je m'en rapporte à votre confrère qui est là rêvassant...

Le Comte, *revenant à lui.*

Je... je ne suis pas le confrère de Monsieur.

Figaro.

Non? Vous voyant ici à consulter, j'ai pensé que vous poursuiviez le même objet.

Bartholo, *en colère.*

Enfin, quel sujet vous amène? Y a-t-il quelque lettre à remettre encore ce soir à Madame? Parlez, faut-il que je me retire?

Figaro.

Comme vous rudoyez le pauvre monde! Eh! parbleu, Monsieur, je viens vous raser, voilà tout : n'est-ce pas aujourd'hui votre jour[1]?

Bartholo.

Vous reviendrez tantôt.

Figaro.

Ah! oui, revenir! toute la Garnison prend médecine de-

---

1. Variante 91.

main matin; j'en ai obtenu l'entreprise par mes protections. Jugez donc comme j'ai du tems à perdre! Monsieur passe-t-il chez lui?

BARTHOLO.

Non, Monsieur ne passe point chez lui. Et mais..... qui empêche qu'on ne me rase ici?

ROSINE, *avec dédain*[1].

Vous êtes honnête! Et pourquoi pas dans mon appartement?

BARTHOLO.

Tu te fâches? Pardon, mon enfant, tu vas achever de prendre ta leçon! c'est pour ne pas perdre un instant le plaisir de t'entendre.

FIGARO, *bas, au Comte*.

On ne le tirera pas d'ici! (*Haut.*) Allons, l'Éveillé, la Jeunesse; le bassin, de l'eau, tout ce qu'il faut à Monsieur.

BARTHOLO.

Sans doute, appellez-les! Fatigués, harassés, moulus de votre façon, n'a-t-il pas fallu les faire coucher!

FIGARO.

Eh bien! j'irai tout chercher, n'est-ce pas, dans votre chambre? (*Bas au Comte.*) Je vais l'attirer dehors.

---

1. Variante 92.

Bartholo *détache son trousseau de clés, et dit par réflexion :*

Non, non, j'y vais moi-même. (*Bas, au Comte, en s'en allant.*) Ayez les yeux sur eux, je vous prie.

SCENE VI.

FIGARO, LE COMTE, ROSINE.

Figaro.

Ah! que nous l'avons manqué belle! il alloit me donner le trousseau. La clé de la jalousie n'y est-elle pas?

Rosine.

C'est la plus neuve de toutes.

SCENE VII.

BARTHOLO, FIGARO, LE COMTE, ROSINE.

Bartholo, *revenant.*

(*A part.*) Bon! je ne sais ce que je fais de laisser ici ce maudit Barbier. (*A Figaro.*) Tenez. (*Il lui donne le trous-*

seau.) Dans mon cabinet, sous mon bureau ; mais ne touchez à rien.

Figaro.

La peste ! il y feroit bon, méfiant comme vous êtes ! (*A part, en s'en allant.*) Voyez comme le Ciel protège l'innocence !

SCENE VIII.

BARTHOLO, LE COMTE, ROSINE.

Bartholo, *bas, au Comte.*

C'est le drôle qui a porté la lettre au Comte.

Le Comte, *bas.*

Il m'a l'air d'un fripon.

Bartholo.

Il ne m'attrapera plus.

Le Comte.

Je crois qu'à cet égard le plus fort est fait.

Bartholo.

Tout considéré, j'ai pensé qu'il étoit plus prudent de l'envoyer dans ma chambre que de le laisser avec elle.

Le Comte.

Ils n'auroient pas dit un mot que je n'eusse été en tiers.

Rosine.

Il est bien poli, Messieurs, de parler bas sans cesse! Et ma leçon?

(*Ici l'on entend un bruit, comme de la vaisselle renversée.*)

Bartholo, *criant*.

Qu'est-ce que j'entends donc! Le cruel Barbier aura tout laissé tomber par l'escalier, et les plus belles pieces de mon nécessaire!... (*Il court dehors.*)

SCENE IX.

LE COMTE, ROSINE.

Le Comte.

Profitons du moment que l'intelligence de Figaro nous ménage. Accordez-moi, ce soir, je vous en conjure, Madame, un moment d'entretien indispensable pour vous soustraire à l'esclavage où vous allez tomber.

Rosine.

Ah, Lindor!

Le Comte.

Je puis monter à votre jalousie; et quant à la lettre que j'ai reçue de vous ce matin, je me suis vu forcé......

SCENE X[1].

ROSINE, BARTHOLO, FIGARO, LE COMTE.

Bartholo.

Je ne m'étois pas trompé[2]; tout est brisé, fracassé.

Figaro.

Voyez le grand malheur pour tant de train! On ne voit goutte sur l'escalier. (*Il montre la clé au Comte.*) Moi, en montant, j'ai accroché une clé....

Bartholo.

On prend garde à ce qu'on fait. Accrocher une clé! L'habile homme!

Figaro.

Ma foi, Monsieur, cherchez-en un plus subtil.

1. Variante 93. — 2. Variante 94.

SCENE XI.

LES ACTEURS PRÉCÉDENS, DON BAZILE.

ROSINE, *effrayée, à part.*

Don Bazile!...

LE COMTE, *à part.*

Juste Ciel!

FIGARO, *à part.*

C'est le Diable!

BARTHOLO *va au devant de lui.*

Ah! Bazile, mon ami, soyez le bien rétabli. Votre accident n'a donc point eu de suites? En vérité, le Seigneur Alonzo m'avoit fort effrayé sur votre état; demandez-lui, je partois pour vous aller voir; et s'il ne m'avoit point retenu...

BAZILE, *étonné.*

Le Seigneur Alonzo?...

FIGARO *frappe du pied.*

Eh quoi! toujours des accrocs? Deux heures pour une méchante barbe... Chienne de pratique!

BAZILE, *regardant tout le monde.*

Me ferez-vous bien le plaisir de me dire, Messieurs?...

FIGARO.

Vous lui parlerez quand je serai parti.

BAZILE.

Mais encore faudroit-il...

LE COMTE.

Il faudroit vous taire, Bazile. Croyez-vous apprendre à Monsieur quelque chose qu'il ignore ? Je lui ai raconté que vous m'aviez chargé de venir donner une leçon de musique à votre place.

BAZILE, *plus étonné.*

La leçon de musique !... Alonzo !...

ROSINE, *à part, à Bazile.*

Eh ! taisez-vous.

BAZILE.

Elle aussi !

LE COMTE, *bas, à Bartholo.*

Dites-lui donc tout bas que nous en sommes convenus.

BARTHOLO, *à Bazile, à part.*

N'allez pas nous démentir, Bazile, en disant qu'il n'est pas votre Élève ; vous gâteriez tout.

BAZILE.

Ah ! ah[1] !

---

1. Variante 95.

BARTHOLO, *haut.*

En vérité, Bazile, on n'a pas plus de talent que votre Élève.

BAZILE, *stupéfait.*

Que mon Élève!... (*bas.*) Je venois pour vous dire que le Comte est déménagé.

BARTHOLO, *bas.*

Je le sais, taisez-vous.

BAZILE, *bas.*

Qui vous l'a dit?

BARTHOLO, *bas.*

Lui, apparemment?

LE COMTE, *bas.*

Moi, sans doute : écoutez seulement.

ROSINE, *bas, à Bazile.*

Est-il si difficile de vous taire?

FIGARO, *bas, à Bazile.*

Hum! Grand escogrif! Il est sourd!

BAZILE, *à part.*

Qui diable est-ce donc qu'on trompe ici? Tout le monde est dans le secret!

BARTHOLO, *haut.*

Eh bien, Bazile, votre homme de Loi?...

FIGARO.

Vous avez toute la soirée pour parler de l'homme de Loi.

BARTHOLO, *à Bazile.*

Un mot; dites-moi seulement si vous êtes content de l'homme de Loi?

BAZILE, *effaré.*

De l'homme de Loi?

LE COMTE, *souriant.*

Vous ne l'avez pas vu, l'homme de Loi?

BAZILE, *impatienté.*

Eh! non, je ne l'ai pas vu, l'homme de Loi.

LE COMTE, *à Bartholo, à part.*

Voulez-vous donc qu'il s'explique ici devant elle? Renvoyez-le.

BARTHOLO, *bas, au Comte.*

Vous avez raison. (*A Bazile*[1].) Mais quel mal vous a donc pris si subitement?

BAZILE, *en colère.*

Je ne vous entends pas.

LE COMTE *lui met, à part, une bourse dans la main.*

Oui : Monsieur vous demande ce que vous venez faire ici, dans l'état d'indisposition où vous êtes?

1. Variante 96.

FIGARO.

Il est pâle comme un mort!

BAZILE.

Ah! je comprends...

LE COMTE[1].

Allez vous coucher, mon cher Bazile : vous n'êtes pas bien, et vous nous faites mourir de frayeur. Allez vous coucher.

FIGARO.

Il a la phisionomie toute renversée. Allez vous coucher.

BARTHOLO.

D'honneur, il sent la fievre d'une lieue. Allez vous coucher.

ROSINE.

Pourquoi donc êtes-vous sorti? On dit que cela se gagne. Allez vous coucher.

BAZILE, *au dernier étonnement*

Que j'aille me coucher?

TOUS LES ACTEURS ENSEMBLE.

Eh! sans doute.

BAZILE, *les regardant tous.*

En effet, Messieurs, je crois que je ne ferai pas mal de

1. Variante 97.

me retirer; je sens que je ne suis pas ici dans mon assiette ordinaire.

BARTHOLO.

A demain, toujours, si vous êtes mieux.

LE COMTE.

Bazile ! je serai chez vous de très-bonne-heure[1].

FIGARO.

Croyez-moi, tenez vous bien chaudement dans votre lit.

ROSINE.

Bon soir, Monsieur Bazile.

BAZILE, *à part*.

Diable emporte si j'y comprends rien; et sans cette bourse...

TOUS.

Bon soir, Bazile, bon soir.

BAZILE, *en s'en allant*.

Eh bien ! bon soir donc, bon soir.

(*Ils l'accompagnent tous en riant.*)

1. Variante 98.

SCENE XII.

LES ACTEURS PRÉCÉDENS, *excepté* BAZILE.

BARTHOLO, *d'un ton important.*

Cet homme-là n'est pas bien du tout.

ROSINE.

Il a les yeux égarés.

LE COMTE.

Le grand air l'aura saisi.

FIGARO.

Avez-vous vu comme il parloit tout seul? Ce que c'est que de nous! (*A Bartholo.*) Ah-çà, vous décidez-vous, cette fois? (*Il lui pousse un fauteuil très-loin du Comte, et lui présente le linge.*)

LE COMTE.

Avant de finir, Madame, je dois vous dire un mot essentiel au progrès de l'art que j'ai l'honneur de vous enseigner. (*Il s'approche et lui parle bas à l'oreille.*)

BARTHOLO, *à Figaro.*

Eh mais! il semble que vous le fassiez exprès de vous approcher, et de vous mettre devant moi, pour m'empêcher de voir...

LE COMTE, *bas, à Rosine.*

Nous avons la clé de la jalousie, et nous serons ici à minuit.

FIGARO *passe le linge au cou de Bartholo.*

Quoi voir? Si c'étoit une leçon de danse, on vous passeroit d'y regarder; mais du chant!... ahi, ahi.

BARTHOLO.

Qu'est-ce que c'est?

FIGARO.

Je ne sais ce qui m'est entré dans l'œil.

(*Il rapproche sa tête.*)

BARTHOLO.

Ne frottez donc pas.

FIGARO.

C'est le gauche. Voudriez-vous me faire le plaisir d'y souffler un peu fort?

BARTHOLO *prend la tête de Figaro, regarde par-dessus, le pousse violemment, et va derrière les Amans écouter leur conversation.*

LE COMTE, *bas, à Rosine.*

Et quant à votre lettre, je me suis trouvé tantôt dans un tel embarras pour rester ici....

FIGARO, *de loin, pour avertir.*

Hem!... hem!...

LE COMTE.

Désolé de voir encore mon déguisement inutile...

BARTHOLO, *passant entre eux deux.*

Votre déguisement inutile !

ROSINE, *effrayée.*

Ah!...

BARTHOLO.

Fort bien, Madame, ne vous gênez pas. Comment! sous mes yeux même, en ma présence, on m'ose outrager de la sorte !

LE COMTE.

Qu'avez-vous donc, Seigneur?

BARTHOLO.

Perfide Alonzo[1] !

LE COMTE.

Seigneur Bartholo, si vous avez souvent des lubies comme celle dont le hasard me rend témoin, je ne suis plus étonné de l'éloignement que Mademoiselle a pour devenir votre femme.

ROSINE.

Sa femme! Moi! Passer mes jours auprès d'un vieux

---

1. Variante 99.

jaloux, qui, pour tout bonheur, offre à ma jeunesse un esclavage abominable!

BARTHOLO.

Ah! qu'est-ce que j'entends!

ROSINE.

Oui, je le dis tout haut : je donnerai mon cœur et ma main à celui qui pourra m'arracher de cette horrible prison, où ma personne et mon bien sont retenus contre toutes les Loix. *(Rosine sort.)*

SCENE XIII.

BARTHOLO, FIGARO, LE COMTE.

BARTHOLO.

La colère me suffoque.

LE COMTE.

En effet, Seigneur, il est difficile qu'une jeune femme...

FIGARO.

Oui, une jeune femme, et un grand âge ; voilà ce qui trouble la tête d'un vieillard.

BARTHOLO.

Comment! lorsque je les prends sur le fait! Maudit Barbier! il me prend des envies...

FIGARO.

Je me retire, il est fou.

LE COMTE.

Et moi aussi ; d'honneur, il est fou.

FIGARO.

Il est fou, il est fou... (*Ils sortent.*)

SCENE XIV.

BARTHOLO, *seul, les poursuit*.

Je suis fou! Infâmes suborneurs! émissaires du Diable, dont vous faites ici l'office, et qui puisse vous emporter tous... Je suis fou!... Je les ai vus comme je vois ce pupitre... et me soutenir effrontément!... Ah! il n'y a que Bazile qui puisse m'expliquer ceci. Oui, envoyons-le chercher. Holà, quelqu'un... Ah! j'oublie que je n'ai personne... Un voisin, le premier venu, n'importe. Il y a de quoi perdre l'esprit! il y a de quoi perdre l'esprit!

FIN DU TROISIÈME ACTE.

Pendant l'Entracte, le Théâtre s'obscurcit; on entend un bruit d'orage, et l'Orchestre joue celui qui est gravé dans le Recueil de la Musique du Barbier.

ACTE IV.

Le Théâtre est obscur.

SCENE PREMIERE.

BARTHOLO, DON BAZILE, *une lanterne de papier à la main.*

BARTHOLO.

Comment, Bazile, vous ne le connoissez pas? ce que vous dites est-il possible?

BAZILE.

Vous m'interrogeriez cent fois, que je vous ferois toujours la même réponse. S'il vous a remis la lettre de Rosine, c'est sans doute un des émissaires du Comte. Mais, à la magnificence du présent qu'il m'a fait, il se pourroit que ce fût le Comte lui-même.

BARTHOLO.

A propos de ce présent, eh! pourquoi l'avez-vous reçu?

Bazile.

Vous aviez l'air d'accord; je n'y entendois rien; et dans les cas difficiles à juger, une bourse d'or me paroît toujours un argument sans replique. Et puis, comme dit le proverbe, ce qui est bon à prendre...

Bartholo.

J'entends, est bon...

Bazile.

A garder.

Bartholo, *surpris*.

Ah! ah!

Bazile.

Oui, j'ai arrangé comme cela plusieurs petits proverbes avec des variations. Mais, allons au fait : à quoi vous arrêtez-vous?

Bartholo.

En ma place, Bazile, ne feriez-vous pas les derniers efforts pour la posséder?

Bazile.

Ma foi non, Docteur. En toute espece de biens, posséder est peu de chose; c'est jouir qui rend heureux : mon avis est qu'épouser une femme dont on n'est point aimé, c'est s'exposer...

Bartholo.

Vous craindriez les accidens?

Bazile.

Hé, hé! Monsieur... on en voit beaucoup cette année. Je ne ferois point violence à son cœur.

BARTHOLO.

Votre valet, Bazile. Il vaut mieux qu'elle pleure de m'avoir, que moi je meure de ne l'avoir pas.

BAZILE.

Il y va de la vie ? Épousez, Docteur, épousez.

BARTHOLO.

Aussi ferai-je, et cette nuit même.

BAZILE.

Adieu donc. — Souvenez-vous, en parlant à la Pupille, de les rendre tous plus noirs que l'enfer.

BARTHOLO.

Vous avez raison.

BAZILE.

La calomnie, Docteur, la calomnie. Il faut toujours en venir là.

BARTHOLO.

Voici la lettre de Rosine, que cet Alonzo m'a remise; et il m'a montré, sans le vouloir, l'usage que j'en dois faire auprès d'elle.

BAZILE.

Adieu : nous serons tous ici à quatre heures.

BARTHOLO.

Pourquoi pas plutôt ?

Bazile.

Impossible : le Notaire est retenu.

Bartholo.

Pour un mariage?

Bazile.

Oui, chez le Barbier Figaro; c'est sa Nièce qu'il marie.

Bartholo.

Sa Nièce? il n'en a pas.

Bazile.

Voilà ce qu'ils ont dit au Notaire.

Bartholo.

Ce drôle est du complot, que diable!

Bazile.

Est-ce que vous penseriez?

Bartholo.

Ma foi, ces gens-là sont si alertes! Tenez, mon ami, je ne suis pas tranquille. Retournez chez le Notaire. Qu'il vienne ici sur-le-champ avec vous.

Bazile.

Il pleut, il fait un temps du diable; mais rien ne m'arrête pour vous servir. Que faites-vous donc?

Bartholo.

Je vous reconduis; n'ont-ils pas fait estropier tout mon monde par ce Figaro! Je suis seul ici.

Bazile.

J'ai ma lanterne.

Bartholo.

Tenez, Bazile, voilà mon passe-par-tout, je vous attends, je veille; et vienne qui voudra, hors le Notaire et vous, personne n'entrera de la nuit.

Bazile.

Avec ces précautions, vous êtes sur de votre fait.

SCENE II.

Rosine, *seule, sortant de sa chambre.*

Il me sembloit avoir entendu parler. Il est minuit sonné; Lindor ne vient point! Ce mauvais temps même étoit propre à le favoriser. Sûr de ne rencontrer personne... Ah! Lindor! si vous m'aviez trompée[1]! Quel bruit entens-je?... Dieux! c'est mon Tuteur. Rentrons[2].

1. Variante 100. — 2. Variante 101.

SCENE III.

ROSINE, BARTHOLO.

BARTHOLO *rentre avec de la lumière.*

Ah! Rosine, puisque vous n'êtes pas encore rentrée dans votre appartement...

ROSINE.

Je vais me retirer.

BARTHOLO.

Par le tems affreux qu'il fait, vous ne reposerez pas, et j'ai des choses très-pressées à vous dire.

ROSINE.

Que me voulez-vous, Monsieur? N'est-ce donc pas assez d'être tourmentée le jour?

BARTHOLO.

Rosine, écoutez-moi.

ROSINE.

Demain je vous entendrai.

BARTHOLO.

Un moment, de grâce[1].

---

[1] Variante 102.

ROSINE.

S'il alloit venir!

BARTHOLO *lui montre sa lettre.*

Connoissez-vous cette lettre?

ROSINE *la reconnoît.*

Ah! grands Dieux!...

BARTHOLO.

Mon intention, Rosine, n'est point de vous faire de reproches : à votre âge on peut s'égarer; mais je suis votre ami, écoutez-moi.

ROSINE.

Je n'en puis plus.

BARTHOLO.

Cette lettre que vous avez écrite au Comte Almaviva...

ROSINE, *étonnée.*

Au Comte Almaviva!

BARTHOLO.

Voyez quel homme affreux est ce Comte : aussi-tôt qu'il l'a reçue, il en a fait trophée; je la tiens d'une femme à qui il l'a sacrifiée.

ROSINE.

Le Comte Almaviva!...

BARTHOLO.

Vous avez peine à vous persuader cette horreur. L'inexpérience, Rosine, rend votre sexe confiant et crédule ; mais apprenez dans quel piège on vous attiroit. Cette femme m'a fait donner avis de tout, apparemment pour écarter une rivale aussi dangereuse que vous. J'en frémis ! le plus abominable complot entre Almaviva, Figaro et cet Alonzo, cet Élève supposé de Bazile, qui porte un autre nom et n'est que le vil agent du Comte, alloit vous entraîner dans un abîme dont rien n'eût pu vous tirer.

Rosine, *accablée.*

Quelle horreur!... quoi Lindor?... quoi ce jeune homme...

Bartholo, *à part.*

Ah! c'est Lindor.

Rosine.

C'est pour le Comte Almaviva... C'est pour un autre...

Bartholo.

Voilà ce qu'on m'a dit en me remettant votre lettre.

Rosine, *outrée.*

Ah quelle indignité!... Il en sera puni. — Monsieur, vous avez désiré de m'épouser?

Bartholo.

Tu connois la vivacité de mes sentimens.

Rosine.

S'il peut vous en rester encore, je suis à vous[1].

---

1. Variante 103.

BARTHOLO.

Eh bien ! le Notaire viendra cette nuit même.

ROSINE.

Ce n'est pas tout ; ô Ciel ! suis-je assez humiliée !... Apprenez que dans peu le perfide ose entrer par cette jalousie, dont ils ont eu l'art de vous dérober la clé.

BARTHOLO, *regardant au trousseau.*

Ah, les scélérats ! Mon enfant, je ne te quitte plus.

ROSINE, *avec effroi.*

Ah, Monsieur, et s'ils sont armés ?

BARTHOLO.

Tu as raison ; je perdrois ma vengeance[1]. Monte chez Marceline : enferme-toi chez elle à double tour. Je vais chercher main-forte, et l'attendre auprès de la maison. Arrêté comme voleur, nous aurons le plaisir d'en être à la fois vengés et délivrés ! Et compte que mon amour te dédommagera...

ROSINE, *au désespoir.*

Oubliez seulement mon erreur. (*A part.*) Ah, je m'en punis assez !

BARTHOLO, *s'en allant.*

Allons nous embusquer. A la fin je la tiens.

(Il sort.)

1. Variante 104.

SCENE IV.

ROSINE, *seule*.

Son amour me dédommagera... Malheureuse!... (*Elle tire son mouchoir, et s'abandonne aux larmes.*) Que faire?... Il va venir. Je veux rester, et feindre avec lui, pour le contempler un moment dans toute sa noirceur. La bassesse de son procédé sera mon préservatif... Ah! j'en ai grand besoin. Figure noble! air doux! une voix si tendre[1]!... et ce n'est que le vil agent d'un corrupteur! Ah malheureuse! malheureuse!... Ciel! on ouvre la jalousie! (*Elle se sauve.*)

SCENE V.

LE COMTE, FIGARO, *enveloppé d'un manteau, paroît à la fenêtre.*

Figaro *parle en dehors.*

Quelqu'un s'enfuit; entrerai-je?

Le Comte, *en dehors.*

Un homme?

Figaro.

Non.

---

1. Variante 105.

Le Comte.

C'est Rosine que ta figure atroce aura mise en fuite.

Figaro *saute dans la chambre.*

Ma foi je le crois... Nous voici enfin arrivés, malgré la pluie, la foudre et les éclairs.

Le Comte, *enveloppé d'un long manteau.*

Donne-moi la main. (*Il saute à son tour.*) A nous la victoire.

Figaro *jette son manteau.*

Nous sommes tous percés. Charmant temps pour aller en bonne fortune! Monseigneur, comment trouvez-vous cette nuit?

Le Comte.

Superbe pour un Amant.

Figaro.

Oui, mais pour un confident?... Et si quelqu'un alloit nous surprendre ici?

Le Comte.

N'es-tu pas avec moi? J'ai bien une autre inquiétude? c'est de la déterminer à quitter sur-le-champ la maison du Tuteur.

Figaro.

Vous avez pour vous trois passions toutes puissantes sur le beau sexe : l'amour, la haine, et la crainte.

Le Comte *regarde dans l'obscurité.*

Comment lui annoncer brusquement que le Notaire l'attend chez toi pour nous unir? Elle trouvera mon projet bien hardi. Elle va me nommer audacieux.

Figaro.

Si elle vous nomme audacieux, vous l'appellerez cruelle. Les femmes aiment beaucoup qu'on les appelle cruelles[1]. Au surplus, si son amour est tel que vous le désirez, vous lui direz qui vous êtes; elle ne doutera plus de vos sentimens.

SCENE VI.

LE COMTE, ROSINE, FIGARO.

Figaro allume toutes les bougies qui sont sur la table.

Le Comte.

La voici. — Ma belle Rosine!...

Rosine, *d'un ton très-composé.*

Je commençois, Monsieur, à craindre que vous ne vinssiez pas.

Le Comte.

Charmante inquiétude[2]!... Mademoiselle, il ne me con-

---

1. Variante 106. — 2. Variante 107.

vient point d'abuser des circonstances pour vous proposer de partager le sort d'un infortuné; mais, quelqu'asyle que vous choisissiez, je jure mon honneur...

Rosine.

Monsieur, si-le don de ma main n'avoit pas dû suivre à l'instant celui de mon cœur, vous ne seriez pas ici. Que la nécessité justifie à vos yeux ce que cette entrevue a d'irrégulier!

Le Comte.

Vous, Rosine! la compagne d'un malheureux! sans fortune, sans naissance!...

Rosine.

La naissance, la fortune! Laissons-là les jeux du hasard, et si vous m'assurez que vos intentions sont pures...

Le Comte, *à ses pieds*.

Ah! Rosine! je vous adore!...

Rosine, *indignée*.

Arrêtez, malheureux!... vous osez profaner!... tu m'adores!... Vas! tu n'es plus dangereux pour moi[1]; j'attendois ce mot pour te détester. Mais avant de t'abandonner au remords qui t'attend (*en pleurant*), apprends que je t'aimois; apprends que je faisois mon bonheur de partager ton mauvais sort. Misérable Lindor! j'allois tout quitter pour te suivre. Mais le lâche abus que tu as fait de mes bontés, et l'indignité de cet affreux Comte Almaviva, à qui tu me ven-

---

1. Variante 108.

dois, ont fait rentrer dans mes mains ce témoignage de ma foiblesse. Connois-tu cette lettre?

Le Comte, *vivement.*

Que votre Tuteur vous a remise?

Rosine, *fièrement.*

Oui, je lui en ai l'obligation.

Le Comte.

Dieux, que je suis heureux! Il la tient de moi. Dans mon embarras, hier, je m'en suis servi pour arracher sa confiance, et je n'ai pu trouver l'instant de vous en informer. Ah, Rosine! il est donc vrai que vous m'aimiez véritablement!...

Figaro[1].

Monseigneur, vous cherchiez une femme qui vous aimât pour vous-même...

Rosine.

Monseigneur! que dit-il?

Le Comte, *jettant son large manteau, paroît en habit magnifique.*

O la plus aimée des femmes! il n'est plus temps de vous abuser: l'heureux homme que vous voyez à vos pieds n'est point Lindor; je suis le Comte Almaviva, qui meurt d'amour et vous cherche en vain depuis six mois.

Rosine *tombe dans les bras du Comte.*

Ah!...

1. Variante 109.

Le Comte, *effrayé*.

Figaro?

Figaro.

Point d'inquiétude, Monseigneur; la douce émotion de la joie n'a jamais de suites fâcheuses; la voilà, la voilà qui reprend ses sens; morbleu qu'elle est belle!

Rosine.

A Lindor!.... Ah Monsieur! que je suis coupable! j'allois me donner cette nuit même à mon Tuteur.

Le Comte.

Vous, Rosine!

Rosine.

Ne voyez que ma punition! J'aurois passé ma vie à vous détester. Ah Lindor! le plus affreux supplice n'est-il pas de haïr, quand on sent qu'on est faite pour aimer?

Figaro *regarde à la fenêtre*.

Monseigneur, le retour est fermé; l'échelle est enlevée.

Le Comte.

Enlevée!

Rosine, *troublée*.

Oui, c'est moi... c'est le Docteur. Voilà le fruit de ma crédulité. Il m'a trompée. J'ai tout avoué, tout trahi : il sait que vous êtes ici, et va venir avec main-forte.

Figaro *regarde encore*.

Monseigneur! on ouvre la porte de la rue.

Rosine, *courant dans les bras du Comte, avec frayeur.*

Ah Lindor!

        Le Comte, *avec fermeté.*

Rosine, vous m'aimez! Je ne crains personne; et vous serez ma femme[1]. J'aurai donc le plaisir de punir à mon gré l'odieux vieillard!...

        Rosine.

Non, non, grâce pour lui, cher Lindor! Mon cœur est si plein, que la vengeance ne peut y trouver place.

SCENE VII.

LE NOTAIRE, DON BAZILE, LES ACTEURS PRÉCÉDENS.

        Figaro.

Monseigneur, c'est notre Notaire.

        Le Comte.

Et l'ami Bazile avec lui.

        Bazile.

Ah! qu'est-ce que j'apperçois?

---

1. Variante 110.

Figaro.

Eh! par quel hazard, notre ami...

Bazile.

Par quel accident, Messieurs...

Le Notaire.

Sont-ce là les futurs conjoints?

Le Comte.

Oui, Monsieur. Vous deviez unir la Signora Rosine et moi cette nuit, chez le Barbier Figaro; mais nous avons préféré cette maison, pour des raisons que vous saurez. Avez-vous notre contrat?

Le Notaire.

J'ai donc l'honneur de parler à son Excellence Monseigneur le Comte Almaviva?

Figaro.

Précisément.

Bazile, *à part*[1].

Si c'est pour cela qu'il m'a donné le passe-par-tout...

Le Notaire.

C'est que j'ai deux contrats de mariage, Monseigneur; ne confondons point : voici le vôtre; et c'est ici celui du seigneur Bartholo avec la Signora... Rosine aussi. Les Demoi-

---

1. Variante III.

selles apparemment sont deux sœurs qui portent le même nom.

Le Comte.

Signons toujours. Don Bazile voudra bien nous servir de second témoin. (*Ils signent.*)

Bazile.

Mais, votre Excellence... je ne comprens pas...

Le Comte.

Mon Maître Bazile, un rien vous embarrasse, et tout vous étonne.

Bazile.

Monseigneur... Mais si le Docteur...

Le Comte, *lui jettant une bourse.*

Vous faites l'enfant! Signez donc vîte.

Bazile, *étonné.*

Ah! ah!...

Figaro.

Où donc est la difficulté de signer!

Bazile, *pesant la bourse*[1].

Il n'y en a plus; mais c'est que moi, quand j'ai donné ma parole une fois, il faut des motifs d'un grand poids...

(*Il signe*[2].)

1. Variante 112. — 2. Variante 113.

SCENE DERNIERE.

BARTHOLO, UN ALCADE, DES ALGUASILS, DES VALETS *avec des flambeaux*, et LES ACTEURS PRÉCÉDENS.

BARTHOLO *voit le Comte baiser la main de Rosine, et Figaro qui embrasse grotesquement Don Bazile : il crie en prenant le Notaire à la gorge*[1].

Rosine avec ces fripons ! arrêtez tout le monde. J'en tiens un au collet.

LE NOTAIRE.

C'est votre Notaire.

BAZILE.

C'est votre Notaire. Vous moquez-vous ?

BARTHOLO.

Ah ! Don Bazile. Eh, comment êtes-vous ici ?

BAZILE.

Mais plutôt vous, comment n'y êtes-vous pas[2] ?

L'ALCADE, *montrant Figaro*.

Un moment ; je connais celui-ci. Que viens-tu faire en cette maison, à des heures indues ?

1. Variante 114. — 2. Variante 115.

Figaro.

Heure indue ? Monsieur voit bien qu'il est aussi près du matin que du soir. D'ailleurs, je suis de la compagnie de son Excellence le Comte Almaviva.

Bartholo.

Almaviva ?

L'Alcade.

Ce ne sont pas des voleurs ?

Bartholo.

Laissons cela. — Par-tout ailleurs, Monsieur le Comte, je suis le serviteur de votre Excellence ; mais vous sentez que la supériorité du rang est ici sans force. Ayez, s'il vous plaît, la bonté de vous retirer.

Le Comte.

Oui, le rang doit être ici sans force ; mais ce qui en a beaucoup est la préférence que Mademoiselle vient de m'accorder sur vous, en se donnant à moi volontairement.

Bartholo.

Que dit-il, Rosine ?

Rosine[1].

Il dit vrai. D'où naît votre étonnement ? Ne devois-je pas cette nuit même être vengée d'un trompeur ? Je la suis.

---

1. Variante 116.

Bazile.

Quand je vous disois que c'étoit le Comte lui-même, Docteur?

Bartholo.

Que m'importe à moi? Plaisant mariage! Où sont les témoins?

Le Notaire.

Il n'y manque rien. Je suis assisté de ces deux Messieurs.

Bartholo.

Comment, Bazile! vous avez signé?

Bazile.

Que voulez-vous? Ce diable d'homme a toujours ses poches pleines d'argumens irrésistibles.

Bartholo.

Je me moque de ses argumens. J'userai de mon autorité.

Le Comte.

Vous l'avez perdue[1], en en abusant.

Bartholo.

La demoiselle est mineure.

Figaro.

Elle vient de s'émanciper.

---

1. Variante 117.

BARTHOLO[1].

Qui te parle à toi, maître fripon?

LE COMTE.

Mademoiselle est noble et belle; je suis homme de qualité, jeune et riche; elle est ma femme; à ce titre qui nous honore également, prétend-t-on me la disputer[2]?

BARTHOLO.

Jamais on ne l'ôtera de mes mains.

LE COMTE.

Elle n'est plus en votre pouvoir. Je la mets sous l'autorité des Loix; et Monsieur, que vous avez amené vous-même, la protégera contre la violence que vous voulez lui faire. Les vrais magistrats sont les soutiens de tous ceux qu'on opprime.

L'ALCADE.

Certainement. Et cette inutile résistance au plus honorable mariage indique assez sa frayeur sur la mauvaise administration des biens de sa pupille, dont il faudra qu'il rende compte.

LE COMTE.

Ah! qu'il consente à tout, et je ne lui demande rien.

FIGARO.

Que la quittance de mes cent écus : ne perdons pas la tête.

---

1. Variante 118. — 2. Variante 119.

Bartholo, *irrité*.

Ils étoient tous contre moi; je me suis fourré la tête dans un guêpier!

Bazile.

Quel guêpier! Ne pouvant avoir la femme, calculez, Docteur, que l'argent vous reste; et...

Bartholo.

Eh! laissez-moi donc en repos, Bazile! Vous ne songez qu'à l'argent. Je me soucie bien de l'argent, moi! A la bonne heure, je le garde; mais croyez-vous que ce soit le motif qui me détermine? (*Il signe.*)

Figaro, *riant*.

Ah, ah, ah! Monseigneur; ils sont de la même famille[1].

Le Notaire.

Mais, Messieurs, je n'y comprends plus rien. Est-ce qu'elles ne sont pas deux Demoiselles qui portent le même nom?

Figaro.

Non, Monsieur, elles ne sont qu'une[2].

Bartholo, *se désolant*.

Et moi qui leur ai enlevé l'échelle, pour que le mariage fût plus sûr! Ah! je me suis perdu faute de soins.

1. Variante 120. — 2. Variante 121.

FIGARO.

Faute de sens. Mais soyons vrais, Docteur; quand la jeunesse et l'amour sont d'accord pour tromper un vieillard, tout ce qu'il fait pour l'empêcher peut bien s'appeler à bon droit la *Précaution inutile*.

FIN DU QUATRIÈME ET DERNIER ACTE.

APPROBATION.

J'ai lu, par l'ordre de Monsieur le Lieutenant-Général de Police, *le Barbier de Séville,* Comédie en prose, et en quatre Actes; et j'ai cru qu'on pouvoit en permettre l'impression. A Paris, ce 29 Décembre 1774.

Crébillon.

Vu l'Approbation, permis d'imprimer, ce 31 *Janvier* 1775.

Lenoir.

Achevé d'imprimer, le 30 *mai* 1775.

VARIANTES

VARIANTES

Variante I.

C'est pour le coup qu'il me regarderait comme un Espagnol du temps de Charles-Quint.

Var. II.

Il chantronne (sic) *gaiment à sa fantaisie un papier à la main.*

Var. III.

Jusques-là, ça va bien, mais il faut finir, écorcher la queue, et voilà le rude.

Var. IV.

Je voudrais finir par quelque chose de brillant, de claquant.

Var. V.

Quand il y aura de la musique là-dessus, nous verrons si ces messieurs trouvent encore que je ne sais ce que je dis.

Var. VI.

Ne vois-tu pas que je veux être ignoré?

Var. VII.

Le Ministre ayant égard à la lettre que Votre Excellence lui avait écrite en ma faveur...

Var. VIII.

Non, à l'École vétérinaire d'Alcala.

Le Comte.

Beau début dans le monde !

Var. IX.

... de certaines gens.

Var. X.

Il y aurait des maîtres qui ne seraient pas dignes d'être valets.

Var. XI.

Figaro *s'arrête et examine ce que fait le Comte, qui, en regardant la jalousie, lui dit :*

Le Comte.

Dis toujours, je t'entends de reste.

Figaro.

Avant de m'éloigner de la capitale, je voulus essayer mes talents...

Var. XII.

Figaro.

Ne pensez pas à rire.

Le Comte.

Le théâtre de la Nation, toi ?

Figaro.

Oui, moi, j'ai fait deux opéras-comiques.

LE COMTE.

Ah! je vous entends.

Var. XIII.

Sa joyeuse colère me réjouit! Mais tu ne me dis pas ce qui t'a fait quitter Madrid et ta conduite au midi de l'Espagne?

Var. XIV.

... à tel point affamés et multipliés dans la capitale qu'ils s'entredévoraient pour y vivre, et que, livrés au mépris...

Var. XV.

A la fin, j'ai quitté Madrid.

Var. XVI.

Me moquant des sots...

Var. XVII.

Ta philosophie me parait assez gaie.

Var. XVIII.

Sans l'opéra-comique et les mille et un journaux qui relèvent un peu sa gloire.

Var. XIX.

Le diable l'a-t'il emporté?

Var. XX.

FIGARO, *allant sous le balcon.*

De ce côté-ci, pour que la vue ne puisse pas plonger sur nous.

LE COMTE.

C'est un billet.

FIGARO.

Fort bien ! il demandait...

Var. XXI.

Ce tour-là manquait à ma collection, je m'en souviendrai.

LE COMTE, *baisant le papier*.

Ma chère Rosine !...

FIGARO, *levant son chapeau en l'air et contrefaisant la voix du docteur*.

« Sans l'opéra-comique et les mille et un journaux qui relèvent un peu sa gloire... » (*Il laisse tomber son chapeau.*) Paf ! le papier à bas ! (*Contrefaisant la voix de Rosine.*) Ma chanson ! ma chanson !... (*Il rit.*) Ah ! ahi !...

Var. XXII.

Ma vie entière ne suffira pas...

Var. XXIII.

Pesez tout à cette balance, et personne ne vous trompera.

Var. XXIV.

Bien choisi à vous, la peste ! C'est un morceau de prince !

Var. XXV.

Il paraît un peu brutal ?

FIGARO.

Vous lui faites grâce du peu, il l'est excessivement.

LE COMTE.

Tant mieux. Ses moyens de plaire ?

FIGARO.

Nuls.

Var. XXVI.

On dit que la crainte des galants...

Var. XXVII.

Tant mieux! tant mieux!...

FIGARO.

A tous ces *tant mieux* oserais-je demander à Votre Excellence ce qu'elle trouve de favorable dans ma description?

LE COMTE.

C'est que j'ai souvent remarqué que les moyens que les hommes emploient pour s'assurer d'un bien sont précisément ce qui le leur fait perdre.

FIGARO.

Pour que la maxime ne tourne pas contre vous, avant d'agir, laissez-moi sonder le terrain, et tâchez de lire au cœur de la dame.

LE COMTE.

Aurais-tu de l'accès?

Var. XXVIII.

LE COMTE.

En lui parlant, Figaro, examines si bien ses yeux, ses joues, le mouvement de ses lèvres et de ses doigts, enfin toute sa personne, qu'elle ne puisse t'échapper.

FIGARO.

Le Ciel l'en préserve, elle serait bien rusée.

LE COMTE.

Si elle te reçoit debout, prends garde à son maintien. L'impatience et l'amour, mon ami, se décèlent, en écoutant, par une inquiétude générale, un vacillement du corps...

FIGARO.

Oui! passant d'un pied sur l'autre.

LE COMTE.

Observe bien ce qu'elle dit, ce qu'elle ne dit pas, si sa respiration se précipite, si sa parole est brève, sa voix mal assurée, si elle retient ses phrases à moitié, si elle répète deux fois la même chose en répondant...

FIGARO.

Je la vois, je la vois! Comme vous peignez, Monseigneur; vous méritez de réussir et j'y vais travailler.

Var. XXIX.

A Merveille!

Var. XXX.

J'ai joué Montauciel[1] à Madrid en société.

Var. XXXI.

FIGARO.

Je vais me glisser dans la maison. Acceptez une mauvaise retraite chez moi; vous y serez plutôt instruit que dans une auberge où l'on peut nous remarquer.

LE COMTE.

Tu parles bien.

FIGARO.

Ce n'est rien que cela; vous me verrez agir.

(*Il voit sortir Bartholo, et rentre où est le Comte.*)

---

1. Rôle du dragon dans *le Déserteur* de Sedaine et Monsigny, joué pour la première fois à la Comédie-Italienne le 6 mars 1769.

Dans le manuscrit, la scène finit là. Ici se place alors la scène VIIIe du deuxième acte, formant ainsi dans le manuscrit la scène VIe du premier, avec des variantes qu'on trouvera indiquées plus loin.

Var. XXXII.

Demain, il épouse Rosine, et je suis découvert.

Var. XXXIII.

Allons, qu'un vil effroi ne rende pas mes forces inutiles; l'audace de lutter contre les obstacles est la vertu qui les fait surmonter.

FIGARO.

Bravo! la maxime d'Horace!

LE COMTE.

Elle écoute sûrement derrière la jalousie.

Var. XXXIV.

Vous l'ordonnez, je me ferai connaître.
Plus inconnu, je pouvais admirer...

Var. XXXV.

Je suis Lindor, le Tage m'a vu naître;
Mes vœux sont ceux d'un timide écolier:
Que n'ai-je, hélas! d'un brillant chevalier
A vous offrir la main et le bien-être!...

Var. XXXVI.

Rien ne m'apprend que l'on m'ait entendu. Si je recommençais?

Var. XXXVII.

Ah, c'en est fait! je suis à ma Rosine. (*Il baise la lettre.*)

Var. XXXVIII.

Vous, Monseigneur, l'habit de guerre et le billet de logement! Je vous rejoins dans ma boutique...

Var. XXXIX.

Il y a tant de méchantes gens!

Var. XL.

Si mon tuteur rentrait, je ne pourrais plus savoir...

Var. XLI.

Il brûle de venir vous apprendre lui-même...

ROSINE.

Qu'il s'en garde bien, il perdrait tout!

FIGARO.

Ne craignez rien, je viens de vous débarrasser de tous vos surveillants jusqu'à demain.

ROSINE.

Je ne lui défends pas de m'aimer, mais qu'il ne fasse aucune imprudence!...

FIGARO.

Si vous le lui ordonniez par un mot de lettre?

Var. XLII.

Dans le manuscrit la scène finit ainsi :

ROSINE.

Allez, mon cher Figaro, et prenez bien garde en sortant.

Var. XLIII.

Rosine *va à la fenêtre.*

Il est passé... voyons ce qu'on m'écrit; ah! j'entends mon tuteur; serrons la lettre et reprenons mon ouvrage.

Var. XLIV.

Il a donné des pilules à l'Éveillé.

Var. XLV.

Oh! le rusé vieillard!

Var. XLVI.

ROSINE.

Examinez encore si la cheminée n'a pas trop d'ouverture en haut.

BARTHOLO.

Vous avez raison, je l'avais oublié.

ROSINE.

Voyez si l'on ne pourrait pas glisser un billet par-dessous la porte.

BARTHOLO.

Il n'y aurait point de mal quelles traînassent toutes sur les planchers; on cherche souvent d'où vient un rhumatisme... Vous riez?

ROSINE.

D'honneur! qui nous entendrait croirait que tout ceci n'est qu'un badinage!...

Var. XLVII.

Je l'ai vu un moment. (*A part.*) Il l'apprendrait d'ailleurs.

Var. XLVIII.

BARTHOLO.

Dorénavant, Madame, quand j'irai par la ville ne trouvez pas mauvais que je vous enferme sous clef.

Var. XLIX.

L'ÉVEILLÉ, *criant.*

La Jeunesse!... la Jeunesse!... Aye! aye!

Var. L.

BARTHOLO, *le frappant.*

Tiens, avec ton Monsieur Figaro!

L'ÉVEILLÉ, *faisant un saut de frayeur.*

Ah! bon Dieu!...

Var. LI.

De la justice... il me répond!... C'est bon entre vous, misérables, la justice; je vous paie pour que vous me serviez, mais je suis votre maître pour avoir raison, toujours raison!

Var. LII.

ROSINE.

Allez vous coucher, mes enfants, vous en avez besoin!

BARTHOLO.

Sans doute, signora, protégez-les contre moi! Ils ne sont pas assez insolents!

Var. LIII.

Cette fameuse tirade « de la Calomnie » ne se trouve pas dans le manuscrit de la Comédie française.

Var. LIV.

... Sont des disonnances qu'on doit sauver par la consonnance de l'or.

Var. LV.

C'est ce que nous verrons, lorsque je vais vous confronter avec un témoin irréprochable[1] et tout prêt à déposer contre vous.

ROSINE, *un peu troublée.*

(*A part.*) J'étais seule... (*Haut.*) Qu'il paraisse donc ce témoin; je suis curieuse de le voir.

Var. LVI.

ROSINE, *se retournant et se mordant le doigt.*

Var. LVII.

Je tiens la réponse à votre lettre.

Var. LVIII.

Voici d'après le manuscrit le signalement dans son entier :

AIR : *Ici sont venus en personne.*

Le chef branlant, la tête chauve,
Les yeux vairons, le regard fauve,
L'air farouche d'un Algonquin [2],
La taille lourde et déjetée,
L'épaule droite surmontée,
Le teint grenu d'un maroquin,
Le nez fait comme un baldaquin,
La jambe pote [3] et circonflexe,
Le ton bourru, la voix perplexe,
Tous les appétits destructeurs,
Enfin la perle des Docteurs [4].

1. Sans doute pour « irréfutable ».
2. Sauvage du Canada.
3. Jambe grosse et enflée.
4. Bartholo coupe le signalement à l'endroit qu'il lui plaît. (*Note de Beaumarchais.*)

Var. LIX.

          Bartholo, *s'échauffant.*

Chez un confrère ?...

                Le Comte.

De la douceur, docteur Porc-à-l'auge !

———

Var. LX.

Ah docteur Pot-à-l'eau !

———

Var. LXI.

Eh bien, avec les vôtres il n'y avait qu'à vous laisser encore traiter les nôtres ; la cavalerie du roi aurait été bientôt troussée !...

———

Var. LXII.

... Moi poli et vous jolie sont deux qualités qui vont fort bien.

———

Var. LXIII.

Je crains seulement que vous ne m'entendiez pas bien ; je ne parle pas tout à fait comme je le voudrais.

                Bartholo.

On le voit de reste.

———

Var. LXIV.

... Que par ma place de médecin des hopitaux...

———

Var. LXV.

Comment nous retourner ?

———

Var. LXVI.

Décamper! Ce mot exact à l'armée se prend toujours en mauvaise part dans les villes... Montrez-moi le brevet de votre place.

———

Var. LXVII.

Nous quitter, après tout ce que j'ai fait!

ROSINE.

Il le faut!

———

Var. LXVIII.

LE COMTE *veut lui baiser la main; elle la retire.*

BARTHOLO.

Passez toujours de ce côté-là...

LE COMTE.

Ah vous êtes un peu... là... ce qu'on appelle méfiant. (*Il chante.*)

AIR: *M. l'Archevêque de Paris est grand solitaire.*

Quand je rencontre en belle humeur
Quelque Dondon jolie,
J'ly fais des es ..
J'ly fais des es...
J'ly fais des espiégleries,
Docteur,
Sans en avoir envie.

Seulement pour rire un moment!...

BARTHOLO *lit.*

Charles, par la grâce de Dieu, roi d'Espagne, em... em... ah!... sur les bons et fidèles témoignages qui nous ont été rendus de la personne de Claude Blaise Guignolet Bartholo, de ses sens, capacités... (*Ils se font des signes pendant ce temps.*) Vous n'écoutez pas?

———

Var. LXIX.

Quelle insolence !...

LE COMTE.

Hé ! je m'en rapporte... on ne loge pas de soldats ici... Bonsoir !...

Var. LXX.

BARTHOLO.

Rosine et moi, nous sommes les ennemis; allez mettre ailleurs l'armée en présence.

Var. LXXI.

Vous mériteriez que je le remisse à votre mari pour vous punir de m'avoir refusé votre main à baiser.

Var. LXXII.

(*Le Comte baise la main de Rosine.*)

BARTHOLO.

Comment donc, vous lui baisez la main? Sortez d'ici, et je vais à l'instant me plaindre à votre capitaine !

LE COMTE.

A l'instant? à mon capitaine? Supérieurement bien vu, docteur. Et aussitôt que mon capitaine l'apprendra, soyez sûr qu'il va me rabattre ce baiser-là sur ma paye.

Var. LXXIII.

ROSINE.

Vous ne me frapperez pas peut-être ?

BARTHOLO.

Je l'aurai de force ou de gré !...

Var. LXXIV.

Rosine.

Mon sang bouillonne, une chaleur horrible...

(*Elle tire son mouchoir de sa poche, elle dénoue le ruban de sa pièce d'estomac, la lettre tombe.*

Var. LXXV.

Le pouls est pourtant assez égal. (*A part.*) Sans mes lunettes, je n'y vois que du noir et du blanc... Les voici.

Var. LXXVI.

Il sent son tort, je le tiens à mon tour.

Var. LXXVII.

Par amitié.

Rosine.

Vous ne méritez pas le moindre sentiment.

Var. LXXVIII.

(*Elle lit.*) « ... Une querelle ouverte avec votre tuteur, et si quelque chose dérangeait le projet que vous venez de lire, *je vous demande en grâce une conversation cette nuit à travers votre jalousie.* » Hélas! j'y consens, mais comment le lui faire savoir?

Var. LXXIX.

Monsieur, permettez...

Bartholo.

Quoi permettre? (*A part.*) Cet homme m'est suspect. (*Haut.*) Si vous ne voulez pas absolument que j'y aille, que demandez-vous ici?

Var. LXXX.

Vous vous moquez! J'espère avant peu vous convaincre que personne ne désire autant que moi le mariage de la Signora.

BARTHOLO.

Comment vous marquer ma reconnaissance?

Var. LXXXI.

BARTHOLO.

C'est ce dont il m'avait flatté ce matin.

LE COMTE.

Vous voyez si j'impose. Le déménagement du Comte nous dérobe sa marche, il faut se presser.

BARTHOLO.

Vous avez raison.

LE COMTE.

Mon avis est que nous venions demain bien accompagnés.

Var. LXXXII.

Attendez, vous êtes son élève?

LE COMTE.

C'est... c'est le nom que j'ai pris pour m'introduire ici.

BARTHOLO.

Par conséquent, musicien.

Var. LXXXIII.

Plutôt deux pour vous plaire.

Var. LXXXIV.

Je vais enfin voir ma Rosine; contiens-toi, mon cœur! Ne va pas m'exposer à ton tour... Ingrate Rosine, ton amant est près de toi et ton cœur ne te dit rien... La voici; craignons de lui causer trop de surprise en nous montrant tout d'abord.

Var. LXXXV.

Un siége! un siége!

Var. LXXXVI.

Je vais te chercher un verre d'eau.

Le Comte, *pendant qu'il va chercher un verre d'eau.*
Ah! Rosine.

Rosine.

J'ai fait ce que vous m'avez prescrit; comment revenir actuellement?

Var. LXXXVII.

Bartholo *apporte un verre d'eau.*

Tiens, mignonette, bois ceci.

Var. LXXXVIII.

Commençons donc. (*A Bartholo.*) Ah! monsieur, donnez-moi le papier qui est là-dedans sur mon clavecin. (*Bartholo sort et revient aussitôt.*)

Bartholo.

Seigneur Alonzo, vous êtes plus au faite de ces choses que moi. (*Le Comte sort.*)

SCÈNE V.

BARTHOLO, ROSINE.

Rosine.

Mon Dieu! prenez bien garde que vos émissaires mêmes ne restent une minute avec moi.

BARTHOLO.

Où vas-tu chercher de pareilles idées ? Je t'assure ma petite...

SCÈNE VI.

LES MÊMES, LE COMTE, *rentrant*.

LE COMTE.

Il n'y avait que celui-là sur le pupitre. Est-ce celui que vous demandez, madame ?

ROSINE.

Précisément, seigneur don ?...

LE COMTE.

Alonzo, pour vous servir.

ROSINE.

Oui, Alonzo ; pardon, je ne l'oublierai plus.

Var. LXXXIX.

FIGARO, *à part*.

Qu'est ceci ? l'amant danse et rit avec le tuteur ! Il en sait plus que je ne croyais.

BARTHOLO, *apercevant Figaro*.

Eh, entrez donc, Monsieur le Barbier ; entrez !...

FIGARO *salue*.

Monsieur ! (*A part au Comte.*) Bravo, Monseigneur !

Var. XC.

FIGARO *fait des signaux de la main par derrière au Comte*.

Ah bien, tenez, Messieurs, puisque nous sommes sur ce chapitre, je vous dirai la réponse que je faisais faire à un homme de ma profession sur pareille apostrophe dans un opéra-comique de ma façon qui n'a eu qu'un quart de chute à Madrid.

Le Comte.

Qu'entendez-vous par un quart de chute?

Figaro, *faisant des signaux de la main au Comte.*

Monsieur, c'est que je n'ai tombé que devant le sénat comique du *scenario*; ils m'ont épargné la chute entière en refusant de me jouer. Ah! si j'avais là mon musicien, mon chanteur, mon orchestre (*sic*), mes cors de chasse, mon fifre et mes timballes, car je ne puis chanter à moins d'un train du diable à mes trousses. N'importe, je vais vous lire le morceau. (*Il tire un grand papier au dos duquel sont écrits en gros caractères ces mots:* Demandez tout bas où il serre la clef de la jalousie, *et pendant qu'il débite l'ariette, il tient le papier de façon que le public et le Comte puissent lire le verso.*) C'est une ariette de bravoure majestueuse:

> J'aime mieux être un bon Barbier,
> Traînant ma poudreuse mantille;
> Tout bon auteur de son métier
> Est souvent forcé de piller,
>   Grapiller,
>   Houspiller...

Un grand coup d'orquestre! Brouuuum!

> Il vous pille
> Chez ses devanciers les Auteurs;

Turelu, turelu; les flûtes: Brouuum!...

> Il grapille,
> Dans la Bourse des Amateurs.

Tirelan, tirelan tam, tam; les haut bois!

> Il houspille,
> Hélas! à regret le public
> Quand il le rassemble en pic-nic (*sic*)
> Pour écouter sa triste affaire...

Ah! que c'est bien dit: « Sa triste affaire! » Ici vous entendez, Messieurs: *public, pic-nic.* Pou, pou, pou, les bassons, reprise vivement; gros violons, moyens violons, petits violons, cors, cornillons, cornets, tambours, tambourins, quintons, flutais, flageolets, galoubets et autres siffleurs de même farine. Sa triste affaire, avons nous dit...

Reprise :

D'abord il a fallu la faire,
Souvent ensuite la défaire,
Au gré des acteurs la refaire,
En en parlant n'oser surfaire,
Presque toujours se contrefaire,
Et n'obtenir pour tout salaire
Que les brouhahas du parterre,
La critique du monde entier;
Enfin, pour coup de pied dernier,
La ruade folliculaire.
Ah! quel triste, quel sot métier,
J'aime mieux être un bon Barbier (*bis*),
   un bon Barbier,
      bier,
      bier.

BARTHOLO.

Assurément, voilà une belle poussée !

LE COMTE, *bas à Rosine.*

Vous avez lu le papier?

ROSINE, *bas.*

Oui, à sa ceinture.

FIGARO.

Une telle ariette n'avoir pas été exécutée ! Y eut-il jamais un pareil revers ! (*Il montre au Comte le dos du papier.*)

LE COMTE.

Je conçois qu'on s'en occupe. Seriez-vous par hasard celui qu'on nomme ici le Barbier de Séville par excellence ?

FIGARO.

Monsieur, Excellence vous-même !

LE COMTE.

Auteur d'un couplet mis au bas du portrait d'une très-belle dame habillée en sous-tourière ?...

FIGARO, *cherchant à comprendre.*

Il se peut, Monsieur.

LE COMTE, *à Bartholo.*

Les vers ne sont pas mal faits, quoique sur un air commun. Voici le couplet. (*A part.*) Moi qui allais chanter ! *Il débite :*

> Pour irriter nos désirs,
> Sœur Vénus dessous la bure
> Tient la clef de nos plaisirs.

FIGARO.

Turelure !

LE COMTE.

Attachée à sa ceinture.

FIGARO.

Robin Turelure, relure¹...

ROSINE.

Il est très-joli.

BARTHOLO.

Plein de sel et de délicatesse...

---

1. A cette tourière Beaumarchais substitua en variante sur le manuscrit (provenant de Londres) « un vieux avare », et le couplet commençait alors ainsi :

> Cet avare, chargé d'or,
> Vêtu d'un habit de bure,
> Tient la clef de son trésor...

L'autre manuscrit, celui de la Comédie, donne encore une autre variante :

AIR : *Robin Turelure.*

> Pour irriter nos désirs,
> Bartholina sous la bure
> Tient la clef de nos plaisirs.

D'ailleurs, tout le passage relatif à sœur Vénus est raturé sur le manuscrit, mais assez légèrement cependant pour être très-facilement lu.

Figaro.

Il n'est pas de moi; j'en connais l'auteur. Charmant! Vénus, sa ceinture, la clef... moi je vois le trousseau! Charmant! un pareil ouvrage n'est pas facile à faire!...

Bartholo.

Non, je vous assure. Voilà comme j'aime une chanson, où l'on détourne agréablement... (*A Figaro, qui tient le papier de son ariette à moitié roulé.*) Qu'est-ce qu'il y a donc d'imprimé derrière votre papier?

Le Comte, *à part.*

O étourdi!

Rosine, *à part.*

Tout est perdu!

Figaro, *roulant vite le papier.*

Monsieur, c'est une affiche de spectacle sur le verso de laquelle nous autres pauvres poëtes...

Bartholo.

... *De la jalousie...* j'ai lu.

Figaro.

Le Danger de la jalousie, voilà ce que c'est.

Bartholo *veut prendre le papier.*

Les journaux n'en ont pas parlé?

Figaro, *serrant le papier.*

N'en ont pas parlé... Eh, mon Dieu, Monsieur, si les journaux n'étaient pas une forte branche de commerce, et qui fait fleurir les manufactures d'encre et de papier marbré, les journaliers feraient peut-être aussi bien..

Bartholo.

Les journaliers?... Cet homme veut écrire, et ne sait pas seulement parler sa langue. Enfin, quel sujet vous amenait ici, journalier?

Var. XCI.

Figaro, *au Comte.*

... Que les brouhahas du parterre! un morceau superbe en vérité, ce n'est pas pour me vanter.

Bartholo.

En voilà assez!...

Var. XCII.

Pourquoi donc chez moi?

Bartholo.

Pour ne pas perdre un instant le plaisir de t'entendre, mon minet!...

Var. XCIII.

Bartholo, *rentrant.*

Venez avec moi, seigneur Alonzo; si ce malheureux s'est blessé, je ne serai pas assez fort tout seul.

Rosine, *restée seule.*

Nous avons beau faire, il prévoit et devine tout; je n'ai jamais aussi vivement senti le malheur de ma situation.

Var. XCIV.

Mon coquemar[1] et mon beau bassin d'argent sont dans un joli état!

Figaro.

Que diriez-vous donc, si l'on vous enlevait votre bien ou votre femme?...

Bartholo *se retourne.*

Ma femme!...

---

1. Bouilloire à large ventre, avec un bec pour diriger le liquide et une anse pour saisir le vase.

Var. XCV.

LE COMTE, *haut*.

Avez-vous craint que je ne misse pas assez de zèle pour votre écolière ? Certes, c'est en montrer beaucoup.....

Var. XCVI.

BARTHOLO.

Dom Bazile, je vous trouve ce soir un air tout à fait extraordinaire.

DOM BAZILE.

Quel *Demonio!* on l'aurait à moins.

Var. XCVII.

Si je ne me pique pas d'un aussi grand talent pour montrer que vous, mes façons de me faire entendre au moins vous sont connues.

Var. XCVIII.

BAZILE, *en s'en allant*.

Diable emporte, si j'y comprends rien ! Sans cette bourse, je croirais qu'ils se sont donné le mot pour rire à mes dépens ; ma foi, qu'ils s'entendent s'ils peuvent, voici qui me met la conscience en repos sur tous les points !

Var. XCIX.

ROSINE.

Qui peut vous troubler à ce point ?

BARTHOLO.

Avez-vous bien l'audace de me parler ?

LE COMTE.

Monsieur, expliquez-vous.

BARTHOLO.

Que je m'explique, traître?... C'est donc pour ce bel emploi que tu t'es introduit dans ma maison?

Var. C.

———

... Peut-être, en ce moment, aux pieds d'une autre femme!...

Var. CI.

———

SCÈNE III.

BARTHOLO, *seul, les grosses clefs à la main.*

Voyons si tout est bien fermé dans l'intérieur. Pour la porte de la rue, j'en réponds actuellement. Quel temps! quel orage!... Elle est couchée, tous les gens malades... et je suis seul! Voilà la sueur froide qui me prend... Qui va là?... Ce n'est rien; il suffit d'une mauvaise conscience pour troubler la meilleure tête. Il faut pourtant l'éveiller; elle va s'effrayer de mon apparition.

(Il frappe.)

ROSINE, *en dedans.*

Qu'est-ce?

BARTHOLO.

Rosine!... ouvrez, c'est moi.

ROSINE.

Je vais me coucher.

———

Var. CII.

Asseyez-vous!

ROSINE.

Je ne veux pas m'asseoir.

———

Var. CIII.

Mais pressez la cérémonie.

BARTHOLO.

Je vais tout disposer pour demain.

ROSINE, *effrayée*.

Demain ?...

BARTHOLO.

Si tu veux, on peut avancer l'instant?

ROSINE.

Le plutôt sera le mieux.

Var. CIV.

... Enferme-toi dans ma chambre, je vais m'envelopper d'un manteau... sitôt qu'il sera remonté dans ce salon, j'enlève l'échelle et vais chercher main-forte. Enfermé chez moi et arrêté comme voleur.....

Var. CV.

Ce n'est que le vil agent d'un grand Seigneur corrompu.

Var. CVI.

Cruelles !... avec ce mot qui flatte leur orgueil, un amant les mène toujours plus loin qu'elles ne veulent !...

Var. CVII.

FIGARO.

En effet, il s'en est peu fallu que nous n'ayons été entraînés par l'inondation que la pluie et les ravins amènent de toutes parts; mais, nouveau Léandre, il a conjuré les éléments. (*Il récite avec emphase :*)

> Il dit aux torrents, à l'orage,
> Je suis attendu par l'amour,
> S'il faut périr en ce passage,
> Gardons la mort pour mon retour!

Le Comte.

Ainsi, ma belle Rosine, laissons là mes dangers, parlons de ceux que vous courez en ce logis.

Var. CVIII.

... C'est l'aveu que j'attendais pour te détester.

Var. CIX.

Par ma foi, Monseigneur, la chimère que vous poursuivez, la voilà réalisée.

Var. CX.

Tous mes gens cachés autour de ce logis vont accourir au moindre signal.

Var. CXI.

Voilà bien une autre musique !

Var. CXII.

Argument sans réplique !...

Var. CXIII.

(*Dans le manuscrit, la scène finit ainsi :*)

Figaro, *pendant qu'on signe.*

L'ami Bazile ! à votre manière de raisonner, à vos façons de conclure, si mon père eut fait le voyage d'Italie, je croirais ma foi que nous sommes un peu parents.

Dom Bazile.

Monsieur Figaro, ce voyage d'Italie, il n'est pas du tout nécessaire pour que cela soit, parce que mon père, il a fait plusieurs fois celui d'Espagne.

Figaro.

Oui? Dans ce cas nous devons partager comme frères tout ce que vous avez reçu dans cette journée.

Dom Bazile.

Je ne sais pas bien l'usage ici, mais chez nous, Monsieur Figaro, pour succéder ensemblement, il faut prouver sa filiation maternelle; l'autre il ne suffit pas chez nous; je dis chez nous... (*Il met la bourse dans sa poche.*)

Le Comte.

Crains-tu, Figaro, que ma générosité ne reste au-dessous d'un service de cette importance? Laisse là ces misères, je te fais mon secrétaire avec mille piastres d'appointements.

Dom Bazile.

Alors, mon frère, je suis très-content d'agir avec vous, s'il vous convient, selon la coutume espagnole.

Figaro *l'embrasse en riant.*

Ah friandas! il ne faut que vous en montrer!...

Var. CXIV.

Rosine avec eux! Nous arrivons fort à propos.

Var. CXV.

Le Comte.

Seigneur Bartholo, tout ce bruit est désormais inutile; le notaire vient de nous faire signer un contrat de mariage en bonne forme, à la signora Rosine et à moi comte Almaviva.

Var. CXVI.

Rosine.

Il dit vrai!

Figaro.

Il dit vrai!

Le Notaire.

Il dit vrai!...

Bartholo, *furieux*.

Il dit vrai!... Jeune insensée!...

Var. CXVII.

Bartholo.

Comment cela s'il vous plait?

Le Comte.

En vous appropriant un bien que les lois vous avaient seulement chargé de conserver...

Bartholo.

Pour votre Excellence, peut-être?

Le Comte.

Non, mais pour que Mademoiselle pût disposer d'elle librement un jour.

Bartholo.

C'est bien dit « un jour »; mais il n'est pas arrivé.

Var. CXVIII.

Bartholo.

L'ordonnance est formelle, et nous verrons!

Figaro.

Voyez l'ordonnance, et nous emmenons la demoiselle!

Bartholo.

On prouvera quelle est mal mariée!

Figaro.

Bien épousée!

Bartholo.

Que le mariage est nul!

Figaro.

Que l'époux est de qualité.

Bartholo.

Nul, de toute nullité !... Je vous ferai sabrer tous par M. Braillard, mon avocat.

Figaro.

Il vous fera perdre encore ce procès-là ! Quand ces Messieurs ont passé toute une ville au fil de la langue, ils n'ont blessé que le tympan des juges.

Bartholo.

Qui te parle, à toi, maître fripon ?

Le Comte.

Docteur, vous voyez que c'est un mal sans remède.

Var. CXIX.

Allons seigneur tuteur, faisons-nous justice honnêtement ; consentez à tout, et je ne vous demande rien de son bien.

Bartholo.

Eh, vous vous moquez de moi, Monsieur le Comte, avec vos dénouements de comédie. Ne s'agit il donc que de venir dans les maisons enlever les pupilles et laisser le bien aux tuteurs ? Il semble que nous soyons sur les planches !

Dom Bazile.

Ne pouvant avoir la femme, calculez, docteur, que l'argent vous reste, et vous verrez que ce n'est pas toute perte.

Figaro.

Au contraire, pour un homme de son âge, c'est tout gain.

Var. CXX.

Bartholo.

Je me rends, parce qu'il est clair qu'elle m'aurait trompé toute sa vie.

ROSINE.

Non, monsieur, mais je vous aurais haï jusqu'à la mort.

BARTHOLO, *signant*.

Qu'elle est neuve! comme si l'un n'était pas une suite de l'autre!

Var. CXXI.

LE NOTAIRE.

Et qui me paiera dans le second contrat?

FIGARO.

Le premier dépôt que nous vous mettrons dans les mains.

BARTHOLO.

Quel événement! Voilà qui est fini, mais le mal vient toujours de ce qu'on ne peut faire tout soi-même.

FIGARO.

C'est précisément le contraire, docteur; car si vous n'aviez pas été chercher ces Messieurs vous-même, on n'aurait pas marié Mademoiselle pendant ce temps; jusques-là vous vous étiez assez bien conduit.-

APPENDICES

APPENDICES

I

PAPIERS DIVERS ET MANUSCRITS INÉDITS DE BEAUMARCHAIS
ACHETÉS A LONDRES,
DEUX LETTRES DE M. ÉD. FOURNIER RELATIVES
A CES PAPIERS.

Nous avons dit, dans la notice qui ouvre ce volume, que le manuscrit original du Barbier de Séville, sur lequel nous avons relevé nos variantes, fait partie des manuscrits de Beaumarchais achetés à Londres, en 1863, pour le compte de la Comédie-Française, par M. Édouard Fournier. Nous avons eu communication, aux archives du théâtre, de ces précieux manuscrits, qui s'y trouvent réunis, en sept volumes, reliés, grand in-8°. Comme il a été très-souvent question, dans les journaux et ailleurs, de cette inespérée et précieuse acquisition, faite moyennant un prix si restreint et dans des conditions si heureuses, nous avons cru devoir raconter au lecteur l'histoire de cet achat et lui donner ensuite une idée de son considérable intérêt, par une sorte de catalogue détaillé des sept volumes, faisant ainsi passer sous ses yeux, pièce par pièce, la collection tout entière.

Notre confrère et ami M. Édouard Fournier, à qui nous nous sommes tout naturellement adressé pour avoir d'authentiques renseignements sur cette affaire, nous a communiqué aussitôt deux lettres écrites par lui, à l'époque de l'achat, aux journaux le Temps *et le* Figaro *pour relever certaines erreurs émises dans ces deux feuilles relativement à ladite acquisition. En reproduisant ces deux lettres complétées par quelques notes que M. Ed. Fournier a bien voulu, pour nous, y ajouter, nous croyons donner l'historique entier de la curieuse et importante négociation terminée si heureusement pour les archives de la Comédie-Française.*

G. D'H.

I

Au Directeur du Journal LE TEMPS.

Paris, le 25 septembre 1863.

Monsieur,

Permettez-moi de compléter par quelques lignes la nouvelle, très-vraie, que vous avez donnée hier sur la découverte de sept volumes *manuscrits* de Beaumarchais à Londres.

Il y a quinze jours, me trouvant avec mon ami Francisque Michel, chez un des libraires de Soho-Square[1] qui s'occupent le plus spécialement de livres rares, il nous parla de manuscrits de Beaumarchais conservés chez lui depuis quarante ans au moins, et oubliés après une mise en vente infructueuse en 1828[2].

On ne les avait retrouvés que la semaine précédente. Je demandai à les voir; on me les apporta tout couverts encore de

1. Voyez, sur cette librairie, la lettre suivante.
2. Le principal employé de la maison Dulau m'en fit voir la mention sur le *Catalogue* de cette année-là. Le prix en était marqué 300 francs. C'était bien modeste, pour ne pas dire bien modique : il ne vint cependant pas un seul amateur. Pour les Anglais, en dehors de nos grands classiques, notre littérature n'existe guère, comme la leur au reste n'existe pas pour nous, en dehors de Shakespeare, Milton, Byron, Scott et quelques autres. Beaumarchais, en 1828, était presque un inconnu pour eux. L'est-il beaucoup moins aujourd'hui ? En tout cas, ce ne sont pas ses pièces qui l'auront popularisé à Londres. On sait que, pour ne pas froisser la *gentry*, le *Mariage de Figaro*, cette satire de toutes les noblesses en décadence, est défendue encore aujourd'hui sur les mêmes théâtres où l'on joue *la Grande Duchesse* d'Offenbach !

leur poussière, et Francisque Michel voulant bien m'en laisser l'examen, je ne tardai pas à voir de quel prix était l'important ensemble de renseignements, de pièces, de mémoires, de poésies, qui m'était soumis, et ma résolution fut aussitôt prise. Je priai le libraire de me dire ce qu'il comptait demander de ces sept volumes. Sur sa réponse, plus modeste qu'exagérée, je m'empressai d'écrire à M. Édouard Thierry, administrateur de la Comédie-Française, pour lui apprendre quelle admirable occasion lui était offerte de compléter, sans une trop forte dépense, la collection de manuscrits de Beaumarchais conservée à la bibliothèque du théâtre. « Vous pourrez vous flatter, lui disais-je après lui avoir énuméré les précieuses pièces contenues dans ces volumes, de posséder le lot le plus riche et le plus imprévu de l'héritage manuscrit de Beaumarchais. »

M. Édouard Thierry mit à accepter plus de hâte encore, si c'est possible, que j'en avais mis à offrir. Il répondit courrier par courrier; l'argent demandé était dans sa réponse [1].

Je n'étais plus à Londres. Obligé d'aller à La Haye pour compléter une découverte faite sur Corneille au *British-Museum*, j'étais parti le lendemain sans manquer de prévenir M. Thierry, et sans oublier surtout de l'avertir que Francisque Michel se chargeait de terminer la négociation. C'est ce qu'il a fait de la façon la plus intelligente et la plus heureuse. A mon retour de Hollande, il y a huit jours, j'ai appris que les sept volumes manuscrits appartenaient à la Comédie-Francaise [2].

[1]. C'était un billet de banque de 500 francs *. La maison Dulau, qui n'avait pas trouvé marchand à 300 francs, en 1826, avait cru faire une affaire excellente par cette plus-value de 200 francs en 1863.

[2]. Ils n'y arrivèrent que six semaines après, à cause du retard que la personne qui s'était chargée de les rapporter dut subir pour son retour de Londres à Paris. Édouard Thierry se hâta de m'en faire part. Voici son billet :

« Mon cher ami,

« Nous avons les manuscrits de Beaumarchais entre les mains. Quand
« vous voudrez les venir voir, ou pour mieux dire les revoir, je mettrai mon
« cabinet à votre disposition.

« Tout à vous.

« Édouard Thierry. »

« 16 novembre 1863. »

* Le prix précis de l'achat a été de 509 fr. 10 c. J'ai relevé, moi-même, ce chiffre porté, à la date du 26 septembre 1863, sur le registre des dépenses journalières de la Comédie-Française, qui m'a été obligeamment communiqué par l'aimable secrétaire du théâtre, M. Verteuil.

Georges d'Heylli.

Voilà, monsieur, toute l'affaire. Quoique ce ne soit qu'une histoire et non une fable, je tirerai cette morale : « Il est heureux qu'une fois au moins Londres, qui nous a pris tant de richesses de ce genre, nous en rende une, et que ce trésor reconquis trouve une si digne place. »

Recevez, etc.
Édouard Fournier.

II

A M. le Rédacteur en chef du Journal LE FIGARO.

Paris, 12 septembre 1866.

Monsieur,

On a parlé à plusieurs reprises, dans votre journal, des manuscrits de Bèaumarchais qui appartiennent aujourd'hui à la Comédie-Française. Chaque fois on s'est plus ou moins trompé. Soyez donc assez bon pour me permettre de rétablir les faits.

Le seul point vrai dans tout ce qu'on a dit dernièrement, chez vous ou ailleurs, est celui-ci : les sept volumes manuscrits, et la plupart autographes, ont été acquis pour le compte du Théâtre-Français, à Londres, par mon entremise, pour le prix de 500 francs, à l'amiable et non aux enchères. C'est à la librairie de *Soho-Square*, fondée pendant la révolution par l'abbé Dulau, qui se faisait libraire au moment où le comte de Caumont, émigré comme lui, se faisait relieur [1], que l'affaire engagée par hasard, un soir, s'est conclue en moins de deux heures.

Je ne vous rappellerai pas la circonstance, déjà racontée par moi dans une lettre que je dus écrire peu de temps après, afin de rétablir la vérité, comme dans celle-ci, et qui fut reproduite par un grand nombre de journaux, même de l'étranger. Ceux de Londres s'en émurent surtout, et après un article du *Times* où l'on mettait pourtant en doute la valeur de la découverte,

---

[1]. Il s'était fait, dit Chateaubriand, « libraire du clergé français émigré. » (*Mémoires d'outre-tombe*, t. III, p. 273.) — Il publia, en 1799, une des premières éditions du *Génie du Christianisme*.

un amateur anglais se présenta, qui offrit au libraire, entre les mains duquel le dépôt se trouvait encore, une somme de mille livres sterling (25,000 francs)[1].

On dira c'est trop; je répondrai que ce n'est pas assez. Le précieux recueil, si on le dépeçait pour le vendre au détail, suivant l'usage du jour, produirait davantage. J'y connais telles lettres autographes, comme celle par exemple que Beaumarchais écrivit à M. Lenoir, lieutenant de police, pour obtenir la représentation du *Mariage de Figaro*, qui, mise aux enchères, ne monterait pas à moins de 1,000 francs. Elle a vingt pages in-folio ; on n'y trouve pas seulement la pensée de l'homme, mais le lutteur même par l'ardeur fiévreuse de l'écriture hâtée, brûlante, et où l'idée flambe, pour ainsi dire, dans son premier, dans son vrai foyer.

J'aurais pu fort bien, quoique homme de lettres, acquérir pour mon compte ce précieux ensemble de documents. Je fus arrêté non par le prix si minime, mais par l'importance de la chose même. Je me dis que de tels dépôts ne doivent être remis qu'à des établissements immuables, et non rester aux mains de particuliers, après lesquels, quoi qu'ils fassent, le morcellement, le dépècement dont je vous parlais, sont toujours possibles. Je pensai un instant à la Bibliothèque impériale, mais le temps pressait, et il en faut beaucoup à ses défiances pour qu'elle se décide, ainsi que j'en jugeai à ce moment même pour une admirable lettre de Rabelais, en grec et en latin, que je lui fis proposer par l'entremise du ministre, et qu'elle mit trois mois... à refuser. La seule bibliothèque à laquelle je devais songer, même avant celle-là, car les manuscrits de Beaumarchais devaient s'y retrouver en famille, était la bibliothèque du Théâtre-Français. Quand l'idée m'en fut venue, je n'en voulus pas d'autres[2].

---

1. Le fait fut raconté, non sans dépit, par le principal employé de la librairie Dulau, à la personne chargée de rapporter les manuscrits, et qui à son tour le raconta à Édouard Thierry, de qui je le tiens.

2. J'aurais pu songer à la famille même de Beaumarchais, mais la seule personne que j'y connusse, M. Lemolte Chalary, conseiller à la Cour royale d'Orléans, fils d'une des sœurs de Beaumarchais, était alors en voyage comme tout bon magistrat qui prend ses vacances, et je ne savais où l'atteindre. Quand je le vis à son retour, il en fut très-fâché, moins encore pourtant que M. Delarue, petit-fils de Beaumarchais, qui vint me voir après ma lettre au *Temps*. Il doutait d'abord de la réalité de la découverte, mais lorsque je l'en

J'écrivis à Édouard Thierry, dont je connaissais l'obligeante confiance en mes recherches, même en mes trouvailles ; je lui dis en quelques lignes le *menu* du trésor, mes craintes d'être devancé, etc... Courrier par courrier la somme fut envoyée et l'affaire faite. J'étais moi-même déjà parti pour la Hollande ; quand je revins à Paris, j'appris l'heureuse conclusion : les manuscrits de Beaumarchais étaient rentrés dans sa maison, sans crainte d'être jamais dispersés et de retourner en détail à Londres, où je sais qu'on les regrette fort du côté du *British-Museum*. C'est tout ce que je voulais ; j'ajouterai qu'Édouard Thierry me combla quand il me dit qu'on n'avait jamais fait un si beau présent à la Comédie-Française [1].

J'aurais maintenant tout un chapitre à écrire sur l'ensemble même de l'acquisition. Deux mots vous suffiront. Lorsque j'en essayai le dépouillement, je pensai qu'une semaine, c'est-à-dire un jour par volume, serait tout au plus nécessaire ; il m'a fallu tout ce temps-là pour le premier volume seul, qui contient les chansons, les pièces fugitives, les lettres, etc. Dans les autres se trouvent, à l'état de premier jet, *le Barbier de Séville*, dont j'avais déjà saisi le plan fait sur une feuille volante, à un moment où ce ne devait être qu'une sorte d'opérette folle pour une fête du château d'Étiolles ; puis *la Mère coupable*, revue, annotée, presque refaite ; sept ou huit *parades* comme on les aimait alors, c'est-à-dire au très-gros sel, pour ne pas dire au gros poivre ; des correspondances sans fin, politiques surtout : ce Beaumarchais avait pour manie de faire croire qu'il était un homme d'État s'amusant à être auteur ; des mémoires de toutes sortes, entre autres un très-curieux sur l'Espagne, fait pour M. de Maurepas [2] ; le détail complet d'une négociation entreprise avec la chevalière d'Éon [3], des pétitions, des réclamations, des pièces

---

eus convaincu, il eut le plus vif regret de n'en pas avoir été instruit le premier à cause des révélations parfois compromettantes que pouvait contenir la partie politique des manuscrits.

1. Ce furent ses propres expressions.

.2 On sait de quelle faveur il jouissait près de ce ministre, qui le remit à flot. Je lis dans les *Nouvelles de la cour*, conservées aux archives du château d'Harcourt, sous la date du 13 septembre 1776 : « Les affaires du sieur Caron de Beaumarchais commencèrent à se trouver en meilleur état, grâce au goût qu'a pris pour lui M. de Maurepas, que ses saillies amusent beaucoup. »

3. Au mois de janvier 1776. — C'est cette négociation, où le plus beau rôle

innombrables, comme les affaires mêmes dont s'occupait Beaumarchais, et qui sont là toutes plus ou moins représentées.

L'homme politique s'y trouve plus que l'homme littéraire, et vous le comprendrez aisément. Il fut inquiété sous la Terreur; on envahit même sa maison, qui faillit être pillée. Il craignit une seconde visite populaire et partit pour Londres, emportant ses papiers, qui établissaient ses rapports avec l'ancien régime, ministres ou grands seigneurs, et qui pouvaient être contre lui autant d'actes d'accusation. Quand tout fut en sûreté chez Dulau, le libraire de confiance des émigrés, il revint à Paris, avec l'espoir d'aller reprendre plus tard, en un temps plus calme, ce qu'il laissait à Londres. Il mourut trop tôt; ses papiers ne sont revenus que lorsque j'eus le bonheur de les retrouver chez le successeur du libraire où il les avait mis en dépôt.

Dans le nombre est un drame, *l'Ami de la maison*, dont on a beaucoup parlé et qui serait tout à fait d'à-propos pour faire concurrence à ceux qui courent. On le jouerait donc s'il était jouable. C'est une œuvre de jeunesse, pleine de feu sous un amas de cendres! Jamais Beaumarchais, qui avait le don de faire et de refaire sans pourtant se refroidir, ne s'est moins nettement dégagé de lui-même. La pièce n'est qu'un fourré inextricable, avec des feux follets et des vers luisants. Au premier acte, le mari raconte d'une haleine, en quatorze pages, ce qu'il appelle admirablement du reste, « le roman de sa bonhomie. » Près de ce monologue, celui de Figaro n'est qu'un monosyllabe.

Recevez, etc.

Édouard Fournier.

ne fut pas pour Beaumarchais, et que l'on connaît déjà par les publications de M. Frédéric Gaillardet, qui tenait surtout au cœur de M. Delarue quand il vint me parler des manuscrits de son grand-père. Elle est ici plus complète que partout et ne tient pas moins d'un volume.

II

NOMENCLATURE DES PIÈCES COMPRISES DANS LES SEPT VOLUMES DE MANUSCRITS ACHETÉS A LONDRES.

Tome Ier. — *Œuvres diverses.*

1° Plusieurs chansons; apologues, poésies, vers au chevalier de Conti et à d'autres personnages, etc...

2° Chanson de table.
En voici le premier couplet :

> Versons, versons à grands flots
> Le doux jus de la treille :
> L'on ne trouve les bons mots
> Qu'au fond d'une bouteille.
> Dans tout festin
> C'est le bon vin,
> Chers amis, qui fait dire
> Le petit mot (*bis*) pour rire !

3° Stances à diverses personnes.

4° Vers à Mme du Deffant, à la duchesse de Choiseul, à Mme Necker, au roi de Prusse, etc....

5° Fragments d'une épître.

6° Bouquet à Mme X....., femme charmante qui porte le nom d'Antoinette et vient d'accoucher de deux enfants.

7° *Les Délices de Plaisance,* vers.

8° *La Naissance de Vénus,* strophes :

> L'onde roule et s'enfuit ;
> C'est Vénus qui paraît, l'univers se colore !
> L'éclat qui la suit
> Plus brillant que l'aurore,
> Dissipe la nuit.

9° Poésies diverses.

10° Cantique, avec musique.

11° Un recueil de pièces de tous genres, relatives à Beaumarchais, sous ce titre général : *Poésies qui lui sont adressées.*

12° Partie théâtrale, comprenant :

A. *Colin et Colette*, scène en un acte, en prose, à quatre personnages : Thibaut, Colin, Mathurine et Colette ;

B. *Les Bottes de sept lieues*, parade en un acte, en prose, avec les cinq personnages traditionnels de la farce italienne : Gilles, Cassandre, Léandre, Arlequin et Isabelle (avec couplets et musique) ;

C. *Les Députés de la Halle et du Gros-Caillou*, scène en prose de poissardes et de maîtres pêcheurs, avec quatre personnages : la mère Fanchette, la mère Chaplu, Cadet Heustache et Jérôme. Cette petite pièce, en langue vulgaire de la halle, a été composée avec musique et couplets.

Ces diverses parades ne sont pas toutes de Beaumarchais, non plus que celles indiquées plus loin au tome V. Quelques-unes sont bien de lui en effet, et même parfois écrites de sa main ; d'autres au contraire sont attribuées à sa sœur Julie, qui était, après l'auteur du Barbier, *la plus lettrée de sa famille*[1].

13° Une lettre en prose, relative à son théâtre, adressée « aux auteurs du Journal ».

14° Une lettre relative au *Mariage de Figaro*, adressée « aux auteur du Journal de Paris » et datée du 2 mars 1785.

15° Une autre longue lettre, surchargée et raturée et des plus détaillées sur son théâtre, jusques et y compris *le Mariage de Figaro*. Cette lettre, retouchée et refondue, deviendra la préface de *la Folle journée*.

16° Une petite note très-curieuse contenant des observations critiques relatives à diverses scènes du *Barbier*, opéra-comique[2].

17° Une lettre « aux auteurs du Journal » relative à *la Mère*

---

1. Voyez l'appendice IV.
2. Nous avons donné cette pièce dans notre notice sur *le Barbier*.

coupable, datée du 16 juin 1795, et signée simplement *Beaumarchais*, sans particule;

Elle se termine ainsi : « Si vous n'aimez pas à pleurer, ah! « cherchez un autre spectacle; nous n'avons rien à celui-ci que « des larmes à vous offrir ! »

18º Lettre aux rédacteurs de la Chronique, relativement au *Mariage de Figaro*.

Tome II. — *Œuvres diverses*.

1º Mémoire justificatif « au roy » relatif au *Mariage de Figaro*, avec signature.

2º Pièces relatives à ses travaux dramatiques.

3º Trois pièces imprimées :

A. Avis sur les éditions des œuvres de Voltaire, avec les caractères de Baskerville;

B. Dialogue entre un père de famille et un vicaire de Paris, le jour qu'on lui a demandé sa fille en mariage;

C. Pétition de Pierre-Augustin-Caron Beaumarchais, à la Convention nationale, relative au décret d'accusation rendu contre lui dans la séance du 28 novembre 1792.

4º Une page sur *la Folle Journée*.

5º Une page relative à diverses affaires.

6º Pièce au sujet du procès avec Kornman.

7º Pièce relative à l'opéra de *Tarare*.

8º Plusieurs pièces, badinages, vers : « Mes réflexions sur l'amour-propre, Mon rêve, etc... »

9º Une note fort curieuse, de la main même de Beaumarchais et relative à l'un de ses duels, avec lettres diverses sur cette affaire.

Beaumarchais s'était chargé d'un achat de diamants pour un M. de Meslé. Le règlement de cette affaire donna lieu à un échange de lettres dont quelques-unes se trouvent dans les papiers achetés à Londres. Cette affaire faillit même avoir une issue assez tragique, qui tourna subitement au grotesque, ainsi que le fait voir la note suivante de Beaumarchais :

Octobre 1762.

M. de Meslé m'ayant rencontré à la Comédie, me parla légèrement des lettres ci-jointes (suivent des lettres de M. de Meslé, de Beaumarchais et d'un prince de Belocelsky mêlé à l'affaire) et me dit que quelque jour il en aurait raison. Je l'entraînai sur-le-champ contre la fontaine, rue d'Enfer[1], et après bien des difficultés, je le forçai de dégaîner. Il m'objectait son épée de deuil, et moi je n'avais que ma petite épée d'or. Après lui avoir fait une éraflure à la poitrine, il me cria que j'abusais de mes avantages, et que s'il avait sa bonne épée, il ne reculerait pas ainsi. Il me donna parole pour onze du soir, à recommencer. J'y consentis, je fus souper chez la demoiselle aux diamants, où La Briche, introducteur des ambassadeurs, m'offrit de prendre mon épée et de me prêter pour ce soir-là, sa fameuse flamberge. Je fus à l'hôtel de Meslé, où le cher marquis, tapi dans ses draps, me fit dire qu'il avait la colique et qu'il me verrait le lendemain. Il vint en effet, me fit des excuses que je le forçai sur-le-champ de venir réitérer chez le prince de Belocelsky, notre ami commun, ce qu'il fit. En renvoyant l'épée de M. de La Briche, je lui écrivis la plaisanterie[2] suivante :

> Je vous renvoie la Gondrille,
> Et personne n'a gondrillé,
> Parce que j'ai trouvé mon drille
> Dans son lit tout recoquillé.
>
> . . . .
>
> La Gondrille n'ayant ce soir
> Rien fait que d'enfiler des perles,
> Je vous la rends ; jusqu'au revoir,
> Adieu le plus gentil des merles.

10° Les deux fameuses lettres[3] écrites les 15 et 16 août 1774,

---

1. La Comédie-Française était alors au faubourg Saint-Germain, rue de l'Ancienne-Comédie.
2. Pièce de vers badine et médiocre dont je donne seulement la première et la dernière strophe.
3. Avec un curieux *post-scriptum* resté inédit.

« en bateau sur le Danube » et « à Vienne », relatives à la fameuse histoire des brigands.

11° Lettre au prince de Ligne, sur l'invention d'un instrument, l'aérocorde, par un nommé Fschirszcki (26 fevrier 1791).

12° Lettre à M. Legrand-Delaleu, avocat (11 mars 1786), relative à son mémoire justificatif.

13° Curieuse lettre de M. Bossu, curé de Saint-Paul, à Beaumarchais (11 mars 1788). Il se plaint de ce que les ouvriers travaillent le dimanche, « jour dont l'observation est prescrite par la loi divine et par celle de l'Etat », à sa maison du boulevard. Beaumarchais lui répond une lettre non moins curieuse qui est jointe, ici, à la précédente[1].

14° A M. Pérignon, prêtre (3 septembre 1789) relative à une demande d'argent[2].

15° Lettre d'envoi, au roi de Suède, d'un exemplaire, sur grand papier, du *Mariage de Figaro*.

16° Lettre relative à une vente d'exemplaires de l'édition de Voltaire.

17° Épîtres diverses, en vers et en prose, soit de Beaumarchais, soit d'autres personnages lui écrivant ou lui répondant.

Tome III. — *Relatif à la Diplomatie.*

1° *Le Sens commun*, longue pièce de cinquante grandes pages, adressée aux habitants de l'Amérique.

2° Mémoire sur la situation de l'Espagne.

3° Pièce relative au commerce avec l'Angleterre : « Projets pour commercer dans la nouvelle Angleterre. »

4° Essai sur les manufactures d'Espagne.

---

1. Cette lettre fait partie de la correspondance publiée par Gudin, lettre XXXIX, 7ᵉ vol. des *Œuvres complètes*.
2. Cette lettre ne figure pas dans l'édition de 1809.

5º Mémoire relatif aux établissements de Madagascar.

6º Note sur la monnaie courante des États-Unis d'Amérique.

7º Note sur le commerce des Français avec les Américains.

8º « Avis aux Américains, ou Mémoire pour les convaincre de la nécessité de se réduire à la guerre de poste et de se pourvoir de plusieurs bons ingénieurs. »

9º Mémoire relatif à l'état actuel de l'Inde.

10º Plusieurs petits mémoires relatifs à des « instructions secrètes sur le ministère d'Espagne, au sujet de l'affaire de la concession de la Louisiane. »

11º « Essai sur le projet de population, défrichement et agriculture de la Sierra Morena, demandé par M. de Grimaldy. » (Deux copies.)

TOME IV. — *Pièces de théâtre.*

1º Un très-curieux manuscrit de : « *Le Barbier de Séville, ou la Précaution inutile* », daté de 1773, avec ratures, surcharges et annotations diverses relatives à sa mise en scène, et la plupart de la main même de Beaumarchais.

2º *L'Ami de la maison*, drame en trois actes, dédié « à Bazilide ». — Sans date.

TOME V. — *Pièces de théâtre.*

1º *Léandre, marchand d'agnus, médecin et bouquetière*, parade en six scènes, avec chants et symphonie. (De la main même de Beaumarchais.)

2º *Jean Bête à la foire*, parade en dix scènes avec chant[1].
Personnages : *Jean Bête ; Jean Broche le père ; Jean Broche la mère ;* Mme *Oignon*, gargotière ; Mme *Tiremonde*, sage-

---

1. M. de Loménie, qui a sans doute de bonnes raisons pour le faire, ayant eu entre les mains tous les papiers de Beaumarchais possédés par sa famille, attribue positivement cette farce à Beaumarchais lui-même, et il la déclare excellente et parfaite en son genre.

femme; Mlle *Tripette*, maîtresse de Jean Bête; *Troufignon*, apothicaire.

3º *Les Députés de village*, opéra-comique en trois actes, avec ariettes. (Il n'est pas possible de dire si cette pièce est de Beaumarchais.)

4º *Laurette*, comédie en trois actes, en prose, tirée des *Contes nouveaux* de M. de Marmontel, par M. P. de B., ancien officier, ex-aide de camp.

On lit la note suivante sur la première page :

« Reçue au Théâtre Italien le 20 mai 1778, jouée le 15 juillet et retirée le 16 du même mois. »

5º *La Nouvelle Direction*, comédie en vers en un acte, mêlée de chants et de danses, par l'auteur de *Laurette*.

6º *La Fête militaire*, divertissement suisse en quatre scènes, et les apprêts de la fête; ambigu-comique en seize scènes, avec chant. (Sans indication de nom d'auteur.)

7º *Zoraïr*, tragédie en cinq actes, par Mercurin fils, de Saint-Rémy, en Provence.

« Envoyée à M. de Beaumarchais, le 14 avril 1786, pour donner son avis. »

On lit en *Post-Scriptum*, dans la lettre d'envoi :

« Ne me jugez pas sans me lire ; c'est là notre malheur, à nous provinciaux. Je ne suis pas encore dans ma vingt-quatrième année, mais j'ai beaucoup de sensibilité, et j'ai beaucoup voyagé. »

Tome VI. — *Affaires d'Éon.*

1º Plusieurs pièces manuscrites et imprimées de « la chevalière d'Éon ».

2º Une pièce satirique adressée : « au très-haut, très-puissant seigneur, monseigneur Caron ou Carillon, dit Beaumarchais... Seigneur utile des forêts d'agiot, d'escompte, de change, re-change et autres rotures... par Charlotte-Geneviève-Louise-Auguste-Andrée-Timothée d'Éon de Beaumont, connue jusqu'à ce jour sous le nom de chevalier d'Éon, ci-devant docteur consulté, censeur écouté, auteur cité, dragon redouté, capitaine célébré, négociateur éprouvé, plénipotentiaire accrédité, ministre respecté, aujourd'hui pauvre fille majeure, n'ayant pour toute fortune que les louis qu'elle porte sur elle et dans son cœur. (Suit la pièce. — Elle a été imprimée à Londres.)

3º Deux pièces en latin, français et anglais relatives à la même affaire. La première commence ainsi :

« Le sexe du célèbre chevalier d'Éon est enfin révélé. C'est au genre féminin qu'il a l'honneur d'appartenir... »

4º Vers de Beaumarchais sur la chevalière d'Éon :

. . . .
Elle agit en bravache et parle en harengère,
La vérité jamais n'eut un semblable ton.
. . . .

5º Un petit poëme en vers :

La belle Circassienne, ou Salomon et Saphyra, poëme dramatique en huit chants, imité de l'anglais du grave docteur Cronall.

Interlocuteurs : *Lui, Elle, Chœur de Vierges.*

On lit au bas de ce manuscrit, et d'une autre écriture que celle du manuscrit même : « par M. de Saint-Maur. »

6º Copie de ma lettre à Mlle d'Éon, en date du : « 3 août 1776. »

Immense lettre, qui est plutôt un mémoire, plusieurs fois longuement annotée dans la marge des pages. On lit sur le premier feuillet :

« J'ai écrit deux lettres avant celle-ci à Mlle d'Éon, que je n'ai pas jugé à propos de lui envoyer, réprimant autant qu'il a été en moi ma sensibilité aux outrages que j'avais reçus parce qu'elle était *Elle* et non pas *Lui*[1].

---

1. Beaumarchais, si fin et si expérimenté en matière de ruses et de supercheries, se laissa pourtant prendre, comme tant d'autres, à l'imposture de la chevalière d'Éon, qui était bien en réalité un chevalier, ainsi que le prouva son autopsie, faite en Angleterre, où d'Éon résidait, le jour même de sa mort, 21 mai 1810, par le docteur Copeland, en présence de plusieurs témoins, et entre autres du Père Élysée, premier chirurgien de Louis XVIII. « D'Éon, dit le rapport, avait été un homme parfaitement conformé. »

7º Une autre lettre du même à la même, en date du 7 août suivant.

8º Une réponse de la « chevalière d'Éon ».

9º Lettre de Beaumarchais répondant à la précédente. Il y est longuement question du fameux chevalier de Morande.

Tome VII. — *Œuvres théâtrales.*

Un manuscrit de *la Mère coupable*, drame en cinq actes.

III

L'AMI DE LA MAISON

DRAME INÉDIT EN TROIS ACTES

NOTICE

I

UN DRAME INÉDIT DE BEAUMARCHAIS.

Nous ne donnons pas le drame l'Ami de la maison *comme un bon drame, tant s'en faut! En le trouvant dans les papiers inédits de Beaumarchais, nous avions, au premier abord, estimé notre découverte à l'égal d'une bonne fortune, et nous nous disposions à offrir au public une primeur littéraire de haut goût et de véritable valeur ; mais, hélas ! la lecture de* l'Ami de la maison *nous a bien vite désabusé, et à un tel point que nous nous sommes demandé tout d'abord si ce drame, si lourdement lar-*

moyant, était bien authentiquement de Beaumarchais lui-même.

Au Théâtre-Français les avis sont partagés sur ce point: le savant administrateur de la Comédie, M. Édouard Thierry, nous a semblé douter, sans se prononcer cependant plutôt dans un sens que dans l'autre ; les volumes manuscrits achetés à Londres contiennent, comme on l'a vu ci-dessus, beaucoup de papiers de toutes provenances, et surtout quelques œuvres théâtrales qui ne sont pas de Beaumarchais. L'Ami de la maison *fait-il partie de ces dernières?* C'est là une question délicate et assez difficile à résoudre. L'excellent archiviste, M. Léon Guillard, pencherait plutôt pour l'affirmative pure et simple ; il a même fait, pour l'Ami de la maison, *un travail préparatoire d'appropriation à la scène, que la Comédie jouera peut-être quelque jour, comme curiosité dramatique et en se bornant, sur son affiche, à « attribuer » le drame à Beaumarchais.*

Quant à nous, nous voulons admettre, sinon croire et affirmer absolument, que l'Ami de la maison *est bien de Beaumarchais lui-même. Le manuscrit n'est pas de sa main, cela est vrai; mais les deux notes qu'il contient, et dont l'une est assez longue, ont été évidemment écrites par lui. Nous avons rapproché de ces deux notes un autographe de Beaumarchais, et sur ce point il ne saurait y avoir doute pour nous. Or, ces notes ne sont pas indifférentes, la première surtout, où l'auteur s'adresse directement au public pour lui parler de lui-même et de sa situation présente. L'auteur s'y montre modeste, qualité qui lui était peu habituelle, mais qui doit ici servir à mieux préciser l'époque où son drame aurait été composé. Nous l'appellerons volontiers une œuvre de jeunesse, et nous supposerons qu'elle remonte au temps des* Deux Amis. *C'est du Beaumarchais lourd et diffus, encore en quête de sa voie, et qui fait du théâtre comme il fait de tout, et parce qu'il était dans sa nature de se mêler de tout et de vouloir faire de tout. Si* l'Ami de la maison *est bien de Beaumarchais, c'est un drame tout à fait à l'état d'ébauche, et des plus mal présentés comme des plus mal venus.*

Cependant le sujet en est essentiellement dramatique, mais l'auteur a faibli dans ses détails et dans ses développements. Le personnage principal de la pièce, qui sait, dès le lever du rideau, qu'il est trompé à la fois par sa femme et par son ami, ne se rencontre avec eux que tout à fait à la fin du drame, dans une *scène trop courte et sans conclusion satisfaisante. Le dénoûment de l'œuvre est nul; le châtiment de la femme — s'il lui en est réservé un — n'est pas indiqué; celui de l'amant ne consiste que dans son éloignement; et comme il semble déjà fatigué de sa maîtresse, il est peu probable que son absence ne sera pas précisément le contraire d'un châtiment. Sur les cinq personnages de la pièce, un, M. de Montmécourt, est parfaitement inutile, je dirai plus, il est complétement nuisible à la marche rapide de l'action. Un semblable sujet demande à être exposé avec autant de dextérité que de précision; il ne faut ici ni conversations oiseuses, ni incidents sans valeur et éloignés du fond même du drame. L'action ne saurait être impunément embarrassée; elle ne doit pas languir un seul instant pour être supportable. Or dans l'Ami de la maison on trouve plusieurs tirades d'une longueur tellement démesurée que l'auteur lui-même a cru devoir, dans la note dont j'ai parlé plus haut, s'en excuser publiquement. A la rigueur, cela peut se comprendre dans le drame écrit; mais, au théâtre, personne n'admettra l'excuse, et je ne suppose pas qu'il était entré dans l'esprit de Beaumarchais, — si le drame est bien de lui — de faire réciter par l'acteur son excuse, avant ou après sa tirade. Donc, drame diffus, encombré de scènes parasites, augmenté d'un personnage inutile et malhabilement charpenté; erreur de l'auteur, qui fait passer sous nos yeux une action terrible, où un mari outragé, et qui doit désirer ardemment et avant toutes choses une explication qui satisfasse à la fois son honneur et son repos, passe son temps en conversations insipides et en déclamations déraisonnables, au lieu d'aller tout de suite droit à ceux qui lui ont ravi son bonheur, pour obtenir d'eux et à tout prix cette indispensable explication.*

Toutefois, il nous a semblé curieux de donner au public, sinon la reproduction textuelle de ce drame malhabile, au moins son analyse détaillée. La pièce, telle qu'elle existe aux archives de la Comédie, serait d'une lecture tellement fastidieuse que je doute qu'elle eût chance d'être poursuivie jusqu'au bout. Le lecteur en aura une idée très-suffisante avec le résumé, scène par scène, que nous plaçons ci-après sous ses yeux. D'ailleurs, le Théâtre-Français se réservant de mettre peut-être un jour à la scène, après de nombreux remaniements, ce drame inconnu et inédit, il vaut mieux, dans l'intérêt d'une représentation douteuse mais possible, que ses développements ne soient pas déflorés à l'avance par sa publication complète.

II

L'AMI DE LA MAISON ET LE SUPPLICE D'UNE FEMME.

Mais, outre l'intérêt qui doit s'attacher à une œuvre inédite de Beaumarchais ou pouvant lui être attribuée, le drame l'Ami de la maison *nous offre encore un autre genre d'attrait et de curiosité qui a en même temps le vif et piquant mérite de l'actualité. On retrouve dans une pièce jouée tout récemment et avec éclat au Théâtre-Français, le* Supplice d'une femme[1], *non-seulement le sujet même de* l'Ami de la maison, *mais encore certaines scènes absolument analogues à d'autres scènes du premier drame, et surtout — à un près dont l'inutilité est flagrante — le même nombre de personnages, du même sexe du même âge et du même caractère, remplissant identiquement les mêmes rôles.*

Nous devons dire tout d'abord — et c'est ce qui augmente encore la singulière étrangeté de la rencontre — qu'on ne saurait en cette circonstance crier au plagiat, ni accuser, soit M. de Girardin, l'auteur du drame moderne, soit M. Dumas, fils, son intelligent élagueur et arrangeur, puisque le Supplice d'une femme *a été représenté au Théâtre-Français fort peu de temps après l'achat des manuscrits trouvés en Angleterre, et qu'à Londres, les papiers de Beaumarchais étaient, ainsi qu'on l'a vu plus haut, aussi complétement ignorés que possible. Donc, en composant son drame, M. de Girardin ne connaissait pas* l'Ami de la maison, *et l'étonnante ressemblance que je signale entre les deux pièces est absolument l'effet du hasard*[2].

Ceci bien posé et admis, il est d'autant plus curieux et inté-

---

1. Drame représenté pour la première fois au Théâtre-Français le 26 avril 1865.

2. Nous savons de plus, par des renseignements pris sur place et aux meilleures sources, que M. de Girardin n'a « jamais » mis les pieds aux archives de la Comédie-Française. D'ailleurs sa franchise bien connue et la tournure indépendante de son esprit défendent toute supposition d'imitation ou de plagiat dissimulé.

ressant d'établir entre l'Ami de la maison *et le* Supplice d'une femme *les points principaux de leur bizarre analogie.*

1º L'AMI DE LA MAISON, drame en trois actes.

Six personnages : *M. de Saint-Pré (Dumont, du* Supplice d'une femme*); Madame de Saint-Pré (Madame Dumont); M. de Valchaumé (Alvarez); Mademoiselle de Saint-Pré (Jeanne); Madame de Mainville (Madame Larcey); M. de Montmécourt, personnage épisodique et inutile, et le seul qui ne se retrouve pas dans le drame de MM. de Girardin et Dumas fils.*

Dans l'Ami de la maison, *un homme, M. de Saint-Pré, a recueilli, logé et hébergé chez lui, par charité, sympathie et affection, un autre homme, M. de Valchaumé, qui, abusant de la confiance de son hôte, parvient à séduire sa propre femme. Le mari sait bientôt la fatale vérité; la femme apprend par une amie, Madame de Mainville, que cette vérité est connue et presque publique. Cette amie lui conseille d'éloigner au plus vite son amant. Discussion entre la maîtresse et l'amant; celui-ci veut fuir seul, mais celle-là veut fuir avec lui; tous deux sont indécis sur le parti à prendre; survient le mari, il provoque l'amant, qui refuse de se battre et qui, tout à coup, tombant aux pieds de l'homme qu'il a outragé, obtient à la fois — du moins tout donne lieu de le penser — l'oubli pour lui et le pardon pour sa maîtresse; la brusque fin de la pièce, sans conclusion aucune, laissant le champ libre à toutes les suppositions.*

2º LE SUPPLICE D'UNE FEMME, drame en trois actes.

Un homme, Dumont, a pour associé un autre homme, Alvarez, devenu son ami et son commensal, et qui, abusant de la confiance de son hôte, parvient à séduire sa propre femme. Cet homme ignore la fatale vérité; sa femme apprend par une amie, Madame Larcey, que cette vérité est connue et presque publique. Cette amie lui conseille ou de marier son amant ou de l'éloigner au plus vite. Discussion entre la maîtresse et l'amant; ce dernier veut enlever sa maîtresse, qui, dans l'horreur de sa faute et aussi de son amant, livre elle-même le secret terrible à son mari.

Celui-ci ne veut ni duel ni scandale; il chasse son déloyal associé en se ruinant par une liquidation précipitée, et il éloigne sa femme pour un temps indéterminé.

Donc le fond des deux pièces est tout à fait le même; la différence existe seulement dans les développements et les détails.

J'ai sous les yeux deux éditions du Supplice d'une femme, *l'une conforme à la représentation*[1] *et qui est la pièce retouchée, travaillée à nouveau, en un mot refaite et rendue possible par M. Dumas fils; l'autre qui est la pièce elle-même dans son état primitif*[2] *et avant le travail opéré à son endroit par l'habile auteur du* Demi-Monde. *Eh bien! je ne crains pas de le déclarer, la première version*[3] *de la pièce de M. de Girardin, telle qu'elle a été publiée, est pour le moins aussi mauvaise et aussi impossible à la scène que le drame touffu* l'Ami de la maison, *qui deviendrait peut-être une bonne pièce à son tour s'il était livré également, en vue de la représentation, à la dextérité d'un aussi habile arrangeur. Donc les deux pièces ont encore une ressemblance de plus, puisqu'on y trouve à égale dose la même inexpérience et les mêmes abus de discours parasites, de déclamations oiseuses et de scènes inutiles.*

Rapprochons maintenant les personnages :

Dans l'Ami de la maison, *M. de Saint-Pré est certes un homme de bien, mais d'une confiance peut-être un peu aveugle, et qui abuse du droit qu'un honnête homme a de se plaindre, au lieu de chercher tout d'abord sinon le remède de son mal, au moins son explication et au besoin sa vengeance.*

Dans le Supplice d'une femme *(édition Girardin)*[4]*, Dumont*

---

1. *Le Supplice d'une femme*, drame en 3 actes avec une préface. 1 volume in-8°, paru depuis en in-18, Paris, Michel Lévy, 1865.
2. *Le Supplice d'une femme*, drame en 3 actes, reçu par le comité du Théâtre-Français le 14 décembre 1864 (tiré à 100 exemplaires).
Lire aussi, pour être tout à fait au courant de la discussion très-vive qui s'éleva entre M. de Girardin et son collaborateur au sujet des remaniements que ce dernier fit subir au *Supplice d'une femme*, la curieuse brochure de M. A. Dumas fils : *Histoire du Supplice d'une femme* (réponse à la préface de M. de Girardin). 1 vol. in-8°, Paris, Michel Lévy, 1865.
3. Cette première version a elle-même beaucoup de variantes; les archives du Théâtre-Français conservent plusieurs textes différents, retouchés et modifiés par M. de Girardin lui-même avant la bienheureuse intervention de M. Dumas fils.
4. Il est bien entendu que l'analogie que je signale est surtout et beaucoup

est, au fond, un homme d'un caractère absolument semblable et qui n'eût pas été plus possible à la scène que ne le serait M. de Saint-Pré, si M. Dumas fils n'était heureusement intervenu.

Madame de Saint-Pré hésite entre son devoir et son amant ; elle paraît cependant plus portée à se garder à son séducteur, puisqu'elle veut, à un certain moment, se faire enlever par lui ; ses remords, fort déclamatoires, n'ont l'air que médiocrement solides.

Le rôle et le caractère de Madame Dumont sont tout différents, mais ils diffèrent précisément sur les mêmes points et les mêmes incidents. Elle aussi elle hésite entre son devoir et son amant, mais c'est par haine pour celui qui l'a séduite ; c'est lui qui propose la fuite qu'elle repousse avec horreur ; mais cependant ce sont bien les deux mêmes femmes, coupables toutes deux, toutes deux prises de remords et revenant à leurs maris, non pas d'elles-mêmes mais par le même motif et la même conclusion, la découverte de leur faute et l'expulsion de leur amant.

Valchaumé de l'Ami de la Maison n'est pas plus intéressant ni sympathique qu'Alvarez du Supplice d'une femme ; ils n'ont ni l'un ni l'autre le mérite du repentir ; ils cèdent à la force, ils ne rendent point de leur plein mouvement et de leur volonté au mari qu'ils ont trompé la femme qu'ils ont séduite : ils sont violents tous deux, et ils deviennent même parfois ridicules[1].

Madame Larcey, la coquette du Supplice d'une femme, et Madame de Mainville, sont toutes deux femmes du monde, brillantes et légères. Seulement la coquette du drame de Beaumarchais est à peine indiquée, tandis que Madame Larcey est plus vivement et plus nettement caractérisée, surtout dans la pièce primitive, où son rôle a même des développements inutiles. Remarquons aussi que ces deux femmes jouent absolument le même rôle révélateur, qu'elles servent à tendre, dès le commencement du drame, la suite et l'intérêt de l'intrigue, et ce dans une scène qui, à part les détails, est absolument identique.

---

plus frappante avec le Supplice d'une femme avant les réductions et amputations que lui fit subir l'auteur de Diane de Lys.

1. Lisez dans la pièce primitive de M. de Girardin la longue et étrange scène d'explication qui a lieu entre les deux amants, rapprochez-la de la scène analogue dans l'Ami de la maison, puis comparez.

Nous retrouvons aussi dans les deux drames une petite fille innocente, sautillante et gracieuse ; seulement, dans la pièce moderne, elle a un rôle intéressant, touchant, indispensable même à la marche de la pièce, dont elle est le personnage le plus attendrissant et le plus sympathique.

Dans l'Ami de la maison la petite fille n'est qu'un personnage incidemment amené, à peine ébauché pour ainsi dire, mais suffisamment cependant pour que nous trouvions, ici encore, un nouveau point de rapprochement : les deux enfants ont une prédilection marquée pour l'amant de leur mère, qui a pour eux la même affectueuse familiarité.

Nous allons encore trouver de nouvelles et curieuses comparaisons a établir entre quelques scènes des deux drames.

Dans l'Ami de la Maison M. de Saint-Pré sait, dès le commencement de la pièce, que sa femme et son ami le trompent ; il le sait même depuis longtemps, et il garde le silence sur son injure, circonstance qui fait de lui un héros assez pusillanime et moins intéressant, certes, que Dumont du Supplice d'une Femme, qui, en apprenant le coup porté à son honneur, cherche aussitôt et sans désemparer — je parle cette fois de la pièce remaniée — le moyen le plus convenable pour le rétablir et le sauvegarder, au moins publiquement.

Toute la scène où Madame Larcey vient raconter à Madame Dumont les soupçons auxquels sa conduite donne lieu est absolument en même situation dans l'Ami de la maison. Lisez dans la pièce même de M. de Girardin (Édition avant Dumas fils) la scène V^e du IIe acte entre les deux femmes, et rapprochez-la de la scène IIe du Ier acte du drame de Beaumarchais. Comparez aussi, dans les deux pièces, les deux scènes d'explication entre les amants, vous y retrouverez la même aigreur, la même vivacité d'expression et surtout la situation parfaitement identique de cette femme séduite et de son séducteur se débattant comme ils peuvent contre la force des choses qui fatalement les accable, se mettant en fureur, maudissant le sort, se révoltant l'un contre l'autre, non pas tout à fait poussés par le même genre de sentiment et d'émotion, mais agissant de concert sous la pression de la même nécessité et arrivant à un égal résultat.

Enfin, rapprochez encore la scène d'explication entre le mari *et l'amant, toutes deux au III*ᵉ *acte, dans les deux pièces, toutes deux si parfaitement en situation semblable*[1]. *La même provocation de l'amant par le mari se retrouve dans cette même scène, différemment présentée, il est vrai, mais produisant le même effet et aboutissant de la même façon.*

Et maintenant, admettons pour un instant — si l'Ami de la maison *est destiné à être joué, — admettons, dis-je, qu'un homme habile et expérimenté, comme l'auteur du* Fils naturel, *consente à exécuter sur le drame de Beaumarchais un travail aussi sérieux et aussi heureux surtout*[2] *que celui dont il a bien voulu se charger pour l'élucubration impossible de M. de Girardin, n'aurons-nous pas aussi un drame parfait, logique, solide et poignant, au moins autant que les trois actes émouvants du drame remanié le* Supplice d'une femme? *Mais, en attendant la soirée possible qui verrait la mise à la scène de cette pièce singulière si étrangement exhumée, les points de ressemblance que j'ai signalés, les rapprochements si complétement identiques que j'ai indiqués, l'ensemble, en un mot, de ces trois actes anciens retrouvés, renouvelés, imaginés une fois encore aujourd'hui par un écrivain qui ne les connaissait pas, qui ne pouvait pas les connaître, serviront au moins — en dehors de la curiosité légitime qui doit s'attacher à une œuvre inédite de Beaumarchais — à prouver une fois de plus au lecteur qu'en fait d'œuvres théâtrales ou autres, il n'y a vraiment plus, quoi qu'on puisse dire, beaucoup de nouveau sous le soleil.*

GEORGES D'HEYLLI.

Octobre 1869.

---

1. Je parle toujours, et ici surtout, du drame même tel qu'il a été conçu et d'abord exécuté par M. de Girardin.

2. Et je le répète, le lecteur d'ailleurs le verra bien aussi avec l'analyse que je lui donne de *l'Ami de la maison*, ce drame, sans un remaniement obligé ne serait certainement pas joué, malgré le renom éclatant de son auteur vrai ou supposé, jusqu'à la fin de son troisième acte.

L'AMI DE LA MAISON

DRAME INÉDIT EN TROIS ACTES.

*Quoi que tu fasses, quoi que tu dises,
ne crains que d'être injuste.*

A BAZILIDE.

P ERSONNAGES :

M. DE VALCHAUMÉ.
M. DE SAINT-PRÉ.
MADAME DE SAINT-PRÉ (Bazilide), sa femme.
MADAME DE MAINVILLE.
M. DE MONTMÉCOURT.
ADÈLE, fille de M. et Madame de Saint-Pré.
JULIE, femme de chambre.
CHAMPAGNE, valet de M. de Saint-Pré.
UN PORTIER.

AVERTISSEMENT.

Les trois actes du drame L'AMI DE LA MAISON *se passent au même lieu, dans la même journée et dans les mêmes pièces. Le rideau, ou mieux les rideaux, pourraient, à la rigueur, ne pas être baissés. En effet, l'auteur a eu la singulière idée de partager le théâtre en trois compartiments : un salon, un cabinet de toilette et un cabinet de travail, dans lesquels se jouent successivement, et parfois en même temps, les scènes diverses de la pièce. La toile est également, dans son imagination et dans son plan, divisée en trois morceaux ou plutôt en trois toiles qui se baissent ou se lèvent, à tour de rôle, sur les événements qui surviennent pendant un même acte, dans les trois pièces de l'habitation.*

ACTE PREMIER. — *Dans le cabinet de travail.*

SCÈNE PREMIÈRE.

DE SAINT-PRÉ, *seul.*

Il est en proie à une vive agitation ; il écrit une lettre ; il se promène ensuite dans son cabinet, parlant tout haut, s'interrompant à tous moments pour poússer de violents et douloureux soupirs ; il souffre de l'outrage qu'il subit, et de la part de qui ? De sa femme.... Il se plaint amèrement ; il pleure...

SCÈNE II.

LE MÊME, MADAME DE MAINVILLE.

Madame de Mainville est une femme mondaine, mais qui a bon cœur et dont la conduite, quoique peut-être un peu légère, du moins en apparence, est au moins restée honnête.

Elle trouve de Saint-Pré tout défait, accablé, le visage sombre et altéré. Elle s'en étonne.

De Saint-Pré[1]. — « Ce n'est rien ; j'ai reçu votre lettre, madame. Voici les cinquante louis que vous m'avez fait demander.

Madame de Mainville. — « Merci ; cette somme est tout ce qu'il me faut pour les frais d'un voyage qui sera court. Je vais vous donner un reçu.

De Saint-Pré refuse ; il a toute confiance.

De Saint-Pré. — « Quand partez-vous ?

Madame de Mainville. — « Jeudi soir. Mais vous, monsieur, vous m'inquiétez ; depuis environ un mois, vous n'êtes plus le même ; votre santé est moins bonne ; vous changez à vue d'œil. Qu'avez-vous ? Ne devriez-vous pas être le plus heureux des hommes ? »

De Saint-Pré répond par un monologue — on ne saurait appeler autrement sa tirade, qui, au manuscrit, n'a pas moins de quatorze pages in-4° à vingt lignes par page — dans lequel il expose le tableau de sa situation. Il a fait ce qu'il a pu pour le bonheur des siens et pour que la concorde régnât dans son ménage ; il a voulu procurer à sa famille de douces et intelligentes distractions : dîners, bals, concerts, fêtes..... Sa femme chantait, sans voix, mais avec talent ; il lui a offert toutes les occasions bonnes pour la faire briller ; il s'étend longuement sur les joies, sur les bonheurs qu'il ménageait à tout le monde autour de lui et dont il jouissait si amplement lui-

---

[1]. Le dialogue que nous donnons ici n'est pas la reproduction textuelle, mais seulement le résumé du dialogue même du drame original.

même; il détaille minutieusement tous les plaisirs qu'on trouvait chez lui, tous les jeux divers auxquels on se livrait, en un mot tous les efforts qu'il avait faits pour chasser de son logis l'uniformité de la vie et l'ennui. Il parle dans un style très-pittoresquement imagé des promenades qu'il faisait faire à sa nombreuse famille dans les environs de Paris, aux bois de Boulogne, de Vincennes, etc..... promenades interrompues ou suivies par des repas sur l'herbe et sous les arbres. Puis vient une non moins longue tirade philosophique sur le bonheur dont il a joui et sur les déceptions qui lui ont succédé; il compare sa position présente au temps si doux qu'il a d'abord passé dans son ménage, jusqu'alors heureux, et il se désole sur l'ingratitude des siens, qui aujourd'hui, après avoir profité, usé et même abusé de ses bienfaits, le trahissent et l'abandonnent : « O roman de ma bonhomie ! s'écrie-t-il, quand ils n'ont plus eu besoin de moi, ils m'ont dédaigné, les ingrats !..... De mes deux beaux-frères, l'un est un fat, qui hésite à me reconnaître; ma sœur m'insulte et m'outrage, elle me calomnie; et ma fem... (*Il se cache le visage dans ses mains.*) Ah ! que dois-je donc attendre de mes enfants?...»

Madame de Mainville, cherchant à le consoler. — « Comment pouvez-vous vous affecter d'une ingratitude qu'on rencontre si souvent ? Oubliez-les, comme ils ont oublié vos bienfaits; cherchez d'autres amis chez les étrangers.

De Saint-Pré. — « Je n'ai pas la faiblesse de juger le mal universel d'après le coup qui me frappe. Mais tout le monde m'a trompé, j'ai été certainement plus malheureux que beaucoup d'autres ! L'un m'a emporté une grosse somme; l'autre a trahi mes secrets; celui-ci m'a renié, celui-là m'a insulté ; enfin, je me suis attaché par les liens de la plus sincère affection à un homme dont on m'avait vanté les mérites et qui semblait me payer de retour. Cet homme, je l'ai reçu chez moi, je lui ai donné à mon foyer la même place que je lui donnais dans mon cœur; il loge dans ma maison, ma bourse lui est ouverte, mes secrets sont devenus les siens; en un mot j'avais cru trouver en lui un ami... Hélas ! cet homme n'est qu'un vil misérable et un hypocrite[1]. » (*De Saint-Pré sort.*)

---

1. Quelques-uns de mes lecteurs trouveront peut-être cette scène chargée de longueurs, mais peut-être en a-t-elle la permission. Lecteur, ne t'indispose pas contre moi ; je n'ai ni orgueil ni fausse modestie. Écoute-moi aussi, lecteur,

SCÈNE III.

MADAME DE SAINT-PRÉ, MADAME DE MAINVILLE.

Madame de Saint-Pré. — « Vous allez partir ?
Madame de Mainville. — « Pour peu de temps.
Madame de Saint-Pré. — « Nous ramènerez-vous votre mari ?
Madame de Mainville. — « J'espère qu'il se porte mieux que le vôtre. M. de Saint-Pré m'a affligée tout à l'heure par l'excès de son chagrin et de son découragement.
Madame de Saint-Pré. — « Il a une maladie à laquelle je ne comprends rien. J'ai fait ce que j'ai pu pour porter remède à son mal, mais vainement... Je souffre de son état plus que je ne saurais le dire.
Madame de Mainville. — « Je crois devoir vous avertir que je l'ai trouvé très-animé, très-irrité même ; je redoute de le voir se porter à de regrettables extrémités... Il m'a semblé que dans sa colère il faisait allusion à quelqu'un...
Madame de Saint-Pré. — « Et ce quelqu'un est ?..
Madame de Mainville. — « M. de Valchaumé.

et apprenons ensemble à n'être dupes ni des choses ni des mots qui les masquent.

Il faut bien que je ne me croie pas un imbécile, puisque j'écris ; il faut bien que je sente en moi du sens, du jugement, de l'esprit même, puisque je mets ces facultés aux prises avec un sujet qui les exige. Il faut bien que je m'avoue quelque mérite, puisque je me compare... Ah ! je sens, et je suis heureux de sentir avec qui je puis me comparer ! Je distingue mes maîtres et me prosterne, de loin, devant ces grands hommes. Mais pour avoir ou n'avoir que le mérite de cette foule de dramatistes dont les noms ne se lisent, et encore que très-passagèrement, sur les affiches de nos spectacles, que serais-je, quand encore j'aurais appris à m'élever au-dessus de leur glaciale monotonie, de leurs beautés compassées, brillantées, de leur faire conventionnel ou calqué, de leur éclat clinquanté ? La fortune de ces gens est celle de ces emprunteurs qui vivent sur les moyens de toutes leurs connaissances. Pour moi, paysan carrier, retiré dans ma chétive demeure, je vis sur mon mince fonds, défriché de mes mains. Comment ne sentirais-je pas ma médiocrité à côté de ces riches terres anoblies par de splendides châteaux qu'occupent l'opulence ou notre antique noblesse ? Ami lecteur, adieu ; de longtemps je ne te parlerai de moi.

(Note textuelle de l'auteur.)

Madame de Saint-Pré. — « Voilà vraiment le comble des extravagances auxquelles le porte sa maladie ! ah ! avec quelle patience j'endure ses soupçons et ses injustes préventions ! M. de Valchaumé est son ami, son ami le meilleur ; c'est un honnête homme et un homme de devoir.

Madame de Mainville. — « J'en suis persuadée. Mais enfin ne devez-vous pas un sacrifice à votre mari, si étrange que paraisse être sa conduite ? Le véritable remède à son mal n'est-il pas plus facile à trouver que vous ne le pensez, et ne l'avez-vous pas tout à fait sous la main ? Éloignez pendant quelque temps M. de Valchaumé de chez-vous ; M. de Saint-Pré reviendra peut-être alors à des sentiments plus faciles et plus doux. Je m'offre à donner moi-même à Valchaumé, si vous y consentez, le conseil de partir sur-le-champ.

Madame de Saint-Pré. — « Souffrir ce que vous me proposez, ce serait m'accuser moi-même publiquement ! Ce serait avouer hautement ma culpabilité ! je serais plus que compromise ; on ne manquerait pas de dire qu'enfin le mari a ouvert les yeux et que dans sa juste colère il a chassé... mon amant !... » (*Elles se quittent.*)

SCÈNE IV.

Restée seule, Mme de Saint-Pré, qui en effet est la maîtresse de Valchaumé, se reproche sa conduite dans un monologue où elle s'injurie elle-même avec beaucoup de vivacité. Elle s'accuse, elle parle de ses remords, de son chagrin, de son amour pour Valchaumé, amour qui l'embrase, la dévore, la domine, et qui est plus fort que toutes ses bonnes résolutions.

SCÈNE V.

Entre Adèle, fille de Mme de Saint-Pré ; elle a treize ans. Toute gaie, vive, aimable, elle vient doucement à sa mère : « Qu'as-tu, chère mère ? lui dit-elle, tu as pleuré ? papa s'est-il donc encore faché ?... » (*Madame de Saint-Pré sort.*)

SCÈNE VI.

ADÈLE, M. DE VALCHAUMÉ.

Adèle, courant à lui. — « Ah! que je suis aise de vous voir, mon ami! j'ai trouvé maman ici tout en pleurs; elle est bien triste! vos consolations lui feront du bien. » (*Elle sort.*)

SCÈNE VII.

VALCHAUMÉ, MADAME DE SAINT-PRÉ.

C'est une scène vive et scabreuse, et notée dans le manuscrit en vue d'effets de scène assez singuliers. Les deux amants parlent d'abord du sentiment qui les unit. Mme de Saint-Pré entre même dans des détails pleins d'expansion sur ce mutuel amour : « Que ne puis-je, s'écrie-t-elle, faire éclater le mien à tous les yeux! Quand me sera-t-il permis de n'en rien cacher? Que je t'aime!... » La déclaration est même des plus excessives et se termine par un torrent de larmes.

De son côté, Valchaumé n'est pas moins ardent, il est même encore plus démonstratif : tombant aux pieds de Mme de Saint-Pré, il met sa tête dans ses mains appuyées sur les genoux de sa maîtresse. Elle lui dit alors vaguement quelques mots sur les soupçons de son mari.

Valchaumé. — « Parle! sait-il quelque chose? »

Mais elle ne répond que par ses sanglots. La scène devient de plus en plus brûlante et aussi plus qu'invraisemblable. Mme de Saint-Pré pleure; Valchaumé, tout en cherchant à la consoler, semble inquiet et ne cache pas ses appréhensions. Mais Mme de Saint-Pré, dont l'amour est plus violent, s'exalte, s'emporte, et propose à son amant de l'enlever et de la conduire en Hollande. Valchaumé, par prudence et peut-être aussi par crainte, ne veut point s'engager sans réfléchir, et il ne répond rien à l'ouverture imprévue de sa maîtresse. (*Madame de Saint-Pré sort.*)

SCÈNE VIII.

Resté seul, Valchaumé se fait à son tour de sanglants reproches; il parle de sa conduite infâme et de ses remords. Le rideau tombe sur son monologue.

ACTE II.

SCÈNE PREMIÈRE. — *Dans le cabinet de De Saint-Pré.*

M. de Saint-Pré est seul; il écrit en poussant des soupirs; il prononce des phrases sans suite, entrecoupées de sanglots; le chiffre de quatre cent mille livres revient souvent dans son discours. Il parle de quitter à jamais sa femme; il prend des sacs dans son secrétaire; sur l'un il attache l'étiquette suivante : *Pour ma femme.* « Elle trouvera, dit-il, dans ces dispositions d'une mort qu'elle me donne, le dernier témoignage de mes sentiments. » Il prend ensuite dans un tiroir une paire de pistolets. A ce moment on annonce M. de Montmécourt.

SCÈNE II.

M. DE SAINT-PRÉ, M. DE MONTMÉCOURT.

Nouvelles doléances de M. de Saint-Pré; il aime de Montmécourt, il a confiance en lui, il veut lui ouvrir son cœur. Il lui raconte ses tourments : « Ma femme, dit-il, est une malheureuse; Valchaumé est un misérable. Je suis leur juge; je ne veux pas des tribunaux, ressource des lâches! » Il lui demande ensuite un service; il le prie de recevoir toute sa fortune et de la conserver dans son secrétaire. Il exige de lui, sur ces choses, le plus complet silence.

M. de Montmécourt demande à réfléchir ; il n'était pas préparé à de semblables confidences ; il était loin de soupçonner de tels malheurs ! Il cherche à rendre à M. de Saint-Pré un peu de calme et de confiance ; il fait l'éloge de Mme de Saint-Pré.

De Saint-Pré, insistant. — « Promettez-moi d'accepter le dépôt dont je vous ai parlé.

De Montmécourt. — « Laissez-moi réfléchir jusqu'à demain, et venez dîner avec nous. »

Mais de Saint-Pré ne veut rien entendre ; il insiste tellement, que de Montmécourt finit par accepter.

SCÈNE III. — *Dans le salon.*

En quittant de Saint-Pré, de Montmécourt demande à voir Mme de Saint-Pré. Cette scène est à peu près, ainsi qu'on va le voir, la répétition de la scène II du premier acte, où Mme de Mainville conseille à Mme de Saint-Pré d'éloigner Valchaumé.

De Montmécourt. — « Je ne saurais vous dire, madame, en termes assez pressants et assez vifs, dans quel triste état j'ai trouvé votre mari. Il est dévoré par le soupçon et la jalousie.....

Madame de Saint-Pré. — « Je pense, monsieur, que vous croyez à mon honnêteté.

De Montmécourt. — « Elle est hors de doute !

Madame de Saint-Pré. — « Alors, je puis vous dire tout ce que je souffre depuis trois mois. Notre intérieur est un véritable enfer ; l'union de notre ménage est perpétuellement troublée ; mon mari est devenu sombre et maniaque ; sa jalousie inexpliquée est inguérissable, et pourtant, Dieu le sait ! j'ai fait tout ce que j'ai pu pour porter remède à son mal...

De Montmécourt. — « Vous avez omis, cependant, d'employer le principal et le plus efficace.

Madame de Saint-Pré. — « Et lequel, je vous prie ?

De Montmécourt. — « J'hésite à parler...

Madame de Saint-Pré. — « Ne craignez pas de me blesser ; je désire que vous parliez ; je vous en conjure, ce remède quel est-il ?

De Montmécourt. — « Puisque vous m'y forcez, je vais parler, madame... M. de Valchaumé est encore dans cette maison !

(*A ces mots, madame de Saint-Pré se trouble, rougit et pâlit tour à tour, circonstance qui n'échappe pas à M. de Montmécourt.*) Permettez-moi d'insister sur ce point. Je crois indispensable au repos de votre ménage, et surtout à celui de votre mari, que vous décidiez M. de Valchaumé à partir sur-le-champ. »

Madame de Saint-Pré. — Elle se livre à une longue apologie de M. de Valchaumé : « C'est mon ami, c'est le meilleur, le plus dévoué et le plus utile des amis de mon mari...

M. de Montmécourt. — « Il n'en est pas moins vrai qu'il est, chez vous, une cause de trouble que vous ne sauriez nier ; sa présence a causé la maladie et la jalousie de votre mari.

Madame de Saint-Pré. — « Eh bien, s'il en est ainsi, je réduirai à néant les craintes de mon mari en m'éloignant moi-même ; je me retirerai dans un couvent.

M. de Montmécourt. — « Ce serait aggraver les choses et exciter davantage encore les soupçons et la colère de M. de Saint-Pré. Croyez-moi, renoncez à ce moyen et suivez le conseil que je vous ai donné. » (*Il sort.*)

SCÈNE IV.

Mme de Saint-Pré se livre alors à une série interminable de reproches et de récriminations qu'elle s'adresse à elle-même ; en proie à ses remords, aux blâmes secrets de sa conscience, elle répand des torrents de larmes. Elle cherche à se réconcilier avec elle-même, et alors, plus calme, elle fait appeler M. de Valchaumé.

SCÈNE V.

MADAME DE SAINT-PRÉ, DE VALCHAUMÉ.

Scène assez longue entre les deux amants et où la difficulté de leur position respective leur apparaît de plus en plus menaçante ; scène entremêlée de reproches, de plaintes, d'aigreur et de mécontentements. Mme de Saint-Pré parle à Valchaumé de l'état de son mari; Valchaumé, qui commence peut-être aussi à se lasser de sa maîtresse en présence de l'impossibilité, qu'il pressent prochaine, de continuer ses relations, parle de son départ : « Je m'éloignerai pour six mois, » dit-il. Le remords le poursuit; lui aussi, il comprend son crime! Il entame, à ce sujet, une longue leçon de morale à l'adresse de Mme de Saint-Pré; il lui parle de ses devoirs, des droits de son mari, de son honneur qu'ils ont tous deux outragé, de son bonheur qu'ils ont compromis. Il finit par lui conseiller de se rapprocher de son mari et de chercher à lui rendre le repos qu'il a perdu.

A cette proposition inattendue, Mme de Saint-Pré oublie ses résolutions; les sentiments de conciliation font place, en elle, à l'indignation la plus vive :

Madame de Saint-Pré, avec feu. — «Vous êtes un malhonnête homme! vous pouvez vous retirer.

M. de Valchaumé. — « Quittez ce ton-là, madame! Savez-vous à quelles créatures il est familier? »

Puis ils se radoucissent tous deux. Valchaumé recommence à lui parler de ses devoirs oubliés, de son honneur sacrifié, etc... « Renonçons au crime, lui dit-il enfin, je te rends à ton mari!... »

Mais Mme de Saint-Pré a peur. Elle redoute la vengeance et la colère de son époux.

M. de Valchaumé. — « Pourquoi crains-tu? Il n'a point de preuves. Il est facile de s'en assurer d'ailleurs, je veux le voir moi-même pour savoir la vérité. » (*Ils se quittent.*)

ACTE III.

SCÈNE PREMIÈRE. — *Dans le salon.*

DE VALCHAUMÉ, *seul.*

Monologue où il se reproche encore sa conduite; il parle de ses remords, du mal qu'il a fait à de Saint-Pré. (*Entre le portier, qui lui remet une lettre.*) Cette lettre est de M. de Montmécourt. Il lui dit dans quel état il a trouvé de Saint-Pré : « Il est jaloux de vous; votre amitié pour lui vous dira, mieux que je ne saurais le faire, comment vous devez agir; mais j'ai cru devoir vous prévenir qu'il a des projets inconcevables ! »

Valchaumé s'assied comme atterré; il s'absorbe dans une rêverie interrompue par des mouvements convulsifs; sa main droite dans la poitrine, il s'en déchire le sein. (Il faut, dit le manuscrit, que le sang paraisse couler.)

SCÈNE II.

Entre Julie, femme de chambre. A la vue de M. de Valchaumé abattu, à moitié sans connaissance et couvert de sang, elle appelle au secours.

SCÈNE III.

Mme de Saint-Pré accourt aux cris de sa femme de chambre. Elle attire M. de Valchaumé dans son cabinet de toilette.

SCÈNE IV. — *Dans le cabinet de toilette.*

MADAME DE SAINT-PRÉ, M. DE VALCHAUMÉ.

La scène est assez vivement menée.

Madame de Saint Pré. — « D'où vient ce sang ?

M. de Valchaumé. — « Ce n'est rien; ne parlons pas de cela. Il faut absolument que je voie ton mari; il faut que je le rencontre sur-le-champ.

Madame de Saint-Pré. — « Oui tu le verras; mais il va te proposer un duel; tu le refuseras; je le veux, tu me le promets ?

De Valchaumé. — « Je te le jure !

Madame de Saint-Pré. — « Ah ! fais bien appel à ton sang-froid; sois calme avec lui; pas d'emportement, quoi qu'il te puisse dire !

De Valchaumé. — « Sois persuadée que jamais il ne me forcera à me battre avec lui. »

(Les deux amants se font ici de touchants adieux et de Valchaumé passe dans le salon.)

SCÈNE V. — *Dans le salon.*

DE VALCHAUMÉ, *seul.*

Nouveau monologue; de Valchaumé se livre encore à une invocation à sa conscience; il parle de ses remords, il en est accablé; il entend les reproches secrets qui le poursuivent; il termine enfin sa tirade, à la fois philosophique et humanitaire, par une dernière invocation au vertueux Jean-Jacques : « Pousse-moi, dit-il, de tout l'élan de ta force, vers cette vertu qui fit ton bonheur, et qui fera éternellement ta gloire[1] ! »

SCÈNE VI. — *Dans le cabinet de M. de Saint-Pré.*

M. DE SAINT-PRÉ, *seul.*

Il est très-agité, il écrit; il se lève, il va et vient dans la chambre. Il fait demander si M. de Valchaumé est rentré; on lui répond qu'il est au salon. Alors, il pose lui-même les scellés sur tous ses meubles à serrure; tout à coup la cire allumée dont il se sert dans son opération tombe sur un amas de papiers qui couvre le plancher, et elle y met le feu. De Saint-Pré regarde la flamme avec un accent indéfinissable : « Oh ! s'écrie-t-il, si la maison ne renfermait que ces deux misérables et moi, je la laisserais brûler ! » (*Il sort deux pistolets de son tiroir et il quitte la scène.*)

SCÈNE VII. — *Dans le salon.*

En entrant au salon, M. de Saint-Pré rencontre de Valchaumé.

---

1. Je serais peu surpris, si jamais ce drame est représenté, qu'il se trouvât quelque plaisant qui, après ce mot, ajouterait : « que je vous souhaite, au nom du Père, du Fils et du Saint-Esprit, ainsi-soit-il. »   (*Note de l'auteur.*)

De Valchaumé. — « Je désirais vous voir et vous faire mes adieux ; je vais partir.

De Saint-Pré. — « Partir? dis-tu. Et c'est là la réparation que tu m'offres ! C'est d'une autre manière que nous devons prendre congé l'un de l'autre ?...

De Valchaumé. — « Vous voulez vous battre ? je ne me battrai jamais contre vous.

De Saint-Pré. — « Tu ne te battras pas ?

De Valchaumé. — « Non. »

Saint-Pré présente alors un pistolet à de Valchaumé ; celui-ci le refuse d'abord, puis, le saisissant d'une main convulsive, il le tend lui-même à son adversaire en s'écriant : « Tue-moi ! je serai heureux de recevoir la mort de ta main !...

—Défends-toi ! répond de Saint-Pré ; bien que tu ne sois plus mon égal, puisque tu n'as pas d'honneur, je consens cependant à me battre avec toi !... »

A ce moment, de Valchaumé chancelle ; il tombe épuisé sur un fauteuil : « Achevez-moi ! » s'écrie-t-il. La mise en scène est indescriptible. De Valchaumé, en proie à une rage en quelque sorte frénétique, court comme un furieux dans la chambre ; il pleure, il sanglote, il a des convulsions, il se traîne par terre ; ses cris attirent dans le salon Mme de Saint-Pré.

SCÈNE VIII.

LES MÊMES, MADAME DE SAINT-PRÉ.

A l'entrée de Mme de Saint-Pré, de Valchaumé l'attire à lui et il se jette avec elle aux pieds de M. de Saint-Pré :

De Valchaumé. — « C'est moi qui l'ai séduite ! je suis seul coupable. Pardonne-lui ; elle est digne de ton pardon, elle est toujours digne de toi ! Quant à moi, je vous quitte à jamais et je vais m'ensevelir dans mes remords.

De Saint-Pré. — « Vis, et sois meilleur ! »

FIN.

IV

NOTICE GÉNÉALOGIQUE SUR BEAUMARCHAIS ET SA FAMILLE.

Voici sur la famille même de Beaumarchais et sur son origine d'intéressants détails que je résume d'après une longue et substantielle nomenclature du précieux *Dictionnaire critique* de Jal, et que je complète à l'aide du non moins précieux travail de M. de Loménie et aussi au moyen de renseignements personnels provenant de sources authentiques et même officielles.

Le membre le plus anciennement connu de la famille Caron est le grand-père même de Beaumarchais, Daniel Caron, « maître orlogeur » à Lizy-sur-Ourcq, diocèse de Meaux (Seine-et-Marne); sa grand-mère se nommait Marie Fortin. Tous deux étaient protestants calvinistes[1]. Ils eurent quatorze enfants, dont la plupart moururent en bas âge, et dont trois seulement nous sont connus en 1708, date de la mort du père : André-Charles, Pierre et Marie Caron.

Mme veuve Caron vint alors à Paris, où elle s'établit avec ses trois enfants. Les deux fils suivent la carrière paternelle et se font horlogers, chacun de son côté. La sœur épouse, le 30 septembre 1720, un marchand chandelier du nom d'André Gary.

André-Charles Caron se marie à son tour, le 15 juillet 1722, à la paroisse Saint-André-des-Arcs, avec Marie-Louise Pichon. Deux ans auparavant il avait abjuré le calvinisme, et au mois de mars de la même année 1722 il avait été reçu maître horloger.

Mme Caron donna dix enfants à son mari en moins de douze années; en voici la liste complète :

1º Une fille, Vincente-Marie, née le 26 avril 1723.

2º Une deuxième fille, Marie-Josèphe, née le 13 février 1725,

---

1. A la mort du père Caron, et quand il s'agit de procéder à son enterrement, l'Église lui refusa ses prières, ainsi que le constate son acte de décès, produit à l'époque du mariage de sa fille, en 1720, et où il est dit que « décédé sans avoir reconnu l'Église catholique, apostolique et romaine, cela a été cause que la sépulture ecclésiastique lui a été refusée ».

et mariée, en 1748, à Louis Guilbert, « maître maçon », qui mourut d'une attaque de folie furieuse en Espagne, où il avait été nommé l'un des architectes du roi.

3° Un fils, Jean-Marie, né le 17 novembre 1726.

4° Un deuxième fils, Augustin-Pierre, né le 9 janvier 1728.

5° Un troisième fils[1], François, né en 1730 et mort en 1739.

6° Une troisième fille, Marie-Louise, née en 1731. C'est elle qui fut fiancée à Clavijo. Les mémoires contre Goëzmann et le drame de Gœthe ont immortalisé son aventure et son nom[2].

7° Un quatrième fils, Pierre-Augustin Caron, qui devait illustrer le nom de Beaumarchais. Né le 24 janvier 1732[3], il eut pour parrain « Pierre-Augustin Picard, fils mineur de Pierre Picard, marchand chandelier, rue Aubry-le-Boucher, paroisse de Saint-Josse », et pour marraine sa cousine « Françoise Gary, fille mineure d'André Gary, marchand chandelier, demeurant rue des Boucheries, paroisse Saint-Sulpice ».

8° Une quatrième fille, Madeleine-Françoise, née le 30 mars 1734. Elle épousa en 1756 un horloger nommé Jean-Antoine Lépine. Elle lui donna deux enfants, un garçon qui se fit militaire, et une fille qui épousa également un horloger, du nom de Raguet.

9° Une cinquième fille, Marie-Julie, née le 24 décembre 1735. C'est la plus distinguée de la famille. Elle était à la fois poëte et musicienne, elle jouait de la harpe et du violoncelle, parlait l'espagnol et l'italien, et écrivait de fort jolies lettres dont la plupart nous sont parvenues. Elle mourut, au mois de mai 1798, un an avant Beaumarchais.

10° Une sixième fille, Jeanne-Marguerite, qui épousa en 1767

---

1. Beaumarchais n'était donc que « le quatrième fils ». Et cependant je lis dans la biographie du docteur Hœfer : « Beaumarchais, *seul garçon* dans une famille qui comptait cinq filles. » Ce qui est une deuxième inexactitude, puisque le père Caron eut six filles.

2. Le *Clavijo*, de Goethe, fut imprimé pour la première fois en 1774. On trouve parmi les personnages alors vivants qu'il met en scène, et outre Clavijo, la sœur de Beaumarchais Marie, son autre sœur, mariée à l'architecte Guilbert, et qui dans la pièce est prénommée Sophie, Guilbert, son mari, et enfin Beaumarchais lui-même. Le caractère de l'auteur de Figaro y est, comme chacun sait, très-exactement et très-curieusement présenté et dépeint.

3. La maison de son père était alors située rue Saint-Denis, presque en face la rue de la Feronnerie, et dans le voisinage de celle où naquit, dit-on, Molière.

Octave-Janot de Miron, intendant de la maison royale de Saint-Cyr. Elle était aussi poëte et surtout très-bonne musicienne, jouant de la harpe et chantant très-joliment; elle excellait en outre dans la comédie. Elle n'eut qu'une fille, qui fut mariée et établie à Orléans.

Le 17 août 1758 la mère de Beaumarchais meurt, et huit ans après, le 15 janvier 1766, son père se marie, en seconde noces, à l'âge de soixante-neuf ans, à « Jeanne Guichon, veuve de Pierre Henry, bourgeois de Paris », qui en avait elle-même soixante. Mais, en 1768, il perd cette seconde femme, et nous le voyons cette fois, contre le gré de ses enfants, se remarier pour la troisième fois, le 18 avril 1775, à l'âge de soixante dix-sept ans, et quelques mois seulement avant sa mort, avec Suzanne-Léopolde Jeantot. « C'était, dit M. de Loménie, une vieille fille astucieuse[1] qui le soignait et qui s'en fit épouser dans l'espoir de rançonner Beaumarchais. Profitant de la faiblesse du vieillard, elle s'était fait assigner, par son contrat de mariage, un douaire et une part d'enfant. » Beaumarchais, devant la menace qu'elle lui fit d'un procès, racheta ses droits, réels ou imaginaires, moyennant une somme de 6,000 francs.

Quant au père Caron, il était mort le 23 octobre 1775 et avait été enterré à l'église Saint-Jacques-de-la-Boucherie.

De son côté, Beaumarchais, à l'exemple de son père, contracta trois mariages. Le premier est même entouré de circonstances assez romanesques. En 1755, à vingt-trois ans, Beaumarchais était contrôleur de la maison du roi. Il avait pour collègue un sieur Pierre Franquet, alors âgé de quarante-neuf ans, et dont la femme en avait tout au plus trente-trois ou trente-quatre. Le futur écrivain était très-amicalement reçu dans l'intimité du ménage, et il en profita pour faire la cour à la belle « contrôleuse ». Celle-ci ne resta pas insensible aux assiduités, à l'esprit et aux galanteries du jeune homme. On n'oserait cependant pas certifier qu'elle oublia pour lui, du vivant de son mari, le plus sacré de ses devoirs, mais il est certain qu'elle inspira une assez vive passion à son adorateur. En effet le futur Beaumarchais la suivit de quartier en quartier, lors de deux ou trois déménagements

---

1. « Personne d'ailleurs, ajoute-t-il quelques lignes plus bas, très-fine, très-hardie et assez spirituelle, à en juger par ses lettres. » *Beaumarchais et son temps*, tome Ier, pages 33 et 34.

qu'elle opéra dans les derniers temps de la vie de son mari, lequel mourut dans le logement commun, rue de Bracque, en janvier 1756. Caron déclara alors à sa famille qu'il épouserait la veuve Franquet. Il n'avait que vingt-trois ans, la dame en avait trente-quatre[1], et en présence de cette grande différence d'âge, et aussi du scandale occasionné depuis longtemps déjà par les amours de Beaumarchais, le père et la mère Caron firent tous les efforts imaginables pour tâcher de rendre le mariage impossible. Mais le fils tint bon et obtint enfin le consentement nécessaire ; toutefois ses parents refusèrent d'assister aux formalités et cérémonies du mariage. Le 27 novembre 1756 Beaumarchais fut enfin uni à celle qu'il aimait, à l'église Saint-Nicolas-des-Champs[2].

De sa première femme, Beaumarchais n'eut pas d'enfants ; il la perdit d'ailleurs moins d'un an après l'avoir épousée, le 30 septembre 1757.

Le 11 avril 1768, il se remarie avec une seconde veuve, dame Geneviève Watebled, dont le mari, mort en 1767, Antoine Levesque, était de son vivant garde magasin général des menus plaisirs du roi. La deuxième femme de Beaumarchais avait trente-huit ans, alors qu'il n'en avait que trente-six ; mais en revanche elle lui apportait une grande fortune. L'acte de mariage donne cette fois au futur ses deux noms réunis, avec addition de ses titres et qualités : « Caron de Beaumarchais, écuyer, conseiller, secrétaire du roi et lieutenant général de la Varenne du Louvre. »

Le 14 décembre suivant, « au bout de huit mois et huit jours de mariage », la femme de Beaumarchais lui donnait un fils, qui fut baptisé Augustin et qui mourut le 17 octobre 1772, deux ans après sa mère, laquelle succomba, en quelques jours, aux suites d'une seconde couche, le 20 novembre 1770.

Il se remaria une troisième fois quelques années plus tard, en 1778, avec Marie-Thérèse Willer-Mawlas, jeune personne d'o-

---

1. M. de Loménie dit, « d'après une note de Beaumarchais », qu'elle avait seulement six ans de plus que lui. De son côté, le consciencieux M. Jal cite l'extrait même du mariage, qu'il a eu sous les yeux : « Madeleine-Catherine Aubertin, âgée de 34 ans, veuve de Pierre-Augustin Franquet. »
2. C'est à la suite de ce mariage, en 1757, qu'il prit pour la première fois le nom de Beaumarchais, qui était celui d'un « très-petit fief » appartenant à sa femme.

rigine suisse et dont le père François Willer-Mawlas, mort en 1757, avait été attaché à la grande maîtrise des cérémonies, sous Louis XV. C'était une femme douce et belle « très-remarquable par l'intelligence, l'esprit et le caractère ». Elle s'était éprise de Beaumarchais sans le connaître, attirée à lui par le bruit qui se faisait alors autour de son nom, de ses écrits, de ses aventures et de sa personne. Leur union fut donc un mariage d'inclination, et ce fut le plus heureux de ceux que contracta Beaumarchais. Elle lui survécut, n'étant morte qu'en l'année 1816.

Quant à Beaumarchais, il mourut subitement, dans la nuit du 17 au 18 mai 1799, d'une attaque d'apoplexie. Il avait seulement soixante-sept ans et trois mois.

La soudaineté de sa mort a donné lieu à diverses suppositions que sa famille a voulu démentir. On a parlé d'un suicide par le poison, ou par l'opium. Jusqu'en ces derniers temps ce bruit calomnieux a été fort accrédité. Le gendre de Beaumarchais s'en est justement ému, et le 7 octobre 1849 il écrivait à ce sujet à M. de Loménie une lettre dont voici le plus curieux passage :

« Monsieur,

« Je viens d'apprendre avec un étonnement pénible les bruits que l'on a fait courir sur les derniers moments de Beaumarchais, mon beau-père. L'assertion mensongère de son suicide, qui a été reproduite dans des écrits sérieux, m'oblige à repousser, avec toute l'indignation qu'elle mérite, une fable dont la famille et les amis de Beaumarchais se seraient émus s'ils l'avaient connue plus tôt.

« Beaumarchais, après avoir passé en famille la soirée la plus animée, où jamais son esprit n'avait été plus libre et plus brillant, a été frappé d'apoplexie. Son valet de chambre en entrant chez lui le matin, l'a trouvé dans la même position où il l'avait laissé en le couchant, la figure calme et ayant l'air de reposer. Je fus averti par les cris de désespoir du valet de chambre. Je courus chez mon beau-père, où je constatai cette mort subite et tranquille...[1] »

1. Le certificat du chirurgien Lasalle, appelé à constater le décès, et daté du

Les funérailles de Beaumarchais eurent lieu avec une grande simplicité et en dehors de toute manifestation publique. C'est dans l'intérieur même de son jardin, au fond d'une sombre allée où il avait lui-même désigné le lieu de sa sépulture, que fut déposé son cercueil. « Son gendre, ses parents, ses amis et quelques gens de lettres qui l'aimaient, dit Gudin, cité par M. de Loménie, lui rendirent les derniers devoirs, et Collin d'Harleville proféra un discours que j'avais composé dans l'épanchement de ma douleur, mais que je n'étais pas en état de prononcer... » « Sous ce bosquet funéraire, ajoute M. de Loménie, après une vie si orageuse Beaumarchais espérait sans doute pouvoir dire : *Tandem quiesco!* et le cercueil qui le protégeait a dû être transporté dans un des grands cimetières qui deviendront aussi des rues et des places publiques. »

Enfin, dans l'édition des *Œuvres complètes* de Beaumarchais publiée en 1809 par Gudin, ce fidèle et inséparable ami de sa vie tout entière parle ainsi de cette mort si foudroyante : » La nature lui épargna les chagrins d'une lente destruction et les angoisses d'une longue agonie ; il fut frappé d'apoplexie pendant son sommeil, et il sortit de la vie comme il y était entré, sans s'en apercevoir[1]. »

De son troisième mariage, Beaumarchais avait eu une fille, Amélie-Eugénie, qu'il maria, le 11 juillet 1796, à M. Delarue, dont son célèbre beau-père parle ainsi lui-même dans une lettre postérieure de près d'un an à cette union : « Ma fille, écrit-il, le 6 juin 1797, à M. T..., est la femme d'un bon jeune homme qui

---

jour même (29 floréal an VII), déclare « que le citoyen Beaumarchais est mort d'une apoplexie sanguine et non autre maladie ». Voyez à ce sujet les ingénieuses et véridiques raisons fournies par M. de Loménie contre la supposition du suicide, *Beaumarchais et son temps*, tome II, pages 526 et suivantes.

1. *Œuvres complètes de Pierre-Augustin Caron de Beaumarchais, écuyer, conseiller-secrétaire du roi, lieutenant général des chasses, bailliage et capitainerie de la Varenne du Louvre, grande vénerie et fauconnerie de France....*, etc. 1809, Paris, chez Léopold Colin, rue Gît-le-Cœur. 7 vol. in-8°. Les deux derniers volumes donnent une cinquantaine de lettres de Beaumarchais. Le 7° volume est terminé par la liste des souscripteurs ; on lit en tête de cette liste : *S. M. l'Empereur et Roi*, un pap. vél., fig.; *S. M. la reine d'Espagne*, d°; *S. M. le roi de Westphalie* (Jérôme Bonaparte), 2 pap. vélin, fig.; 3 pap. fin, fig.; puis chacun pour un exemplaire : *le roi de Wurtemberg ; le prince Eugène Napoléon ; la princesse Élisa, grande duchesse de Toscane ; le prince Cambacérès...*, etc.

s'obstinait à la vouloir quand on croyait que je n'avais plus rien. Elle, sa mère et moi, nous avons cru devoir récompenser ce généreux attachement; cinq jours après mon arrivée, je lui ai fait ce joli présent. Ils auront du pain, mais c'est tout, à moins que l'Amérique ne s'acquitte envers moi, après vingt ans d'ingratitude [1]. »

M. Louis-André-Toussaint Delarue était né le 1er novembre 1768, à Paris. En 1789, il devint aide de camp de Lafayette; sous l'Empire il fut administrateur des contributions indirectes. Nous le trouvons, en 1814, adjoint au maire de VIIIe arrondissement, et en cette qualité il reçoit la croix de la Légion d'honneur le 27 juillet de la même année. Le gouvernement de juillet le crée colonel de la huitième légion de la garde nationale et le nomme officier de la Légion d'honneur le 19 octobre 1831. En 1840 le grade de maréchal-de-camp de la garde nationale lui est offert, et en 1841, le 29 avril, il reçoit le sautoir de commandeur de la Légion d'honneur. C'est seulement en 1848 qu'il abandonne son grade pour prendre sa retraite définitive, ayant alors quatre-vingts ans. Il ne mourut que quinze ans après, le 1er juin 1864, âgé de quatre-vingt-quinze ans.

Mme Eugénie Delarue, sa femme, était morte depuis le mois de juin 1832. Elle avait donné deux fils à son mari :

1° Delarue (Charles-Édouard), né le 7 vendémiaire an VIII (9 octobre 1799), à Paris, « à quatre heures du soir, boulevard Antoine, n° 1, huitième municipalité, fils de André-Toussaint Delarue, rentier, et d'Amélie-Eugénie Caron-Beaumarchais, sa femme, mariés à l'état civil de la deuxième municipalité le 29 messidor an IV. »

Le jeune Delarue embrassa la carrière militaire. Il fut page de Napoléon Ier du 2 mai au 20 juin 1815, sous-lieutenant d'état-major le 20 janvier 1821, capitaine du 6e de lanciers le 27 août 1830, officier d'ordonnance de Louis-Philippe le 26 mars 1841, colonel du 2e lanciers le 23 février 1847, et enfin général de brigade le 28 décembre 1852. En 1864 il entra dans le cadre de réserve. Il avait obtenu la croix de commandeur de la Légion d'honneur le 8 août 1858; il était encore décoré, depuis 1839, de la croix d'officier de l'ordre de la Tour et de l'Épée de Portu-

---

1. Lettre XLVII, tome VII de l'édition précitée.

gal, et depuis 1844 de la croix d'officier de Léopold de Belgique[1].

2° Delarue (Alfred-Henri), né à Paris, le 3 germinal an XI (24 mars 1803), « porte Saint-Antoine, n° 1, division de Montreuil ». Ce deuxième petit-fils de Beaumarchais a fait son chemin dans l'administration des finances. Le 5 février 1838 il fut nommé receveur particulier-percepteur, à Paris. Le 18 juin 1849 il occupait la même fonction au IIe arrondissement, et le 29 décembre 1859 il était nommé au même emploi dans le VIIIe arrondissement. Enfin le 10 juillet 1865 il recevait la croix de la Légion d'honneur[2].

Ajoutons que, justement fiers du nom illustre de leur aïeul, les deux petits-fils de Beaumarchais ont obtenu, par décret impérial du 25 août 1853, confirmé par jugement du tribunal de la Seine du 4 novembre 1854, « l'autorisation de joindre à leur nom patronymique *Delarue* celui de *Beaumarchais* et de s'appeler à l'avenir *Delarue-Beaumarchais* [3] ».

Complétons nos renseignements en disant qu'une arrière-petite-fille de Beaumarchais a épousé M. Roulleaux-Dugage (Charles-Henri), « né à Alençon le 7 floréal an X (26 avril 1802), fils de Jacques-François-Nicolas Roulleaux, conseiller de la préfecture de l'Orne, et de dame Adélaïde-Victoire Bertrand ». Député de l'Hérault en 1852, en 1857, en 1863 et en 1869, M. Roulleaux-Dugage avait été d'abord, de 1835 à 1848, préfet des départements de l'Ardèche, de l'Aude, de la Nièvre, de l'Hérault et de la Loire-Inférieure. Président du conseil général de l'Orne, il réside habituellement au Château de Lyvonnière, près Domfront. L'Empereur l'a créé grand officier de la Légion d'honneur le 14 août 1866[4].

Georges d'Heylli.

1. Archives du département de la guerre.
2. Archives et personnel des finances.
3. *Bulletin des Lois.*
4. Ministère de l'intérieur (archives) et secrétariat du Corps législatif.

ERRATA

Page xxvii, dans la Notice, ligne 15, au lieu de *croit*, lisez *croît*.

Page xxix, dans la Notice, ligne 7, à la note, au lieu de *suspecte*, lisez *suspectes*.

Page liii, dans la Notice, ligne dernière, au lieu de *Dcsessarts*, lisez *Desessarts*.

Page lxvii, dans la Notice, ligne 7, au lieu de 19 *août* 1787, lisez 19 *août* 1785.

Page 227, aux Appendices, ligne 28, au lieu de *rapprochez de la scène IIe*, lisez ... *de la scène IIIe*.

Page 242, aux Appendices, ligne 4, dans un certain nombre d'exemplaires de ce volume, au lieu de *à l'aide du précieux travail,* lisez *à l'aide du non moins précieux travail.*

TABLE

Notice sur *le Barbier de Séville*.

                                                                            Pages.

    I. La pièce et les personnages.   I

    II. Comment fut composé *le Barbier*. — Cause des divers retards apportés à sa représentation. VII

    III. Les manuscrits du *Barbier*. XX

    IV. La première représentation. — Les artistes XXIX

    V. Les critiques XXXVI

    VI. Représentations et recettes à diverses époques XLV

    VII. Querelle survenue entre Beaumarchais et le Théâtre-Français relativement à ses droits d'auteur LI

    VIII. *Le Barbier* et Beaumarchais à la Cour. LXI

Lettre modérée sur la chûte et la critique du *Barbier de Séville*. 3*

LE BARBIER DE SÉVILLE, ou *la Précaution inutile*, comédie en quatre actes. 31

Variantes du *Barbier de Séville*. 171

APPENDICES.

 I. Deux lettres de M. Édouard Fournier relatives à un récent achat de manuscrits de Beaumarchais 205

 II. Nomenclature des pièces comprises dans cet achat. 212

 III. L'AMI DE LA MAISON, drame inédit en trois actes.

  1. Un drame inédit de Beaumarchais 220

  2. *L'Ami de la Maison* et *le Supplice d'une femme*. . . . 223

  3. Analyse détaillée, et scène par scène, des trois actes de *l'Ami de la maison* 229

 IV. Notice généalogique sur Beaumarchais et sur sa famille. . . 242

Errata. 250

www.ingramcontent.com/pod-product-compliance
Lightning Source LLC
Chambersburg PA
CBHW070530160426
43199CB00014B/2236